DELIUS KLASING

Wilfried
Erdmann

DIE SKANDINAVISCHE ACHT

Segeln mit ›Kathena X‹

Delius Klasing Verlag

Bibliografische Information der Deutschen Nationalbibliothek
Die Deutsche Nationalbibliothek verzeichnet diese Publikation in der Deutschen Nationalbibliografie; detaillierte bibliografische Daten sind im Internet über http://dnb.dnb.de abrufbar.

2. Auflage
ISBN 978-3-667-10626-1

Gestaltung und Satz: Kym Erdmann, www.erdmann-design.de
Fotos: © Wilfried Erdmann; außer Seiten 21, 25, 49, 51 oben, 148, 163 oben, 220/221: Kym Erdmann
Lektorat: Birgit Radebold
Reproduktionen: scanlitho.teams, Bielefeld
Druck und Bucheinband: CPI – Clausen & Bosse, Leck
Printed in Germany 2016

Delius Klasing Verlag, Siekerwall 21, 33602 Bielefeld
Telefon: 0521/559-0, Fax: 0521/559-115, E-Mail: info@delius-klasing.de, www.delius-klasing.de

INHALT

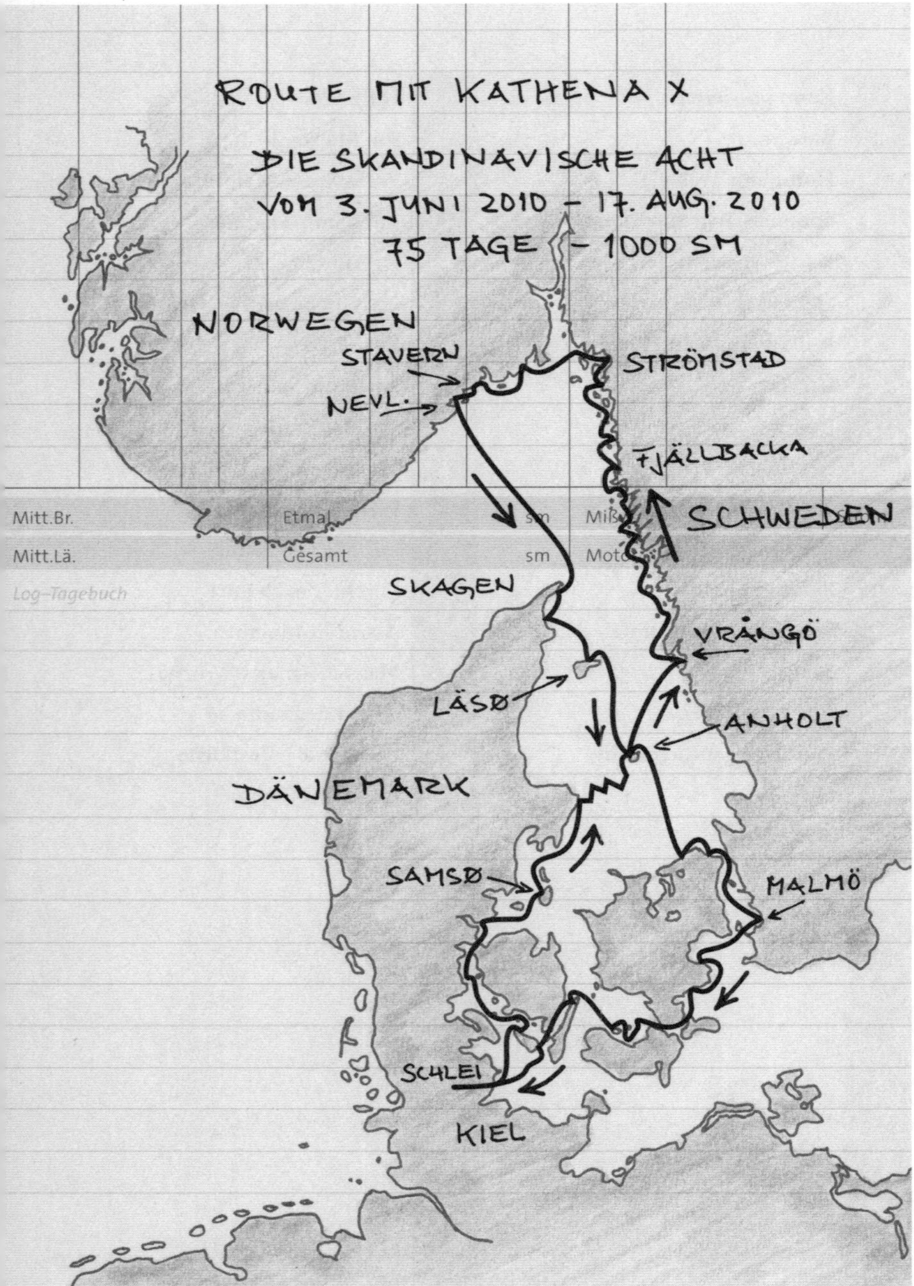
ROUTE MIT KATHENA X
DIE SKANDINAVISCHE ACHT
VOM 3. JUNI 2010 – 17. AUG. 2010
75 TAGE – 1000 SM
NORWEGEN
STAVERN
NEVL.
STRÖMSTAD
FJÄLLBACKA
SCHWEDEN
Mitt.Br.
Etmal
sm
Mitt.Lä.
Gesamt
sm
Log-Tagebuch
SKAGEN
VRÅNGÖ
LÄSØ
ANHOLT
DÄNEMARK
SAMSØ
MALMÖ
SCHLEI
KIEL

VORSCHAU

Im April 2010 entschließen wir uns zu einer Sommerreise mit dem allerbesten Segelboot. Einer Slup vom Typ X-79 – klein, schnell, einfach. Ziel: Von der Schlei Kurs Norden –, es locken die Schären, es lockt der Skagerrak. Mit an Bord: meine Frau Astrid und mein Segeltagebuch.

Im April notiere ich: *Wir haben ein Sommerboot. Astrids Wunsch bringt den Einschnitt. Der bedeutet, noch einmal richtig segeln und sportlich reisen.*

Wundere mich, wie viel Platz das neue Boot schon in unserem Denken beansprucht, halte ich Anfang Mai im Tagebuch fest. Und etwas später: *alles Nötige beisammen.*

Die Abfahrt rückt näher: *Zur Qualität des Bootes – man soll nicht alles glauben, was Bootsverkäufer einem erzählen.*

Ende Mai: *Motiv? Die Frage vieler. Für mich beantworte ich sie mit: Der Kühlschrank füllt sich nicht von alleine.*

Im Juni: *Ein großes Mädchen am Steg: »Mami, guck mal, die wollen noch segeln.«*

Erstes Resümee im Juli: *Im Segeln spiegelt sich die ganze Sehnsucht der Menschen: Frieden, Weite, Stille, Natur, Abenteuer.*

Im August ein Satz zum Wetter: *So entwickelt sich ein typischer Wetterverlauf. Erst ein kühler Wind, der die Härchen auf der Haut hebt, dann Regentropfen und Starkwind, seltener Sturm.*

Ich werde im Text dicht heranfahren. So dicht ans Geschehen, wie es unser Freibord erlaubt. Ich weiß, das Thema Segeln ist etwas schwammig, und es wird mir stückweise schwerfallen, die Fahrt in den Griff zu kriegen. Indes: Ich bleibe meinem Stil treu, offen und unbekümmert Erlebnisse und Gedanken auszuführen – als der segelnde Mensch, der ich bin.

Gute Reise. Wilfried Erdmann, Goltoft, Sommer 2011

»Ich habe noch bis nahe an das achtzigste Lebensjahr selber Jolle gesegelt. Wenn Sie kentern, müssen Sie in der Lage sein, im Wasser das Boot selber aufzurichten und weiterzusegeln.«
Helmut Schmidt, Altkanzler und Freund klarer Präferenzen

Was haben Helmut Schmidts Ansichten mit unserer Reise zu tun? Wählt man schon ein kleines, elementar ausgerüstetes Boot, sollte man sich sehr wünschen und in der Lage sein – physisch wie auch psychisch –, damit umzugehen.

DIE ACHT

Die Acht ist meine Lieblingszahl. Sie sieht gut aus, ist voller Schwung, malt sich schön und ist poetisch. Beim Telefonieren kritzele ich sie gerne quergelegt, als Endlosschleife, und zu Hause steht sie auf unserem Briefkasten. Für Chinesen ist die Acht die Glückszahl. Und für Glücksspieler spiegelt sich in der Acht sowieso alles Glück. Jetzt soll sie mir/uns als gutes Omen stehen, wollen wir sie doch seglerisch nordwärts ins Meer zeichnen. (Segeln ohne Aberglauben, das wäre nichts.) Von der Schlei über Dänemark und Schweden nach Norwegen und zurück. Wobei sich auf der Insel Anholt, dem Herzstück der Acht, die Reiseroute kreuzt. Das klingt super. Astrid brennt darauf. Nach Jahren der Segelabstinenz sagt sie: »Ich will segeln. Und das Boot muss einfach, unkompliziert und praktisch sein.«

Ich ahne, was das heißt: ohne jeglichen Firlefanz wie Spritzschutz, Kühlung, Rollsegel, Komfort. Sondern Segel hoch, in Stellung bringen, ran an die Pinne und auf Kurs gehen. Ihre Vorstellung von richtigem Segeln. Dazu sportiv und mit dem allerbesten Boot zum Reisen. Sie ist diesmal die Lokomotive. Ich bin der Überraschte. Mir ist bekannt, dass Astrid lieber die Schot in die Hand nimmt als den Kochlöffel, aber gleich so radikal? Die X-79 ist ein exzellentes, kleines, einfaches Sommerboot mit zwei Crew, die 66 und 70 sind. Ja, so ist es. (Fällt mir nicht leicht, dies zuzugeben.)

Das ist die Geschichte dieses Buches. »Das Alter hat wenig Gutes – außer man tut es.« Goethe. Ich starte dann auch mein Segeltagebuch mit einem Eintrag von Max Frisch, gefunden in »Montauk«: »Ich möchte erzählen können, ohne irgendwas dabei erfinden zu müssen. Eine einfältige Erzähler-Position.«

Auch diese Reise ist nicht nur Segelerlebnis, sondern Flucht. Immer waren meinen Reisen Fluchtgedanken vorangegangen.

Normal versegeln kann ich ohnehin nicht, wie zum Beispiel ein Wochenende auf der Schlei oder für einige Tage nach Dänemark rüber. Unbefangen dahersegeln ohne Aufgabe, das war nie mein Ding. Ich habe mit langen, zielgerichteten Segelreisen begonnen, gemeinsam haben wir es fortgesetzt. Diesmal steht uns ein ganzer Sommer zur Verfügung. Natürlich ein Sommer mit einem Sommerboot, dies nur nebenbei. Ganz individuell mit einem Segelboot – mit Betonung auf Boot und geringen Ansprüchen. Also genauer: eine Sommerfahrt. Die Reise soll unterhalten, Vergnügen bereiten, Sehnsucht stillen oder entfachen und nahe den elementaren Bedürfnissen stattfinden. In den Text werde ich eigene skandinavische Erlebnisse aus den 1960er-Jahren einfügen, die mir erst das »wilde« Segeln ermöglichten: meine Zeit als Seemann auf Frachtern und Tankern weltweit. Aktuelles und Geschichte sind dicht beieinander wie Segel und Schot.

ES BEGINNT

Die Fahrt beginnt schnell. Blitzschnell. An einem Tag, an dem das Licht in Sekundenschnelle wechselt – von hell auf dunkel und zurück. Und der Himmel unglaublich klar strukturiert ist: mal blau mit weißen Tupfern, mal grau, von schwarzen Wolken überdeckt. Eben Schleswig-Holstein-Wetter. Eine Flasche Weißwein statt eines Essens reicht am Ende des ersten Tages. Zu spüren, wie unser frisch erworbenes Boot segelt, ist Nahrung genug.

Nur mit Fock durchsegeln wir die Schlei zur Ostsee hin. Die Schlei ist ein winziger Fjord fast an der dänischen Grenze, und wir wohnen etwa mittig. 17 Meilen sind es vom Fährhaus an der Missunder Enge, wo mein Heimathafen ist, bis zur Ostsee.

17 Seemeilen. Seemeilen, auch wenn an der Schlei in Kilometern gemessen wird.

Im Nu verliert sich das Kielwasser. Schneller als bei vielen anderen Seglern an diesem Tag. In den Böen presst KATHENA X das Wasser auseinander, als wolle sie abheben.

»Schnell sein ist mein Leben«, juchzt Astrid an der Pinne. Ich ergänze überrascht:

»Schnell sein ist auch das Leben der kleinen X.« Ich hocke auf der Cockpitbank und blicke all den schönen Ankerplätzen nach, die wir einfach links liegen lassen – Liebesinsel, Gunneby, Lindaunis.

»Wollten wir nicht ankern und uns an Bord einrichten und umsehen?«, frage ich und ziehe die Nase kraus vor so viel Eile. Eine Antwort bekomme ich nicht. Aber:

»Vom Temperament her ist die X mehr Rennziege als Fahrtensegler«, sagt Astrid Erdmann und wechselt von Steuerbord auf Backbord.

Den Blick auf die hügelige Landschaft, teils noch auf blühende Rapsfelder und saftige Wiesen gerichtet, harre ich aus. Voll dabei bin ich nicht. Das geht mir alles zu zügig. Karfreitag planen, Ostern Boot kaufen, Pfingsten lossegeln – ohne einen Probeschlag. Und jetzt schon auf der großen langen Breite, dem schönsten Schleistück, bei 7 Knoten eine Bootsstabilität erleben, die sich wie etwas Gefrorenes anfühlt. Und das nur mit der Fock, einem Segel aus X-Play Pentex, einem wunderschönen Foliensegel, als Antrieb.

»Ein Segel zieht dich zu weiter Flucht«, sage ich.

Keine Reaktion.

»Na, dann zu naher Flucht.« Ich weiß, solche Sprüche mag Astrid nicht. Ich versuche es trotzdem mit:

»Überhaupt zu Flucht.«

Immer noch Stille vom Gegenüber.

»Hör mal bitte zu. Ich habe hier noch ein Gedicht im Logtagebuch notiert.«

Zwei Segel erhellend
Die tiefblaue Bucht!
Zwei Segel sich schwellend
Zu ruhiger Flucht!

»Schön. Von?«

»Conrad Ferdinand Meyer.«

»Wer ist denn das? Kenne ich nicht.«

Das alltägliche Leben an Land bleibt erst mal rauschend achteraus. Die richtige Welt voraus. Segeln braucht Sorglosigkeit. Allein mit Wolken und Wasser. Zuweilen dem richtigen Wind. Einer Ankerbucht. Einem Hafen.

Das Vorsegel, ein graues Tuch mit schwarzen Fäden, glänzt silbern im Sonnenlicht. Das zwölf Quadratmeter große Segel darf nicht knittern. Als wir das wertvolle Stück Segel beim Kauf Hand über Hand in einen Sack stopfen wollten, kam dem Voreigner fast die Galle hoch. Er demonstrierte prompt, wie man damit umzugehen habe. Er rollte es vom Segelkopfende her zu einer vier Meter langen Wurst. »Pentex kann brechen.« Wieder was gelernt.

Es weht ein properer Wind. Arnis ist rasch passiert. Vor Kappeln drehen wir Kreise, bis die Brücke sich hebt. Dann das Wormshöfter Noor querab. Halb bebaut, halb in Felder und öde Flächen hineinverloren. Hier weht uns ganz unverhofft ein Nordwind entgegen. Er kommt mit leichter Welle direkt aus dem Scheitel der Bucht.

Ich krame Anker, Kette und Leine aus der Backskiste und schäkele die Stücke aneinander. Die erste Nacht an Bord soll hier stattfinden. Ungestört vor Anker schwojen. Es ist die letzte

Chance vor der Ostsee. So haben wir es uns gewünscht. So machen wir es.

Als wir auf knapp zwei Meter Wassertiefe sind, hole ich das Segel runter und werfe den Anker mit Schwung über die Seite. Die X ist so leicht, dass ich die Fahrt mit einer Hand am Tau abstoppen kann. Schön, die erste Nacht vor Anker gibt das richtige Reisegefühl: »Ruhe, Einsamkeit, Entschleunigung«, denke ich, als das Ankertau durch meine Hand gleitet. Astrid schaut weg. Ruhe haben wir schon mal nicht. Ihr ist es zu bewegt. Sagen braucht sie es nicht, ich sehe es ihr an. Laut plätschern die Wellen am Boot und lassen es schaukeln. Explizit das Heck knallt vierkant auf die Wasserfläche. Der Mast leicht klöterhaft. Von Stille keine Spur. »Hier singt uns nichts in den Schlaf!«

Ich stehe am Bug und sage: »So! Da sind wir« – als ob ich damit Wind und Welle beruhigen könnte.

Astrid lehnt sich derweil im Cockpit über die Winsch und weint. Segel, Kocher, Tisch, Seekarten – wir haben alles beisammen. Wir sind on Tour, liegen ordentlich verankert in einer Bucht. Mir gefällt's, und ich habe Hunger. Und sie ist traurig und weint sogar. Am ersten Tag. Eine Weile bin ich hilflos: Tränen auf dem Wasser. Was machen wir nun? »Das ›Unglück‹ ist schön«, denke ich. Diesmal. Nur eine Viertelstunde weiter gibt es eine Marina. Ich frage laut: »Maasholm?«

Rasch holt meine Frau einen Pullover hervor, streift ihn über und stellt sich an die Pinne. Das Signal: Es kann weitergefahren werden.

Maasholm ist ein kuschliges Fischerdorf. Schmale Straßen. Geduckte Häuser. Sauber und ordentlich. In alle Richtungen ist das Wasser sichtbar und wenn nicht, dann zumindest spürbar. Ein mindestens 300 Jahre altes Dorf. Nur wenig höher gelegen als der Schleiwasserspiegel. Der Hafen ist eine moderne, durchorganisierte Marina. Masten sirren. Motoren blubbern.

Pommesduft. Der Wasserspiegel aber ist still. Im Scheitel finden wir einen sicheren Platz zwischen zwei Pfählen. Jetzt wird Astrid aktiv und kramt aus den Staufächern Essen hervor. Eine Stange Lauch, Tomaten, Reis – eine Flasche Weißwein.

Wir starten mit Wein und enden mit Wein. Astrid auf der Steuerbordbank, ich ihr gegenüber. Die Gläser stehen auf der einstufigen Treppe. Den Rücken leicht gekrümmt, starren wir in die Farben des Himmels. Auf dem Wasser im Hafen spiegelt sich die Abendröte.

Bequem und kerzengerade auf der Kojenbank sitzen geht nicht, kein Platz für den Kopf. KATHENA X hat keine Stehhöhe. Ich mag es. Es ist schön, sich so eng zu betätigen, und ich sage: »Wie in einer Höhle.« Astrid meint, sie habe genug gequasselt. Noch einen Schluck. Es ist ein Abend, wie man ihn nur mit einem Boot erleben kann: ein sehr sicherer Ort mit einem sehr schönen Boot und einer gut gelaunten Mitseglerin.

WARUM EINE KLEINE X?

Ein Sommerboot schwebte uns vor. Leicht, sportlich, schön. Klein, jedoch nicht zu klein. Mit Kajüte und Kojen. Einen Kocher sollte es auch haben. Und im Cockpit Bänke, geeignet zum Liegen – »zum Sichausstrecken« in der Sprache von Astrid.

Eine Sommerfahrt will Vereinfachung. Zwei entscheidende Komponenten machen die Einfachheit aus: Klarheit und Verzicht. Indes, in der komplizierter werdenden Ausrüsterszene sucht der Segler oft vergebens nach Einfachheit.

Als Ziele: Dänemark, Schweden, Norwegen. »Eben Kurs Nord.« Das klingt nach dem nassen Atem der Ostsee und Nordsee zugleich. Riecht nach Wildnis und Herausforderung mit einem Sommerboot. Im Kopf geistert die Ferne aus einer Mischung von wilden Blaubeeren, Wikingern, ochsenblutfarbenen Holzhäusern, wehendem Blondhaar und Granitfelsen herum. Märchenhafte Aussichten.

Meine Frau und ich saßen vorm Kamin, als wir das Thema ernsthaft diskutierten (was bei uns selten geschieht). Sie auf unserem holländischen Holzstuhl, ich ihr gegenüber auf dem Sofa. Astrid wollte partout nicht wieder einen Sommer im Garten wühlen. Graben, säen, ernten, Unkraut zupfen, Pflanzen vereinzeln, gießen und in der Fortsetzung: ernten, einkochen, einfrieren. Ihr Stückchen Nutzgarten ist ein arbeitsintensives Tausend-Quadratmeter-Stück. »Nein, nein, ich will segeln, segeln. – Das Wasser lockt mich.« Ihre Sätze, die durchs Haus schwirren.

In unserem Alter spürt man, dass vieles letztmaliger wird. Folge dessen: Ideen, will man sie wirklich, möglichst rasch umsetzen, andernfalls verflüchtigen sie sich wie viele Vorhaben im Leben zuvor.

So fanatisch hatte ich sie lange nicht erlebt. Und sie hatte sogleich konkrete Vorstellungen parat. Also feilte sie schon länger an diesem Plan: ein Boot, das leicht zu händeln ist, gut segelt und nicht viel kostet. Besser: nicht zu viel kostet. Außerdem sollte es schöne Linien haben. »Eine gelungene, moderne Konstruktion«, wie sie es nannte, »hübsch anzusehen, im Hafen wie auf See, wasserdicht oben wie unten – und elementar.« Folglich kam nur Astrids altes Traumboot infrage: X-79. Ein dänisches Produkt, für Regatten konzipiert. Sie liebt sportliches Segeln. Will immer schnell sein, auch beim Fahrtensegeln. Und als wir darüber grübelten, kam uns paradoxerweise ein X-Angebot ins Haus. Man glaubt es nicht. Praktisch um die Ecke – in Schleswig – stand eine X-79 zum Verkauf. Nr. 464, Baujahr 1992. Die letzte ihrer Serie, und als Zugabe: »Die hat der Konstrukteur für sich selbst gebaut.« Nun, man muss, wie gesagt, Verkäufern nicht alles glauben. Aber: Wir taten es. In unserer Begeisterung zahlten wir zu viel. »Kann passieren«, sagte meine Frau später, als wieder ein Tau riss, weil es mürbe war. Ein weiteres positives X-Argument war: Wenn wir reisen, probieren wir gerne ein anderes Leben als das uns bekannte Yachtleben aus, das wir ja zur Genüge kennen. Das andere Leben wird diesmal recht spartanisch aussehen. Beispielsweise: 1,30 Stehhöhe in der Kajüte, 56 Zentimeter Kojenbreite, keine Kühlung, kein Schutz gegen Spritzwasser überm Niedergang, bequemes Liegen im Cockpit versaubeutelt ein mächtiger Traveller. Strom liefert eine 75-Ah-Batterie.

Also wenig Platz. Komfortstufe null.

Gezeichnet und gebaut wurde die X-79 von Niels Jeppesen, Dänemark, aus GfK. 7,90 Meter lang, 2,88 breit, 1,35 Tiefgang, Verdrängung 1,5 Tonnen. Ein Schiff, mit dem sich Alte unter älteren Jahrgängen auch wohlfühlen können. (Dachten wir, war aber nicht der Fall.) 40 Quadratmeter Segelfläche wecken keinen Neid und neigen nicht zum Angeben. Vier bewegliche Backstagen müssen im Auge behalten, das Achterstag – beweglich – justiert werden.

Sind wir nicht zu alt für so ein flottes wie unbequemes Boot? Für das Reisen mit beweglichen Backstagen, Rohrkojen und den massenhaft vorhandenen Trimmmöglichkeiten der Takelage? Schon möglich. Probieren wir es aus. Ich erinnerte mich an einen Norweger, der sein Leben lang Eishockey liebte und es unbedingt spielen wollte, dessen Frau es aber nicht zuließ. Als sie dann im Alter von etwa 60 Jahren starb, kaufte er sich anderntags eine komplette Eishockeyausrüstung und wurde Mitglied in dem Verein Vålerenga IF Oslo. Ja, die Geschichte habe ich nie vergessen. Auch das Resultat nicht, es war ernüchternd: Es war zu spät, aktiv Eishockey zu spielen. Er hat es nicht gepackt. Das machte ihn traurig. Und krank.

»Das soll uns nicht passieren.«

»Wo hast du das gelesen?«

»In einer norwegischen Tageszeitung, 1964, als ich auf einem norwegischen Frachter zur See fuhr.«

»Und das hast du nicht vergessen?«

»Nein, daran denke ich spätestens, wenn wieder jemand Pläne hat und sie nicht umsetzen kann, da Mann oder Frau nicht zustimmt. Soll ja vorkommen.«

MIT RÜCKENWIND

Mit beweglichen Backstagen habe ich Erfahrung. Drei meiner Boote waren damit ausgerüstet. Und ich kam gut damit klar. Sehr gut. Von der Pinne aus waren Taljen und alle Schoten in Reichweite – was bei diesem Boot leider nicht möglich ist. Obendrein haben wir vier Backstagen. Vier bewegliche Drähte, die den Mast stützen und wichtiger: trimmbar machen. So hat es sich der Konstrukteur gedacht. (Manchmal schlagen sie einem aber auch um die Ohren.) Ich denke bei Backstagen immer: Damit habe ich mehr Sicherheit für meinen Mast. Ein Gefühl, das bei schwerem Wetter viel wert ist.

Es ist früher Morgen, als wir im Schönwetterdunst die Schlei verlassen. Fahrwassertonnen und Fischerbojen schwimmen an uns vorbei. Es herrscht noch kein Bootsverkehr. Also wird im Fahrwasser kurz das Ruder umgelegt, das Leebackstag gelöst und mit dem Bug in den Wind Hand über Hand das Großsegel hochgezogen. Mithilfe der Winde setze ich das Vorliek dicht. Ich schaue den Mast hoch und bin leicht entsetzt: So groß habe ich es mir für diesen »Schlickrutscher« nicht vorgestellt. Nachdem mit wenigen Handgriffen auch die Fock steht, meine ich ernsthaft: »Boot und Großsegel sind nicht kompatibel. Das eine zu klein, das andere zu groß.«

Gleich ausgangs Schleimünde taufen wir unser neues Boot auf den Namen KATHENA X. »Gott beschütze dich.« (Astrid ist katholisch.) Es geschieht ganz schlicht aus einer Flasche Kap-Hoorn-Wasser, das ich sanft über den Bug schütte. Diese Namensgebung ist auch eine Form der Aneignung. Jetzt haben wir das Boot ins Herz geschlossen. »Bisschen spät, aber besser als gar nicht«, meint Astrid, die mit reichlich Sinn für Ordnung ausgestattet ist. Es ist Wasser von meiner letzten Nonstopreise. »Kein bisschen schal«, sagt die neugierige Astrid nach einer Kostprobe aus der Flasche.

Das X steht primär für 10. Es ist unser zehntes Boot. Nicht ahnend, dass die meisten kleinen Xer ein X im Bootsnamen tragen. Und KATHENA heißen alle unsere Boote. (Hätten wir eine Tochter, hätten wir ihr den Namen wohl auch verpasst.) Beispiele anderer X-79-Namen: EXTRAPRIMA, SEXTANTEN, LÜTTE X, VERLEIH NIX.

Bei Nebel und einer fahlen Sonne umkreise ich das Deck. Mustere das Rigg. Schaue in die geschwellten Segel. Umkurve mich. Boxe uns in die Rippen und verkünde lauthals: »Jetzt ist es endgültig unser Boot. Jetzt haben wir es uns einverleibt.« Denn zu einem Boot gehören ein eigener Name, eigene Polster, Kissen, ein eigenes Foto am Schott und ein paar eigene Instrumente. »Und nicht zu vergessen, zu Beginn eine große Waschaktion. Speziell, wenn man eine Yacht von Regattaseglern kauft«, ergänzt meine Frau.

Dann? Dann nichts. Nachdem ich noch mal den Arm gehoben und Richtung See meiner Begeisterung freien Lauf gelassen haben – »wir sind unterwegs!« –, hocken wir auf der Kante und starren ins weiße Nichts. Ein Horizont ist nicht auszumachen. Doch die Freude ist sehr nah.

»Welch ein wundersamer Wahnsinn. Zu Hause steht ein Kielboot, und wir wagen uns mit einem jollenartigen Gefährt aufs Meer – nach Norwegen.«

»Die Reise geht auf See und nicht aufs Meer«, verbessert mich Astrid laut und setzt sich von Luv nach Lee. »So kann ich besser sehen.«

Für sie ist das Meer der Ozean. Für KATHENA X kann der Skagerrak schon brenzlig werden. Aber das tue ich nicht kund.

Von der Schlei auf die große Schleife: Wilfried und Astrid

Noch haben wir kaum drei Meilen Ostsee achteraus. Drei von geschätzten 1000.

Nun, wir sind auf Kurs von Maasholm nach Søby. 24 Seemeilen. Søby liegt auf Ærø und gehört zur Dänischen Südsee. Leichter Westwind. Die Schoten strecken sich. Das Kielwasser zeigt zwei schmale Schaumstreifen und das Log 4,26 Knoten. So genau will ich es eigentlich nicht wissen, aber auf zwei Stellen hinterm Komma ist es halt justiert. Ungut für die Augen dagegen ist der fest installierte elektrische Kompass. Die digitale Anzeige tanzt unaufhörlich von Grad zu Grad.

Ich hole Brot und Käse ins Cockpit und brühe eine Presskanne Kaffee auf. Wir frühstücken. Astrid steuert. Die Sonne steigt höher und frisst den Nebel. An Backbord sehen wir flaches Land mit vereinzelten Baumgruppen und viel Weiß dazwischen. Die Sicht an Steuerbord: nur Wasser – die Ostsee. Voraus ein Segler, nur mit Großsegel, der sich rasch im Dunst verliert.

Der Wind dreht auf Süd, und ich muss die Segelstellungen ändern. Die Fock wird ausgebaumt. Das dauert. Ist alles neu für uns. Verstelle ein paar Trimmleinen, doch die Fahrt im Boot bleibt gleich, egal, in welche Richtung ich Kraft ausübe. Es wird nur »schaukliger«, wie Astrid es nennt, wenn die Welle das Boot von achtern trifft. Mich stört es nicht. Ich strecke mich im Cockpit aus, schaue entspannt auf lange, weiße Streifen im Kielwasser, denn alle Sorgen und Mühen sind achteraus an Land. Für die nächsten zehn Wochen kann das so bleiben. Das ist die geplante Zeitspanne für unseren Sommertörn.

Aus der leichten Brise wird eine feine Brise. Das Log springt auf 6 Knoten – ich springe ans Ruder. Astrid braucht eine Pause. Hält es aber nicht lange mit Nichtstun aus. Schon bald holt sie sich die Pinne zurück. Ich steuere ihr zu lässig. Mir gefällt der Kompass nicht. Die Zahlen zappeln auf der Anzeige zu viel herum. Zusätzlich machen die digitalen Zahlen müde. Gehen auf die Augen. Und so ist es nicht verwunderlich, dass meine Frau das erste charakteristische Seezeichen zuerst sieht: Leuchtturm Skjoldnæs an der Nordspitze von Ærø. Dort müssen wir rum. Mit 1,35 Meter Tiefgang können wir es wagen, das Kap dicht unter Land zu runden. Das Wasser wird erst platt, dann kristallklar. Der Himmel ist blau, nahezu wolkenlos. Ein warmer Sonnentag. Ich blicke auf die Uhr – kurz nach 12 – und überlege: Wir haben eine schöne Strecke zurückgelegt. Als wir ums Kap sind, kommt der Wind von vorn. 5 Meilen bis zum Hafen müssen aufgekreuzt werden. Sportlich klappt das alles noch nicht sonderlich. Die Wenden, das Trimmen brauchen ihre Zeit. Ich habe nicht die Übersicht. Unser Cockpit war in all den Jahren, in denen ich segel, noch nie so voller Leinen und Klemmen und Beschläge. Es herrschte ein geordnetes Chaos, als wir das Schiff übernahmen. Nicht so einfach, inmitten dieser Flut an Strippen die richtigen zu bedienen.

Städtchen und Marina im Norden der Insel heißen Søby. Wir legen uns an einen Steg. »Gütersloh« ist schon da. Praktisch mit uns laufen sie ein. Nicht zufällig. Wir sind mit ihnen verabredet. Sie sind unsere Segelfreunde, Marion und Jürgen aus Gütersloh und Marite und Wolfgang aus Bielefeld. Zwei Ehepaare mit ihren kleinen Rassys. Seit zig Jahren segeln sie zwischen der Dänischen Südsee und Schweden – an den Wochenenden, in den Ferien. Sie lieben das Segeln über alles. Und sind dabei liebenswert geblieben. Marion und Jürgen machen ihr Boot fest, wie ich es noch nie beobachtet habe. Fahren mit dem Bug in eine Box. Jürgen legt die Achterleinen über die Pfähle. Dann springt Marion auf den Steg, hält den Bug stabil und bewegt sich nicht von der Stelle, während Jürgen alle Leinen belegt und dichtholt. Dagegen ist unser Festmachen immer leicht chaotisch. Mit Astrid könnte ich diese Art wohl auch nicht umsetzen. Zu selbstständig. Ja, überaktiv. Sie übernimmt gern das Kommando. Auch wenn's in die falsche Richtung läuft.

Søby ist eine Kleinstadt. »Eine lebendige Fischerstadt«, sagt der Hafenmeister. Für uns ist es ein großes Dorf mit gewachsenem Hafen. Zu Søby gehören eine Kerzenfabrik, ein Kaufmannsladen (Brugsen) und ein gut sortierter Baumarkt. Werft und Fähren sind nicht zu überhören. Am Yachthafen befindet sich eine Kantine, an deren Ostende ein Restaurant und an der anderen Seite ein bestens besuchter Pølser-Imbiss liegt. Pølser sind spezielle dänische Würstchen, die zwischen zwei Brötchenhälften liegen. Und die werden uns in jedem Hafen von nun an ins Auge stechen.

Für uns gehört zu Søby der Besuch des Leuchtturms Skjoldnæs. Es geht den Hang hoch durch ein paar Gassen und dann fünf Kilometer nach Norden. Ein ausgesprochen schöner Spaziergang. Zusammen mit »Gütersloh« wandern wir durch eine grüngelbe hügelige Landschaft. Vorbei an glänzenden, leicht wiegenden Gerstenfeldern und anderen Äckern. »So gut steht das Getreide bei uns nicht.« Ich mache ein Foto. Vereinzelt ein Haus, das zum Verkauf steht – til salg. Auf dem Golfplatz ist wenig los, trotz Werbebroschüre: »Der Golfklub Ærø hat eine der schönsten 18-Loch-Anlagen in ganz Europa.«

Am Strand, vorm Kap angekommen, setzen wir uns an einen dieser typischen skandinavischen lang gestreckten Rastplatztische mit Sitzbänken dran, die man wegen des Gewichtes auf keinen Fall klauen kann. Öffnen unsere Wasserflaschen und gucken aufs reflektierende Wasser, das wellenlos wirkt. Niemand ist sonst da, nur ein Hund. Astrid spielt mit ihm, und er ist ganz zutraulich. Sie geht ans Wasser hinunter, der Hund geht ihr nach. Sie sucht Steine. Schöne Steine, besondere Steine. Farbige, schwarze, große, kleine. Steine mit Loch. Und heute: flache Steine, die sich zum Flitschen eignen. Mit Schwung und Geschick geworfen, springen sie sechs bis sieben Mal übers Wasser. Der Hund schaut ihr zu. Bereit zum Sprung, doch er springt nicht. Vermutlich ist das Wasser zu kalt – wie für uns auch.

Marion merkt an: »So ist das Seglerleben. Ist man an Land, schaut man aufs Wasser, ist man auf See, blickt man sehnsüchtig an Land.« Marite stöhnt. Ihr Mann Wolfgang entgegnet: »Hun-

Vielleicht muss man ein wenig verwegen sein für solch einen Törn

ger ist mein Bedürfnis.« Das ist das Signal für den Aufbruch. »Mir ist Segeln zum Bedürfnis geworden«, sagt Astrid. Aber allen geht es ähnlich. Würden sie sonst Sommer für Sommer an die Küste kurven, um die Segel zu setzen? An vielen Wochenenden, an Feiertagen, in den Ferien? Auf den Leuchtturm steigen wir nicht.

Es wird ein schöner Abend. Im Hafen schmeißen unsere Freunde den Grill an und verwöhnen uns. Dafür haben sie alles an Bord: Grill, Kohle, Anzünder – Salate, Baguette und Würstchen im Teigmantel, genannt Stockbrot. Das muss allerdings erst geformt werden. Das Ergebnis ist köstlich – in der Natur verzehrt noch besser. Astrid interessiert sich überraschend für das Rezept. Marion schreibt auf: »Eigentlich Pi mal Daumen, aber ich probier's mal.«

500 Gramm Mehl / Salz / 4 Esslöffel Öl / 1 Tüte Trockenhefe / 1 Esslöffel Zucker / 1 Ei / Milch oder Mineralwasser

Mehl in eine Schüssel geben und mit allen Zutaten zu einem geschmeidigen Hefeteig kneten.

Mit einem Geschirrtuch abdecken und sicher in die Koje stellen, eventuell die Schüssel mit Folie abdecken, falls der Teig sehr stark aufgeht.

Grillstelle vorbereiten.

Mehl zum Kneten bereitstellen. Teig in Stücke teilen, kneten und zu einer langen Wurst rollen. Das Würstchen darin einrollen und auf den Grill legen.

Für Vegetarier Käsesticks einrollen (Teig gut verschließen). Sehr lecker sind auch Räucherlachsstücke.

Wenden, damit nichts anbrennt!

Bei doppelter Teigmenge bleibt je nach Anzahl der Mitgriller ein Teigrest. Diesen zu einem Zopf flechten, auf den ausglühenden Grill legen und auf den Felsen bei untergehender Sonne mit Nutella und einem Pott Kaffee genießen.

»Allein dieser Gedanke lässt mich von den Sommerferien träumen.«

Der Himmel über Søby ist noch ganz hell, gelb am Rand gegen die Finsternis. Helle Wolkenbänke liegen in dem abendlichen blassen Himmelsblau. Wir unterhalten uns über Vor- und Nachteile beim Ankern in den Schären, Schweden überhaupt, dass Schweden gern Kontakt aufnehmen, aber oftmals zu schüchtern sind, und, klar doch, übers Segeln. Am Nebentisch geschieht das ebenso. Eine Vereinscrew durchspielt alles an Geschichten und Abenteuern um dieses Revier: »Wenn die Gischt höher als die Saling fliegt.« – »Ein Motorboot möchte ich nicht geschenkt haben.« – »Das glaubst du doch selbst nicht.« – »Herbert kamen die Spaghetti einzeln aus dem Mund.« – Es endete mit Wochenendhäusern, elektrischen Winden, eigenen Sorgen … Man ist überrascht, wie viel Erzählstoff sich zwischen der deutschen Küste und der Dänischen Südsee ansammelt.

FAABORG & DÄNISCHE SÜDSEE

Der zweite Ostseetag beginnt mit einer herrlichen Sonne und einer großen Stille. Windstille. Und dem »stillen« Wolf Biermann, der mit Freunden die Dänische Südsee besegelt. »Überall hätte ich ihn erwartet, aber nicht auf einem Segelschiff«, sagt Biermanntexte-Liebhaberin Astrid.

Astrid hat seit 20 Jahren ein von Biermann in Spiegelschrift signiertes Buch. Auch sie signiert gerne in Spiegelschrift. Doch er kann es toppen: Mit jeweils einem Stift in jeder Hand und

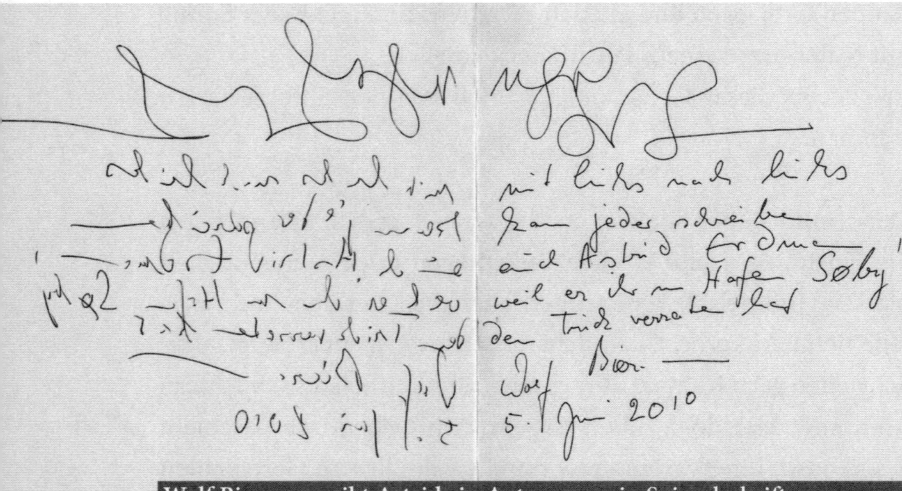

Wolf Biermann gibt Astrid ein Autogramm in Spiegelschrift

gleichzeitig schreibt er: »Mit links nach links kann jeder schreiben, auch Astrid Erdmann, weil er ihr im Hafen von Søby den Trick verraten hat.« Man ist im Moment sprachlos. »Das habe ich ja noch nie gesehen.« Astrid ist hellauf begeistert, findet das großartig, denn es gibt nicht viele Menschen, die es mit einer Hand können, aber mit beiden zugleich? Nein! Er wiederum will es erklären, und es beginnt ein Monolog, den ich nicht wiedergeben kann, da mir teils unverständlich. Jedenfalls ist für ihn Spiegelschrift kein Problem. Dazu gehöre nur Übung – wie bei so vielem im Leben. Wolf Biermann ist ein vielseitig Talentierter. Singen eigener Liedertexte zur Gitarre ist bekannt, Bücher und historische Aufsätze schreiben ebenfalls, aber segeln? Nein, er sei nur Gast, sagt er.

»Mitsegler für ein paar Tage.«

Faaborg ist einer meiner liebsten Häfen in der Dänischen Südsee. Schon der Name klingt verlockend, signalisiert »echte« Südsee. Faa bedeutet im Polynesischen die Zahl vier. Hier lässt sich der Ursprung des Namens wahrscheinlich von Fuchsberg ableiten. Die Ansiedlung wurde im 13. Jahrhundert zum ersten

Mal urkundlich erwähnt. Denn die Dänische Südsee war zur Windjammerzeit das Zentrum der Hochseefahrt und Faaborg eine Seefahrerstadt.

In heutiger Zeit ist Faaborg das Zentrum der deutschen Fahrtenseglerszene. Man spricht deutsch. Man liest deutsch. Man signalisiert es in allen Prospekten, Speisekarten, Geschäften. Eine Tagesreise von der Kieler Bucht oder der Schlei entfernt, beginnt die Dänische Südsee, wie die Gewässer zwischen Fünen, Langeland und Ærø genannt werden. Eine unvergleichliche Landschaft aus Wasser und Inseln. Reich an Buchten, Häfen und – leider auch – sehr flachen Gewässern. Die Distanzen sind manchmal erschreckend kurz. Da hast du die Segel gerade gesetzt, nimmst Kurs und trimmst ein wenig den Stand der Tücher, und schon stehst du vor deinem Ziel – bei Wind. Logisch, das ist Klasse für Kleinboote, weniger interessant für die Dickschiffe. Was sind wir denn mit unserer Flunder? Auch ein ideales Revier für Familien mit Kindern. Niemand wird überfordert. Das trifft ebenso auf Anfänger zu. In der verzweigten Inselwelt gibt es bei unangenehmen Wetterkapriolen rasch ein Schlupfloch. Übrigens: Nirgendwo gibt es so viele Segler, die »Danish Sailing« betreiben, das heißt mit gesetztem Groß und laufender Maschine fahren.

Eine Weile segeln wir planlos durch eine verlassene See. Am effektivsten stehen die Segel bei Kurs Nord. In diese Richtung liegen Avernakø, Lyø, Dyreborg und Faaborg. Genau, da fahren wir hin.

»Nach Faaborg – zum Essen.«

»Jaa. Großartig«

Es jährt sich nämlich ein Traumjubiläum: Vor genau 25 Jahren bin ich von meiner ersten Nonstopfahrt nach 271 Tagen zurück nach Kiel gekommen. Für den Mut bewundere ich mich heute noch, denn so weit südlich im Südpolarmeer zu segeln, zwischen den Crozet-Inseln, Macquarie und Kap Hoorn, würde ich heute nicht mehr riskieren. Über Wochen hinweg war ich auf 52 bis 54 Grad Süd, das war Surfen mit Herzklopfen. Und immer Sturm oder Starkwind, Seegang, Nebel und Eisberge (die ich spürte, aber nicht sah). Ich segelte damals wie in einem Tunnel, so duster waren Wetter und Wolken. Das Ende der Welt von morgens bis abends. Und nachts die härtesten Segelmanöver unter schwarzem Himmel, dazu arschkalt. Paradox: Je größer das Leiden, desto größer die Lust. Die Natur in diesen Breiten ist einzigartig, ach Quatsch, sie ist eine stolze Dame, der nur wenige Verehrer geblieben sind. Die neuen Nonstop-Regattakurse haben eine »Eisbremse« (Icegate). Südlicher als 50 Grad darf nur selten gesegelt werden.

Vor allem bewundere ich meine damalige Vorbereitung. Im Juli wurde noch in der Werft an meinem Alurumpf (Kasko) geschweißt, und am 8. September 1984 startete ich mit dem brandneuen Boot, ohne es erprobt zu haben. Und ganz wichtig, ich habe es ja nicht ausbauen lassen, sondern das mit der Familie und ein paar Freunden selbst bewältigt. Dann Selbststeueranlage befestigt, Beschläge und Schotschienen montiert und für eine Nonstopfahrt ausgerüstet. Das Spannendste allerdings war, KATHENA NUI von Norderney, der Werft, allein über den Kiel-Kanal nach Eckernförde zu überführen. Ohne Motor, ohne Klampen und Holepunkte. Sagenhaft. Schon dafür habe ich mir damals symbolisch auf die Schulter geklopft. Ein Zeichen meines Willens, meiner Stärke und meiner Überzeugung, es als erster Deutscher nonstop und allein zu schaffen. Tja, diese Jubelankunft, die sich zum 25. Mal jährt, will ich mit Astrid am 6. Juni feiern, und – logisch – dafür eignet sich Faaborg bestens.

Das Wahrzeichen der Stadt, ein roter dicker Glockenturm, ist schon aus großer Entfernung sichtbar, daneben ringsum ockerfarbene Häuser mit roten Dächern. Gleich davor der Hafen, eingebettet in die Stadtsilhouette. Er ist relativ leer, was auch schon in Søby der Fall war. Was ist los? Im Juni!

Am Kai neben dem Kiosk hat sich eine Musikkapelle platziert. Sie spielt deutsche Seemannslieder und Schlager mit dänischen Texten. Lachs häuft sich auf Papptellern, Bier fließt in Plastikbecher. Eine kleine Zuschauer- oder Hörergemeinde umlagert die Band. Es ist Sonntag. An Sonntagen sind die Straßen der Stadt leer, viele Lokale geschlossen, doch auf der Strandgade finden wir »Tre Kroner«. Das Restaurant hat geöffnet. Ich liege fast auf der Straße, so tief hängt die Speisekarte. Wir gehen hinein, bestellen English Beef und Bier und stoßen an. »25 Jahre sind ein halbes Leben.« Selbstbewusst gedacht. Bis zum 25. war ich noch sehr jugendlich und naiv. Erst als ich mit dem Segeln anfing, meinem Leben eine völlig neue Richtung gab, wurde ich selbstbewusster, routinierter und souveräner im Umgang mit anderen, vor allem fremden Menschen. Und ich hatte ein Ziel und ein Thema. Das Segelboot war zu der Zeit ein wunderbarer Kontaktknüpfer.

Wer kommt so spät in Nacht und Wind? Ein Däne mit seiner LM (Motorsegler). Sie passt mit ihrer Breite nicht in die avisierte Box. Folglich setzt der Däne zurück, nimmt erneut Anlauf und kracht zwischen die beiden Pfähle, aber eben nicht hindurch, sondern katapultiert das Boot zurück. Er und seine Frau versuchen es noch einmal – mit mehr Fahrt – und landen trotz Karacho, wo sie vorher schon waren. So wird das natürlich nix. Die Pfähle lassen die LM nicht hindurch. Zum Schluss liegen sie neben uns, wo die Box breit genug ist. Wir helfen kurz ihm und seiner auf dem Vordeck nicht ganz so sicheren Frau beim Festmachen. Als Dank gibt's eine Dose Bier und die Feststellung: »Ich bin dumm, aber heute habe ich mich noch dümmer angestellt.« So ehrlich und offen stellt sich selten ein Segler dar. Es wird noch ein amüsanter Abend. Skål.

1959 betrat ich erstmals die Planken eines Bootes unter Segel – und war begeistert. 1961 las ich mein erstes Segelbuch – und kaufte mir gleich ein zweites. Und 1965 war es so weit: Ich kaufte KATHENA, um – klar doch – damit um die Welt zu segeln.

Am 13. Mai 1966 machte ich meine erste eigenständige Segeltour – von Alicante nach Benidorm und zurück. Ich löste die Festmacher, holte den Anker ein, setzte Groß und Fock und brauste los. Nicht weit. Es machte peng. 200 Meter weiter landete ich an der Kaimauer im Innenhafen von Alicante. Ich wäre unweigerlich mit dem Bug dagegengebrummt, hätte ich nicht vergessen, den Spinnakerbaum einzuholen, der wie ein Klüverbaum vorn einen Meter herausragte. Er fing den Aufprall ab, zersplitterte aber dabei in drei Stücke. Drei Stücke sind eigentlich ein gutes Zeichen, indes …

… Das nächste Malheur wartete, als ich auf Kurs ging: Wind von vorn. Wie das? Im Hafen sah alles ruhig und leichtwindig aus. Ich schaffte es nicht, gegenan richtig voranzukommen. Von einem effektiven Kreuzkurs hatte ich keine Ahnung. Doch ich gab nicht auf. Kämpfte weiter mit den Segeln gegen einen starken Wind. Es wurde dunkel, es wurde Nacht, ich bekam Hunger, ich wurde müde, ein Segel riss. Was sollte ich machen? Ich ankerte an der offenen Küste auf über 25 Meter Wassertiefe. So weit reichte meine Ankerkette kaum, also knotete ich alle Enden, die ich an Bord hatte, aneinander und legte mich in die Koje. Es schaukelte mächtig, mangels Erfahrung dachte ich, das sei normal. Am anderen Morgen machte ich mir mithilfe der Seekarte ein Bild von meiner Position, und dann ging's Anker auf. Der Wind hatte nachgelassen, und ich konnte sogar Kurs Benidorm anliegen, das zwar einen Steg hatte, aber keinen Hafen. Ich steuerte den Kopf an und saß zwei Bootslängen davor auf Grund. Nur Sand. Doch ich bekam KATHENA nicht frei, trotz Schwert einziehen und Schräglage. Ein Fischer zog mich schließlich herunter, sodass ich neu ankern konnte, hauptsächlich, um meine Segel zu reparieren. Beim Nähen im Cockpit bewunderte ich die kleinen Motorboote, die in alle Richtungen kurven konnten, ohne Mühe und mit hübschen Mädchen im Bug. »Wegen der Mädchen bin ich doch auch hier«, dachte ich. Wahre Mysterien wurden von den Mengen an Touristinnen in Alicante erzählt. Nachdem ich mich etwas erholt hatte, wollte ich nur zurück. Der Wind war schwach, so erreichte ich Alicante im Dunkeln. Und war froh, dass keine Segler am Steg mein Festmachen beobachteten. Todmüde und völlig kaputt, doch glückselig legte ich mich rücklings auf die Koje. Von Benidorm und den Mädchen hatte ich zwar nichts gesehen, aber dennoch viel erlebt.

Trotz Pech und Pannen organisierte ich meine Weltumseglung in Alicante weiter. Übte das Segeln auf Tagestörns. Baute eine Selbststeueranlage, die nicht funktionierte, einen Heckkorb, eine selbstlenzende Plicht, Spieren, um Segel auszubaumen, und vieles mehr.

Wenige Monate später legte ich ab. Entlang der spanischen Mittelmeerküste bis Gibraltar. In meinem Logbuch notierte ich:

Gib – Las Palmas 17 Tage; Las Palmas – St. Vincent 47 Tage; St. Vincent – Panama 12 Tage; Panama – Tahiti 69 Tage; Tahiti – Port Moresby 42 Tage; Port Moresby – Kapstadt 98 Tage; Kapstadt – Helgoland 131 Tage.

Am 9. Mai 1968 war die Fahrt in Hamburg zu Ende. 29 380 Seemeilen. Alles war gut gegangen. Allein und ohne Segelschein. Nur: Das, was ich getan hatte, war eigentlich verboten. Und weil bei dieser Art von »Verbrechen« der Täter »nackt« (ohne Verein, ohne Familie, ohne Freunde) dastand, konnte ich schnell lesen und hören, was ich alles verkehrt gemacht hatte. Wobei die Zeitungen mich aufgrund des kleinen Bootes und der mangelnden Segelerfahrung zum Lügner schrieben. »Verrat am Verband. Andere Seesegler büffeln Segeltechnik, Navigation, Praxis. Und hier kommt einer, der …« Ich hasste die Situation. Sie verletzte mich. War ich zuvor ein lockerer Typ, wurde ich nun stiller und zurückhaltender. Glücklicherweise konnte ich die Weltumseglung anhand von Logbüchern und Behördenbescheiden beweisen.

Ist es denn wirklich so schlimm, wenn man in umgekehrter Reihenfolge vorging? Erst die Tat, dann die Theorie!? Ich hatte nie die Chance, die erforderlichen Leistungen des Deutschen Seglerverbandes zu erbringen.

Und jetzt nicht mehr nach hinten schauen. Weitersegeln.

Weil es mir gefiel, das Segeln, das Leben mit einem Segelboot, setzte ich es fort. Ich heiratete Astrid, eine Düsseldorfer Sportlehrerin, die mir bei meiner Ankunft in Hamburg zur Seite stand. Und wenige Monate nach der Hochzeitsfeier, im Sommer 1969, passierte der gemeinsame Aufbruch. Mit einer schlanken 8,90 Meter langen Slup aus Stahl. Spartanisch, aber zeitgemäß ausgerüstet. Wir waren jung: 25 und 29, Luxus unnötig. Und wir waren unbekümmert, als wir planten und starteten. Gleich nach dem Aufbruch kam der Gedanke: Haben wir ausreichend Geld, den Traum einer Weltumseglung zu finanzieren? Eigentlich nein. Unterwegs dazuverdienen war also Pflicht. Zugegeben: Das Reisen mit einem Segelboot galt zu der Zeit noch als klassisches Abenteuer einer Minderheit, und das Liegen war demzufolge in den Häfen und an manchem Kai kostenfrei. Und wie war es mit der Zweisamkeit? Im Zusammenleben an Bord eines kleinen Schiffes hatte keiner von uns Erfahrung. Gut, ich war ozeanerprobt und verantwortete Route und Segelmanöver,

Astrid organisierte, steuerte das Boot und war in den Häfen für alles zuständig. Bootspflege geschah gemeinsam.

Ohne Selbststeuerung ging es bis Tahiti, erst dort baute ich am Strand aus Wasserrohren und Sperrholz eine Anlage, die uns das Segeln auf See enorm erleichterte. Elektrisches Licht? Fehlanzeige. Lesen fand abends bei einer Petroleumfunzel statt. Kühlung? Nein. Rollsegel, die einem viel Vordeckarbeit abnehmen? Logisch, nein. Wir wollten unerreichbar sein, folglich gab es auch keine Telefonate. Drei Jahre unterwegs, ohne ein Gespräch nach Hause. Navigation: GPS? Gab es noch nicht. Wir haben mechanisch navigiert. Die Folge: Hier und da irrten wir bei einem Landfall im Ungenauen herum. Bedenken nach der Rückkehr, den Einstieg ins Landleben nicht zu schaffen, hatten wir überhaupt nicht. »Aber meine Rentenversicherung«, wie ich es neuerdings als Handicap in Fachzeitschriften lese, war für uns überhaupt kein Thema.

Wir sind auch nach dieser »Hochzeitsreise« beim Segeln geblieben. Hatten drei Sommer eine eigene Segelschule am Mittelmeer. Es folgten zu dritt (mit Sohn Kym) dreieinhalb Jahre Südseesegeln. Paradiesisch. Schon die Inselnamen: Futuna, Funafuti, Likiep, Ponape, Ant, Nukumanu, Ninigo, Langkawi, Ko Phi Phi, Kunafoldu. Dabei wurden ausdrücklich selten besuchte Inseln angesteuert. Das war anstrengender, motivierte aber. Auf diesen abgelegenen wundervollen Inseln war es Kym, der uns sozusagen ins Inselleben einführte, der die Kontakte knüpfte. Vier Jahre alt, strohblond und sehr neugierig, da brauchte man sich keine Gedanken machen, nicht willkommen zu sein. Es war meine und wohl auch unsere schönste und glücklichste Reise. Das Glück stand uns zur Seite in der Gesundheit, beim Bootsmaterial, in der Navigation und mit den Menschen, die wir kennengelernt haben. Kym (inzwischen 38 Jahre) träumt heute noch manchmal von Korallenfischen, vom Schwimmen in türkisfarbenen Lagunen und vom Fischefangen mit der Angel. Die Reise war auch für ein Kind ein blauer Traum. Und war möglicherweise richtungsweisend für seine Zukunft als Grafik-Designer. Ein Beruf, den er liebt.

Ich war fast 40 Jahre, als ich diesen blauen Traum beendete, lebte in Schleswig-Holstein und wollte nichts mehr mit Fahrtensegeln zu tun haben. Ich hatte die Nase voll. Doch nicht lange. Eine Leistungsfahrt puckerte tief in mir: nonstop um die Erde. Und gleich doppelt riskant, weil die Fahrt von Kiel zurück nach Kiel führen sollte – ohne irgendwo anzuhalten. Ich wollte mich fordern in der Vorbereitung und unterwegs durch die stürmischsten Meere der Südpolarregion. 1984 war ich klar, hatte ein neues Boot, KATHENA NUI, und ganz neue Ziele. Wie wird sich ein Boot von gut zehn Meter Länge auf diesem stürmischen Kurs bewähren? Wie würde ich mich fühlen nach Monaten auf See? Nach 271 Tagen landete ich tatsächlich wieder in Kiel. Abgekämpft, dünn, aber gesund. Ich war damit der Erste, der hierzulande nonstop und allein um die Welt gesegelt ist.

Danach? Leere, viel Leere. Ich setzte mich seglerisch mit nahen und mittelnahen Gewässern auseinander: dem Nordatlantik nach New York und zurück, mit einer Jolle monatelang durch die mecklenburgischen Seengebiete im Jahr nach dem Mauerfall. Eine Fahrt, die niemand so wieder erleben wird, nie wieder. Mit einer Ostseeumrundung, Protestsegeln 1995 gegen die Atombombenversuche vor dem Mururoa-Atoll (Pazifik) und einer Nordseeumrundung. Eigentlich wollte ich so nicht weiter segeln – monatelange Sommerfahrten und darüber schreiben. Dann stand mein 60ster an. Da denkt man: Du musst noch etwas reißen. Mensch, versuche es mit der tollsten, widersprüchlichsten Reise gegen den Wind um die Erde. Die KATHENA NUI hatte ich noch. Also stand der Fahrt nicht viel im Wege – außer Astrid, die mich für verrückt erklärte, als ich mit dem Vorhaben zu ihr kam. Schließlich (leicht war es nicht) stimmte sie zu, ganz wichtig für die Vorbereitung und unterwegs. Denn wenn man niemanden hat, der auf einen wartet, ist es auf Nonstopfahrt doppelt schwer. 343 Tage und über 30 000 Meilen waren das Ergebnis. Nie war ich glücklicher! Stimmt nicht ganz. Das sagte ich schon nach meiner ersten Fahrt. Ich bin generell glücklich, wenn ich mein Boot und mich heil in den Hafen gebracht habe.

Es folgten wieder Fahrten vor der Haustür – Ostsee, Mecklenburg, Nordsee. Und jetzt die Acht.

KOMMUNIKATION

Ihr Schiff liegt in Faaborg am Steg neben unserem. Guten Tag sagt man sich nur flüchtig. Aber Karin Hansen schickt eine nette E-Mail aufs iPhone mit Ankommer-Fotos von KATHENA X. Großen Dank, mailt Astrid zurück. Kommunikation 2010.

In der Tat ist das iPhone das einzige Kommunikationsmittel, das wir an Bord haben. Es sollte genügen, wenn wir in Schlamassel geraten. Oder interessanter: Wettervorhersagen kurzfristig abrufen können und nicht auf Radioempfang angewiesen sein. E-Mails kann man auch schreiben und empfangen, in manchen Häfen sogar über WLAN kostenfrei.

ÅRØ & ÅRØSUND

Der erste Absatz im offiziellen Touristenprospekt des Hafens Årøsund gilt dem Hafengeld. »Liegegeld muss am Automat im Hafenamt bezahlt werden.« Ein Hafen für Segler heißt im

Dänischen nicht von ungefähr »Lustbadehavn«. Wenn man einen Segler kennenlernen möchte, stelle man sich am besten vor einen »Havnbetalingsautomat«. Jedem Zweiten vergeht dabei die Lust. Wir sind der Zweite. Entweder ist der Automat defekt, ich habe nicht die richtigen Scheine, der Automat nimmt das Geld gar nicht an oder die Gebrauchsanweisung überfordert uns.

Doch vor Årøsund haben wir im Inselhafen Årø festgemacht. Gleich gegenüber von Årøsund, 1 knappe Seemeile entfernt. Allerliebst, sicher und wild und irgendwie verloren. Die Insel gibt uns das Gefühl, wenig kommerziell zu sein. Bevor wir festgemacht haben, wechselte die Landschaft unablässig ihr Aussehen. Aus der geschützten Bucht Faaborgs segelten wir entlang einer Steilküste, dann einen Tonnenkurs, vorbei an leuchtenden Kornfeldern, dunklen Laubwäldern und dem Nordzipfel von Lyø, einem der beliebtesten Ankerplätze im südfünischen Inselmeer. Hier endete jäh der Landschutz. Übers offene Ostseewasser ging es in den Kleinen Belt – 20 Meilen bis in den Årøsund. Zur Orientierung stehen auf Fünen an Steuerbord zwei Leuchttürme.

Das Resultat des Tages: 25 Seemeilen, 7 Stunden sonnige Segelzeit inklusive zwei Außenborderstunden. Der Wind war eben nicht so, wie wir ihn brauchten: schwachwindig bis flau. An diesem Tag wurde mir das Steuern energisch abgenommen. Astrid war mit meinen Qualitäten total unzufrieden: »Du steuerst, wie ein Bulle pisst.« Das Ruder aus der Hand zu geben war mir nicht unangenehm, aber muss man Kurshalten so wichtig nehmen? Vor allem weil wir zu einer langen Sommerfahrt unterwegs sind. Ein Fisch springt, eine Möwe kreist (sind Möwen in Dänemark größer?), ein Angelboot vor Anker, ein Leuchtturm. Es gibt immer etwas zu gucken, für mich allemal wichtiger, als den Kompass genau im Auge zu behalten.

Mittig am Kai steht in Årø der Havn-Kiosk. Ziemlich leer, weil das Wetter die Touristenströme diktiert: kalt, windig und regnerisch. Der Wirt schimpft und ist ungeduldig. »Keine Gäste, kein Umsatz. Macht keinen Spaß. Und wir haben schon den 10. Juni.« Er stapft nervös unter seinem Vorzelt zwischen Theke, Tischen und Computer hin und her. Mit einem Besen hebt er das Zeltdach an, damit das Regenwasser abläuft. Im Eingang, halb drinnen, halb draußen, erwischt die kalte Dusche ein Pärchen. Die beiden sind augenblicklich gewaschen. Doppelt gewaschen, da sie ja schon der Regen erwischt hatte. Als Entschuldigung spendiert der Wirt Kaffee, das dänische Nationalgetränk, dünn und milchig. Ich mag es. Ein Hamburger Ehepaar stöhnt über den Kaffee und das Wetter, während es an einer Pizza säbelt. Es will den ganzen Sommer auf Årø bleiben. Wohnmobilferien auf dem Campingplatz.

Wir geben einen Tag zu. Leichten Herzens. Ist uns das Unperfekte doch lieb.

Was soll man sagen zu solch einer Insel – mit so geringen Ausmaßen, vier mal drei Kilometer, und der amphibischen Struktur? Das Eiland zu umwandern dauert unmittelbar am Wassersaum keine drei Stunden – mit einbezogen eine Weinprobe in der Årø Vingård. Wir probieren einen herben Weißen und nehmen eine Flasche mit. Angebaut, gekeltert und gegärt auf 55 Grad Nord. Das ist die Überraschung und das Thema des Tages, denn der Wein schmeckt.

Ein anderes Thema: Wird das jetzt unser Rhythmus, unsere Zukunft sein? Abfahren, Segeln, Ankommen, Wandern, Radfahren, Essen, Gucken, Schlafen, Weitersegeln? Wohl nicht. Aber wie kann man die Tage brechen? Bleiben und sich immer wieder die weihevolle Atmosphäre angucken, wenn Segler ein- oder auslaufen, Persenning vom Groß nehmen, Fender und Festmacher einholen, aufschießen und und …? Was soll man schreiben über eine Insel, die eigentlich nur eine halbe ist – alle halbe Stunde geht eine Fähre zum Festland. Am schönsten ist es auf Årø, wenn man sich als Bestandteil der Natur fühlt.

GRETCHEN

Einem schicken jungen Pärchen mit einer schicken modernen Slup erzähle ich: »Fehlerlos zu manövrieren ist langweilig. Und wer will schon langweilig sein.« Beide machen große Augen, als ich dies vom Steg aus kundtue, wahrscheinlich haben sie diesbezüglich schon anderes zu hören gekriegt. Sie hatten beim Anleger Schwierigkeiten mit ihrer zehn Meter langen GRETCHEN. Warum ich sie anspreche? Ich bin neugierig, ob ihr Schiffsname GRETCHEN auf Goethes Tragödie »Faust« basiert. (Können sie mir nicht sagen.) Der rastlose Faust nämlich lässt sich auf einen Handel mit dem Teufel ein. Wenn der ihn aus seiner Unzufriedenheit befreie, gebe er dafür seine Seele her. Jedoch der Teufel bietet Faust die Liebe eines schönen Mädchens an – besagtes Gretchen. Vielleicht spielt, was Goethe das »Ewigweibliche« nennt, auch in der Familie des Eigners eine Rolle.

Was Wilfried Erdmann am Steg alles durch den Kopf geht.

MIDDELFART IM REGEN

Wir haben eine konsequente Haltung zu Dingen, die uns nicht interessieren. Wir lassen sie bleiben. Zum Beispiel Segeln im Regen. Was, wenn's unterwegs passiert, nicht zu vermeiden ist. Ich greife zum Kugelschreiber:

Regenschauer. Astrid steuert tapfer durch. Kurs Nord durch den Kleinen Belt. Noch keine Musik im Bordleben. Unkonzentriert. Kein Tag für uns. Mist.

Dauerregen. Gerade in Middelfart angekommen, interessiert uns nur eines: KATHENA X vertäuen, Cockpit mit einem Persenningtuch abspannen und Ölzeug runter vom Körper. Astrid setzt Teewasser auf, ich sorge für trockene Kleidung, bringe den Heizlüfter in Gang und schlage erneut das Segeltagebuch auf:

Fühle mich hässlich mit meinen Notizen. Schrift verquer, Inhalt wertlos. Möchte nicht festhalten, dass ich mit allem ganz schön am Rumrudern bin. Sicher vermessen nach einer langen Segelpause, gleich Bäume ausreißen zu wollen. Immerhin A. heute: »Na, geht doch«, als die Segel schon in der Ausfahrt von Årøsund standen.

Es regnet und ist bitterkalt. Nicht nur beim Ankommen, sondern über drei Tage hinweg. Zur Abwechslung zieht noch eine Sturmfront durch. Brrrr. Dafür ist Middelfart Marina der denkbar ungeeignetste Hafen. Das Wetter reißt an den Leinen und klatscht am Rumpf. Er bietet aber auch, außer weiten Wegen (in die Stadt), echte Miele-Waschmaschinen. Astrid probiert sie aus und ist voll begeistert: »Miele. Einfach rein die Wäsche. Knopf drücken. Klasse.«

Und man wundert sich nicht, wenn der Blick über die Mole geht, warum Dänemark international so hervorragende und erfolgreiche Segler präsentieren kann. Schon die Kinder segeln bei steifem Wind und Dauerregen vor dem Hafen Regatta. Konsequent begleitet von Betreuern in Schlauchbooten, die immer eine Hand voll Boote im Auge haben. Auf allen Booten prangt das Logo eines Sponsors. Geldinstitute scheinen besonders spendabel. Selbst Zuschauer formieren sich auf der Mole, überwiegend sind es wie bei uns Eltern und Freunde. Lange bleibt es obskur, warum die Kinder solche Bedingungen klaglos erdulden. Bis die Siegerehrung stattfindet. Mit welcher Inbrunst das Drumherum zelebriert wird, ist bemerkenswert: Podium, Musik, Essen, Trinken. Dann werden sehr ehrenvoll und herzlich die Pokale, Urkunden und Preise (Bootszubehör) verliehen. Sehr sympathisch der Umgang mit den Kleinen, den Letztplatzierten. Auch für sie gibt es besondere Auszeichnungen.

Maulwurfwetter. Im Juni. Über drei saunasse Tage ist es schwer, sich geduckt an Bord zu beschäftigen. Jeder pusselt für sich herum. Staut Töpfe, ordnet Werkzeug, baut ein rutschsicheres Gewürzregal, schrubbt die Bilge (die flach wie ein Teller

Was Segler glücklich macht: Elektrizität

ist), sortiert Papierkram. Holt Schlaf nach, liest ein Buch und Touristenprospekte. Am Ende kommt heraus: alles sinnentleertes Tun. Scheinbar. Und ich lese: »Wenn man lange genug wartet, wird jedes Wetter schön.«

DAS SEGELTAGEBUCH

Mein Schiff ist so klein – mein Logbuch so groß. Ich weiß nicht, wohin damit – wo verstauen beim Segeln, wo ablegen, um es schnell zur Hand zu haben. Ja, wirklich. So ist es in der ersten Woche, in der zweiten und während der gesamten Fahrt. Ein DIN-A4-Format ist ziemlich unhandlich auf einem jollenartigen Gefährt ohne Kartentisch. Und zu groß zum Mittragen an Land, um dort Notizen zu machen – ins Café oder sonst wohin. DIN A5 wäre ideal. Habe ich aber nicht.

Egal wie handlich oder unhandlich: Was zählt, ist vor allem die Motivation, ein Segeltagebuch zu schreiben. Und die ist vorhanden. Auch auf der Acht, wo nichts Exotisches zu erwarten ist. Ich bringe also Gedanken und Fakten, Gefühle, Erlebnisse, Wetter und Segeltechnik zu Papier. Meist zeitgleich zum Segeln oder am Ende des Tages. Lasse Reflexionen und Glücksgefühle nicht aus. Dafür habe ich meine Logbuchseite geteilt: oben das Seemännische, unten das Persönliche. Alles, was wir sehen und tun, wird festgehalten. Alles, was in mir ist, kommt da rein. Wer keine Notizen macht, ist irgendwie schief gewickelt. Es lässt sich wunderbar darin stöbern und träumen, rasch ist jeder Tag auch beim schlichten Durchblättern begreifbar. Ein von Hand geschriebenes Logbuch ist wichtig. Damit habe ich die Chance, Dinge zu erfassen, während sie sich ereignen. Mit meinen Logbüchern habe ich meine erste Umseglung bewiesen. Darin enthaltene Dokumente (Behörden), Namen von Schiffen und Kathenas Positionen wurden damals tatsächlich kontrolliert. (Vom Deutschen Segler-Verband, obschon ich überhaupt nicht Mitglied eines Vereins war.)

Mein erstes Reisetagebuch war ein »Kilometerheft«. Darin notierte ich hauptsächlich Distanzen und Orte auf meiner Radtour nach Indien – via Nordafrika. Beispielsweise: *Sirte – Benghazi 185 Kilometer, 9 Stunden, 35 Grad Celsius, Schnitt 76 Zoll (Übersetzung von 50 x 18).* Ich kam vom Sport, war 18 Jahre alt und dachte: »Bewegende Erlebnisse behältst du sowieso im Kopf.« Einfach loszuschreiben, ohne lange nachzudenken, schämte ich mich seinerzeit wahrscheinlich wegen meiner fehlerhaften Orthografie. Mir reichte es, in Briefen nach Hause und zu Freunden fließende Sätze hinzukriegen. Durchgestrichene Worte gab's nicht. Diese Pedanterie habe ich mir mit dem Kauf meiner ersten Kathena abgewöhnt. Es wurde geschrieben wie gedacht und gestrichen, was misslang. Erkennbar gestrichen. Wenn ich heute meine Aufzeichnungen von meiner ersten Weltumseglung vor über 40 Jahren lese – wie dankbar bin ich dann, die Zweifel und Unentschlossenheit, Missgeschicke und Freude eines 25-Jährigen zu lesen. Offen und herzerfreuend: *Müde. Scheißkurs. Scheißwetter. Nacht durch an der Pinne. In der Bilge plätschert Wasser. Hunger & lustlos.* Ich schrieb allein für mich. Da ich niemanden hatte, mit dem ich mich unterhalten konnte, brauchte ich diese Notizen.

Bis heute ist ein Logtagebuch mein ständiger Begleiter – auf See wie im Hafen. Ich kann gar nicht anders, als beim Segeln Notizen zu machen. Auch auf die seemännischen Dinge gehe ich genauer ein: Ursache, Geschehen, Analyse. Sobald aber ein Segler beim Schreiben an Veröffentlichung denkt oder daran, damit einen Segelpreis zu gewinnen, wird das Logbuch manchmal von der »ehrlichen« zur »unehrlichen« Form der Aussage.

Klar ist: Schreibend kann ich Gefühle rauslassen, ohne andere zu nerven oder anderen wehzutun (Segelpartner). Wut und Freude, Glück und Pech reiben sich nicht länger in uns – sondern liegen offen in Worten vor uns. Wenn man seine Situation in Worte fasst, bekommt sie Kontur. Mit Aufschreiben lassen sich viele Probleme lösen. Ich bekomme einen echten Überblick, kann besser analysieren und verfalle nicht in irgendwelche Grübeleien oder falsche Entscheidungen. Wer Langfahrt betreibt, für den ist ein Logbuch unumgänglich. Es bricht die Zeit an Bord und man hat eine gewissenhafte Aufgabe. Und wenn es mir zu viel wird, klappe ich das Buch zu. Schlage ich es wieder auf, sind die Erkenntnisse und Ideen, die normalerweise im Wirrwarr des Geschehens verloren gehen, im Tagebuch festgehalten.

Faszinosum Tagebuch. Der irische Schriftsteller Oscar Wilde riet euphorisch: »Jeder sollte ein Tagebuch führen.« Ich ergänze: »Der Sinn eines Logbuchs ist, mit geschriebenen Worten Erinnerungen, Erlebnisse, Kontraste festzuhalten.« Beim Nachlesen wird Vergessenes wieder erinnert – und manche Verherrlichung wieder in die richtige Spur gelenkt.

In meinen Logbüchern geht es auch um die Fragen, die ich an das Bordleben habe. Sie halten mich fern, nicht nur an Speed, Wind, Luftdruck zu denken. Sie können Ordnung schaffen – im Kopf wie an Bord.

Meine Bücher sind nicht immer chronologisch geführt. Und ich habe sie nie im Sinn von Hausaufgaben, die ich erledigen muss, empfunden. Verschiedene Techniken machen das Führen kreativer und übersichtlicher. Das an dem Tag Festgehaltene wird mit Kugelschreiber, Rückblenden mit einem Bleistift eingetragen oder Stellen, in denen es um Technik oder Wissenschaft geht, eingerückt. Skizzen, Zeichnungen, ein Stück Seekarte machen die Seiten lebhafter. Wer Wetterberichte empfangen kann, skizziert für die Prognosen einen kleinen Kasten. So bleibt das Logbuchbild plastisch.

Hier auf der Ostsee bleibt einiges – leider – auf der Strecke. Mangels Kartentisch und mangels Möglichkeiten. *Insel Årø – gut, sehr gut, aber lohnenswerte Buchten halten sich versteckt.* Wenigstens das habe ich festgehalten.

Warum mich dieses Thema so interessiert? Ich kann es nicht genau sagen. Vielleicht, weil meine Intention lautet: Das, was ich schreibe, bin wirklich ich selbst. Ich mache eben Notizen, derweil andere Segler auf Speed und Technik setzen. Menschen haben Vorlieben.

15. JUNI, TAG DES WINDES

Der heutige Tag beginnt mit meiner Faulheit – eher unserer Faulheit. Sechs Uhr – keine Abfahrtssignale von Astrid. Sieben Uhr dreißig – keine von mir. Ich ziehe noch mal die Decke über den Kopf. Die Insel Samsø muss warten. In Juelsminde ist es allerdings auch schön. Wunderbar sauber, übersichtlich, sicher. Wir sind älter, da braucht der Körper Pausen. Somit lassen wir den »Tag des Windes« (global laut Radio) sausen und mit ihm die gute Wettervorhersage – Westsüdwest 3 bis 4.

Wir schauen uns um. Im Ort und in der Bucht. Beides ist umzingelt von Wochenendhäusern und Campingplätzen. Das dänische Juelsminde bietet Hafenromantik samt Fischer und Werft; einen 1000 Jahre alten Anker als Dekoration im Stadtbild; eine Buchhandlung mit stapelweise Henning Mankell, Anna Gavalda, Ken Follett, Herta Müller im Fenster; für meine Frau ein Geschäft mit hochwertigem Isenkram (Eisenwaren); Gemüsegärten zur Bewunderung und Strand. Viel hellen Sand-

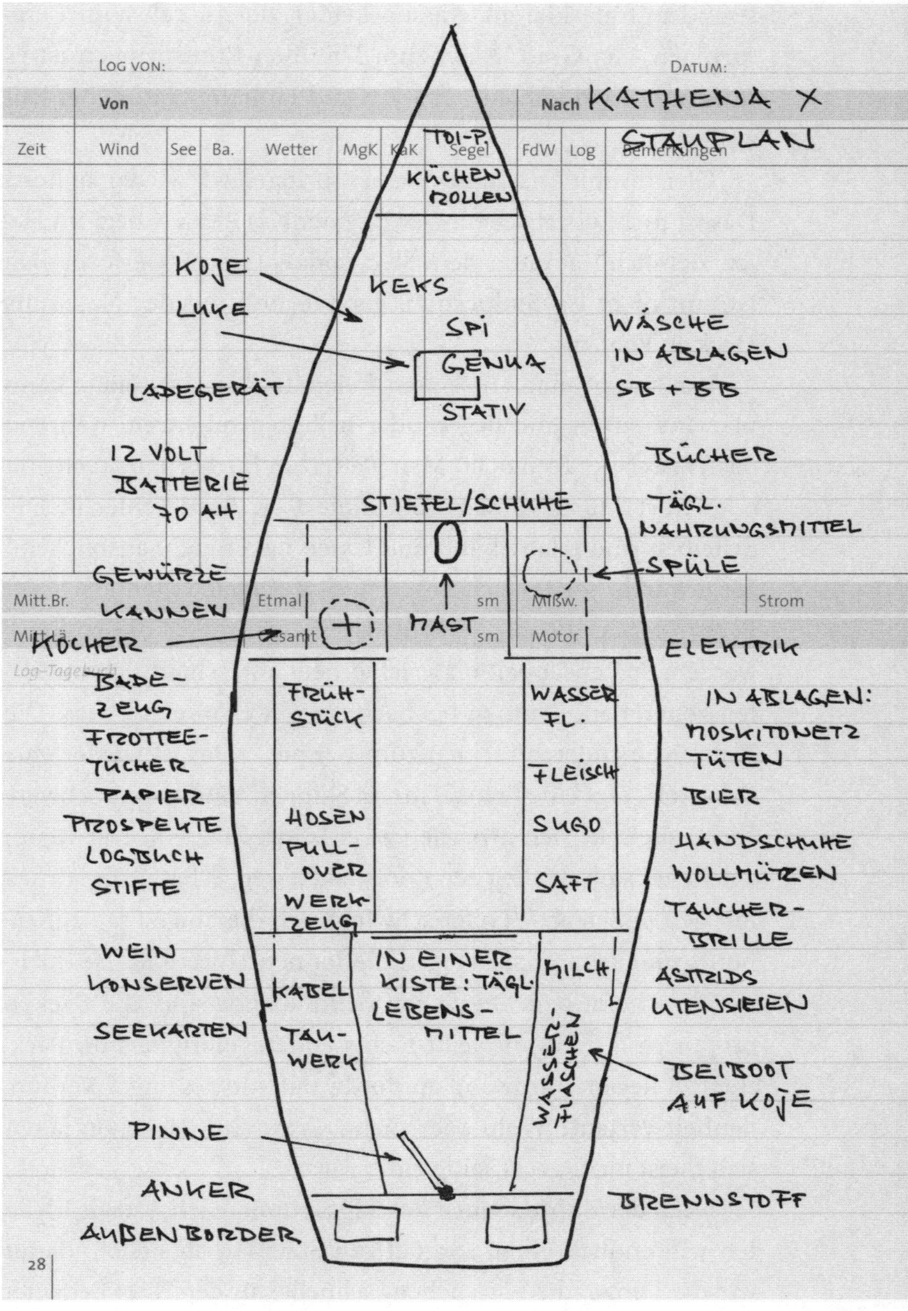
LOG VON:
DATUM:
Von
Nach KATHENA X
STAUPLAN
Zeit
Wind
See
Ba.
Wetter
MgK
KaK
Segel
FdW
Log
Bemerkungen
TOI-P.
KÜCHEN
ROLLEN
KOJE
LUKE
KEKS
SPI
GENUA
STATIV
LADEGERÄT
WÄSCHE
IN ABLAGEN
SB + BB
12 VOLT
BATTERIE
70 AH
BÜCHER
STIEFEL/SCHUHE
TÄGL.
NAHRUNGSMITTEL
GEWÜRZE
KANNEN
SPÜLE
Mitt.Br.
Etmal
sm
Mißw.
Strom
MAST
KOCHER
Gesamt
sm
Motor
ELEKTRIK
Log-Tagebuch
BADE-
ZEUG
FROTTEE-
TÜCHER
PAPIER
PROSPEKTE
LOGBUCH
STIFTE
FRÜH-
STÜCK
WASSER
FL.
IN ABLAGEN:
MOSKITONETZ
TÜTEN
FLEISCH
BIER
HOSEN
PULL-
OVER
WERK-
ZEUG
SUGO
SAFT
HANDSCHUHE
WOLLMÜTZEN
TAUCHER-
BRILLE
WEIN
KONSERVEN
KABEL
IN EINER
KISTE: TÄGL.
LEBENS-
MITTEL
MILCH
ASTRIDS
UTENSILIEN
SEEKARTEN
TAU-
WERK
WASSER-
FLASCHEN
BEIBOOT
AUF KOJE
PINNE
ANKER
BRENNSTOFF
AUßENBORDER
28

strand mit glasklarem Wasser. Leider viel zu kalt zum Reinspringen – 15 Grad. Auch zum Draußen-Rumspringen ist es trotz Sonne bei kühlen 14 bis 17 Grad Lufttemperatur eher kalt als warm.

Gleichwohl: Anstatt ins Wasser springen wir wieder an Bord. Das ist nicht übertrieben. Der Bug der KATHENA X liegt im Hafen ziemlich tief unter dem Steg, sodass Geschick erforderlich ist, um nicht ins Stolpern zu geraten und mit der Nase aufs Deck zu knallen.

Was macht man an seinem freien Tag? In der Kajüte kann man nur sitzen und liegen oder halb liegend sitzen, während das Wasser für Tee kocht. Man blättert in Büchern, man erzählt oder hört Musik. Lesen funktioniert an Bord schlecht. Die Scheiben sind relativ blind und lassen daher nicht ausreichend Licht durch, sodass sich Lesen nach wenigen Seiten erschöpft. Pech für Max Frisch, er sollte der Schriftsteller dieser Reise werden. Später rappelt man sich erneut auf, schaut sich die Hafenszenerie an, denn zu beobachten gibt es immer etwas. Die Platzsuche anderer Yachten zum Beispiel. »Das ist wieder eine Fahrerei«, sagt eine Frau zu ihrem Skipper. Eine andere schwere Yacht quetscht sich zwischen zwei Schweden rein. Der Mann am Steuer stöhnt: »Leg den Bootshaken weg, Schatzi, und drück mit den Füßen ab.« Tapfer schwingt sich die junge Frau außenbords und stemmt sich gegen die tonnenschwere Masse. Juelsminde scheint beliebt zu sein, denn abends sind alle Becken proppenvoll. Einigen bleibt nichts anderes übrig, als im Päckchen zu liegen. Bordwand an Bordwand – in geselliger Verbundenheit vertäut? Wohl eher nicht. Crews im Päckchen laden sich meist nicht gegenseitig ein.

Nach der Zufriedenheit des Tages ruiniere ich Astrids Idylle. Ich will endlich einen sorgfältigen Stauplan aufstellen, damit wir die Dinge, die wir suchen, schneller finden. Das bedeutet

Wir sind auf der Ostsee. Nichts stört. Der weiße Bug durchschneidet das tiefblaue Wasser fast lautlos. Ein paar Verwirbelungen verlieren sich achteraus. Ich bin schrecklich aufgeregt.

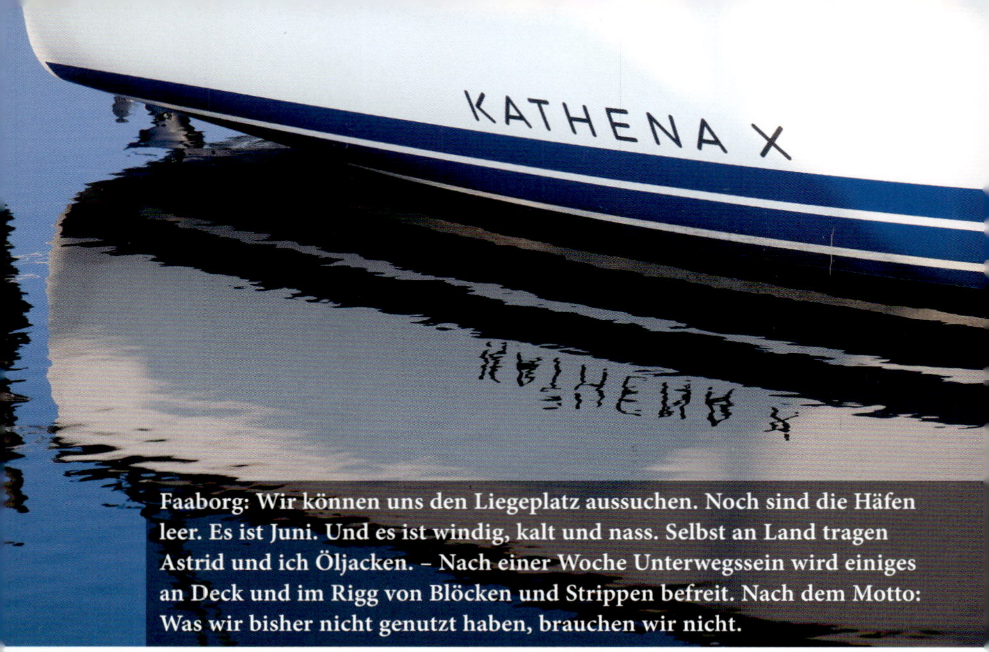

Faaborg: Wir können uns den Liegeplatz aussuchen. Noch sind die Häfen leer. Es ist Juni. Und es ist windig, kalt und nass. Selbst an Land tragen Astrid und ich Öljacken. – Nach einer Woche Unterwegssein wird einiges an Deck und im Rigg von Blöcken und Strippen befreit. Nach dem Motto: Was wir bisher nicht genutzt haben, brauchen wir nicht.

MUSTO
PERFORMANCE

Vorbei an glänzender, leicht wiegender Gerste und anderen »Körnern« wandern wir auf Ærø zum Leuchtturm Skjoldnæs ganz im Norden der Insel. Hier dürfen noch Unkraut und Wildblumen gedeihen.

GER 464

Anholt: ein kleines Paradies im Kattegat. Traum vieler Ostseesegler. Der Hafen von Anholt, vom Nordbjerg aus gesehen. Das Hinkommen war umständlich. Wind und See standen gegen uns. – Auch auf diesem Schiff sitzt Astrid am liebsten an der Pinne.

Wellenumspült – der feine alte Leuchtturm Anholt Fyr im Osten der Insel. Man wird für die Mühen des Wanderns dorthin mit Dünen, Sand und Robben belohnt. Unten: Badesaison in Schweden.

großes Chaos an Bord. Alle Fächer und Backskisten müssen aufgerissen werden, um an die verstauten Sachen heranzukommen. Das Übel ist, wir haben Ausrüstung und Proviant innerhalb eines Tages an Bord gestaut mit der Folge, dass wir absolut nicht mehr wissen, wo was lagert. Das will ich heute in Ordnung bringen. Ich skizziere den Rumpf und seine Lagerstätten, und Astrid gibt mir Bescheid, wo was liegt. Eine richtige Arbeit, denn der Großteil, der unbequeme Teil, liegt unter den Kojen. Und nur das Polster hochheben, damit ist es nicht getan, darunter befindet sich ein Alurahmen mit Kunststoff bespannt, und den gilt es, ebenfalls rauszunehmen. Mit Polster, Kissen und Alurahmen um einen herum bleibt kaum Platz für die eigentliche Aufgabe: sortieren und notieren.

»Wir haben zwar nur 7,90 Meter Bootslänge zur Verfügung, sind aber ausgerüstet wie für eine Ozeanfahrt«, lästert Astrid, als sie meine Leinen und Gummistropps, Dichtungsmittel, Signalmunition und Taschenlampen gesehen hat. »Fehlt nur noch der Sextant.«

»Nein, die Musikanlage. ›Love me Tender‹ bei Nebel und Flaute gespielt und du springst über Deck.«

MÅRUP HAVN, SAMSØ

»Du er virkelig god«, sagt eine Dänin zu mir, nachdem ich ihr beim Festmachen geholfen und zudem noch eine Fußbank vor den Bug gestellt habe. Sie drückt mich heftig an sich und wiederholt den dänischen Satz, den sogar ich verstehe: »Du bist wirklich gut.« Sie strahlt und erzählt in einem fort. Ihr blonder Schopf wippt dabei von Steuerbord nach Backbord. Obschon sie kein Deutsch spricht und ich kein Dänisch, ahne ich, dass es um ihre heutige Segelei geht. Sie lädt uns auf einen Kaffee ein, dazu gibt es das typische dänische Plundergebäck, das Wienerbrød, das bei uns Blätterteig heißt. Einen Mann gibt es auch. Der hält sich mit Segeleinlegen, -abdecken und Taueaufschießen vornehm zurück.

Die Segler, die derzeit unterwegs sind, reisen verdammt komfortabel: Grill, Fahrräder, Tiefkühler, Plotter, Laptop, Kuchenbude, Autopilot sind wie selbstverständlich. Und viel Zeit. »Früher hatten wir keine Zeit und kein Geld. Heute beides, dafür keine Gesundheit«, sagt eine Seglerin zu uns am Steg, die zusammen mit ihrem kranken Mann und einem wunderschönen Schiff auf Tour ist. Traurig setzt sie fort: »Sie haben das gemacht, was wir immer wollten, aber jetzt ist es zu spät.« Wir liegen eingekeilt zwischen Mascot und Najad und wirken wie ein Daysailer. Sind allerdings ausgerüstet wie ein Hochseesegler: Sturmfock, Segelnähzeug, Anker, 200 Meter Ankertau und, wie beim Stauen in Juelsminde festgestellt, zu viele Enden in Reserve. Sturmlaterne, Werkzeug über Werkzeug (es fehlt nicht einmal der Wantenschneider) und Ersatzteile, Schwimmwesten, ein Beil, Nebelhorn, Taucherbrille. Und ein Beiboot, verstaut in der Hundekoje. Natürlich ein Schlauchboot, Bombard AX2 von 2,40 Meter Länge und 22 Kilogramm Gewicht.

Der Wasserpass liegt sicher eine Handbreit unter der Konstruktionslinie. Ich stelle immer wieder fest, ein Mehr an Ausrüstung erleichtert einen richtigen Törn. Selbst ein Dingi ist ein Muss. Um beim Schwimmen wieder an Bord zu kommen, aber wichtiger, um vor Anker zu liegen und dennoch an Land zu können, oder als Sicherheit anstatt einer Rettungsinsel. »Und um das Boot außenbords zu putzen.« Astrids Ansicht. In diesem Sinne könnte ich alle schweren und sperrigen Teile erläutern. Könnte ich. Tue ich aber nicht, mit einer Ausnahme. Einen Außenborder fürs Beiboot finde ich überflüssig.

Stark war der heutige Tag. Erstmals durchgesegelt – von Mole zu Mole. Wenn auch eine Weile mit Segelschlagen. Na, immerhin von Juelsminde nach Mårup Havn an der Westküste von Samsø. 25 Seemeilen am Stück. Klingt sicher komisch, geschrieben von jemandem, der 30 000 Meilen am Stück gemacht hat. Das Durchsegeln von A nach B ist nicht normal auf der Ostsee. Irgendein Störer ist zwischen Inseln und Kaps immer unterwegs. Höre ich im Hafen am Steg von erfahrenen Ostseeseglern: »Das Wetter ist auch nicht mehr das, was es mal war.« Aber die meisten stört es nicht, sie haben eine leistungsstarke Maschine. Und eine Heizung, wenn es kalt wird.

Mårup bietet als Extra zu den Hafengebühren, kostenfrei Fahrräder zu leihen. Also tun wir, was (fast) alle aus dem Hafen machen, sich mithilfe der Räder die Insel Samsø anzugucken. Langsam geht es von der Marina den Hügel hinauf, und im Nu sind wir im Dorf Nordby. Pause in der Kaffeestube, begleitet von dem Lächeln der Serviererinnen. Sie möchten tätig sein, aber es gibt keine weiteren Gäste.

Häufig ist es so, dass das, was man umsonst kriegt, billig ist oder Fehler aufweist. Nicht auf Samsø. Die gut geölten Räder laufen wirklich wie geschmiert. So stehen wir nach reichlich Kaffee und vier Kilometer später am Kap Issehoved, ganz im Norden von Samsø. Dorthin sausen wir nicht, denn fehlende Wege und pure Natur, weich eingebettet in Wiesen und Hügel, verhindern es. Bei einer Schale Erdbeeren mit Blick auf die Ostsee sammeln wir Kraft für die Rückreise. Jeder, der einmal Samsø im Sommer besucht hat, hat sicher am Straßenrand an den typisch dänischen Obst- und Gemüseständen »eingekauft«. Eine Art Selbstbedienung, man steckt das geforderte Geld in eine Kasse und packt sich das Gewünschte ein. Fertig. Nur das passende Kleingeld muss man dabeihaben. Toll. Doppelt toll, weil alles so herrlich aussieht, riecht und schmeckt. Die Qualität der Agrarprodukte hat man dem milden Inselklima und den guten Böden zu verdanken. Habe ich gelesen. Bestätigen kann ich: Erdbeeren, Tomaten, Zwiebellauch und Kartoffeln (kartofler), alles Grüne (grönt) ist erste Klasse. Wir packen uns Samsø-Erdbeeren ins Glas und Samsø-Kartoffeln in den Sack.

Immer gut in Form: der Hafenmeister von Mårup

Vom Norden Samsøs treten wir stramm in die Pedale Richtung Langør, gen Südwesten. In den Frühzeiten Dänemarks berühmtester Hafen. Heute ein wenig abgewrackt. Wir essen ein Eis und schwingen uns ganz schnell wieder aufs Rad: Langør Kirke am Weg ist ideal für eine kurze Rast. Bei der Feldsteinkirche in einsamer Landschaft finden wir Stille und einen Ort zum Regenerieren, wenn alles zu schnell geht. Wunderbare Aussicht, und im kleinen Innenraum hängt ein Viermaster im Gebälk –

als Modell. Es geht danach immer geradeaus vorbei an Wald und Heide, an weiß gestrichenen und reetgedeckten Backsteinhäusern zurück zum Hafen. Und dann ist man im Hafen und bekommt ein Tuborg in der freien Natur an Bistrotischchen. Segeln ist herrlich. Quatsch. Einzigartig. Es gibt nichts Besseres als zielgerichtet segeln und reisen. Astrid mag es schon gar nicht – nur so rumsegeln.

Samsø ist eine nachhaltige Insel: 100 Prozent CO_2-neutral. Die Insel hat die Energiewende geschafft. Der Wind bläst auf der Insel so oft und stark, dass die Bewohner sogar Strom ans Festland verkaufen. Neben Windrädern betreiben sie als Energiequelle Solartechnik sowie Biomasseanlagen. Erneuerbare Energien sind neben Kartoffeln der nächstwichtige Wirtschaftszweig der Insel.

KOMMUNIKATION 2

Heute muss es passieren. In der Sejlerstue Mårup Havn soll der erste Text von dieser Reise für meine Homepage geschrieben werden – längst überfällig. »Stütze kassieren und nix dafür tun, geht nicht.« So die forsche und überkorrekte Astrid. »Nichts ist umsonst.« Frage: Wie kriege ich meine »Stützen« AW Niemeyer, Schiffsausrüster; Musto, technologische Segelbekleidung; Dimension-Polyant, Segeltuche; und Secumar, Rettungswesten, in Bild und Text unter? Um das zu notieren, wähle ich die brandfrische Sejlerstue (Seglerstube). Diese dänischen beispielhaften Einrichtungen sind in vielen Häfen vorhanden und dienen zum Lesen, Kochen, Spielen, Fernsehen oder zum Sich-gut-und-warm-Fühlen. Und zum Spülen (Astrid). Außer zum Fernsehgucken habe ich nie einen deutschen Segler darin gesehen.

Durch die vielen Fenster der Sejlerstue habe ich in Mårup die See fest im Auge – dunkelblau, fast schwarz mit vereinzelt weißen Kappen. Davor schäumende Brandung, Seegras auf einem Steilufer, Gartenbänke und kopfüber abgelegte Ruderboote. Der Himmel ist bedeckt, und es weht ein mittelstarker Nordwest. Ein herrliches Bild mit hohen, dunklen Wolken und zerfledderten blauen Flecken. Rücklings von mir kocht in der Pantry ein Däne Kaffee. Er bietet mir einen Becher an. Ich sage: »Ja, danke«, und denke: »Schwarzer Kaffee bringt mich in Fahrt.« Los geht's. Der Titel ist schnell zu Papier gebracht: »So schön wird es nie wieder.« Der Lauftext dauert etwas länger. Er hat einen positiven Grundton. Und so haben wir die ersten zwei Wochen der Reise auch bisher erlebt: erfreulich – einerseits.

Nett unterwegs sein ist andererseits nicht alles. Sonst hätte man auch nichts zu berichten. Der Mast ist nicht auf unserer Seite. Das Elektrokabel schlägt darin erbarmungslos. Und ist nicht zu bändigen, trotz Ziehen und Reißen mit voller Kraft, was nur sporadisch hilft. Speziell wenn wir in Bewegung sind, ist das regelmäßige Klong, Klong, Klong zum Haareausreißen. Und das Schlagen geschieht auch manchmal nachts im Hafen bei leichter Dünung oder Starkwind. Klong. Klong.

Ja, ich weiß: keine Topmeldung.

Keine Riggerwerkstatt in Reichweite? Nein. Sonst würden wir ja wohl nicht das Geklöter ertragen.

Freundlich ist auch nicht das Wetter. Die Fachzeitschriften haben Recht: Die Ostsee wird von Jahr zu Jahr windiger. Die Winde unsteter. Unsere vierzehn Segeltage waren entweder flau und von Dauerregen begleitet oder stark windig und unverhältnismäßig kalt. Zusammengefasst: Schietwetter. Dagegen schützt glücklicherweise das exzellente Ölzeug. Dicht und bequem zu tragen. Ohne diese angenehme Kleidung wäre das Leben eine Qual. Ist es draußen nass und kalt, ist es unter Deck bald ebenso.

Und was mache ich nun mit dem in der Segelstube handgeschriebenen Text? Wo werde ich ihn los? Von wo kann ich ihn Kym mailen, der ihn auf meine Homepage setzt? (Jammerschade, erst in Strömstad – drei Wochen später.) Ein Internetcafé war nirgendwo in Reichweite. Allerdings haben wir uns bei der Suche nicht zerrissen. Das zeigt, dass wir noch nicht völlig aus Bits und Bytes bestehen. Ich sowieso nicht.

SAMSØ-KARTOFFELN

Zur Eröffnung des Hafenrestaurants in Mårup leisten wir uns Beef Bernaise mit Samsø-Kartoffeln. »Samsø-Kartofler serviert Königin Margrethe nur speziellen Gästen«, sagt die Köchin, die gleichzeitig Kellnerin ist. »Samsø ist das Kartoffelparadies Dänemarks«, erzählt sie weiter. Da sich kein weiterer Gast im Lokal befindet, fährt sie fort. »Die gelben, die man auch die Neuen nennt, gibt es schon Mitte April. Sie schmecken süß, und man isst sie mit der hauchdünnen Schale. Ganz Samsø wartet im Frühjahr sehnsüchtig darauf. Die, die jetzt geerntet werden, schmecken auch sehr gut, aber anders.«

Gut, lassen wir uns überraschen. Ein Tuborg soll uns das Warten verkürzen. Indes, die Köchin kann nicht von uns lassen: »Zwiebeln habe ich auch. Großartig. Möchtet ihr die zum Essen probieren?«

Weil Samsø gute Böden hat und die Insel im Kattegat von Wasser mit milden Temperaturen umgeben ist, sind die Äcker meist frei von Frost und fruchtbar.

Uns wird Samsø auch als Gemüseinsel in Erinnerung bleiben. Samsø ist auch für die schmackhaftesten Erdbeeren Dänemarks berühmt. Mit Recht. Mitte Juni stehen sie frisch und aromatisch gar am Hafen zum Verkauf. Hier ist die Kasse, in die man das Geld einwirft, angeschraubt. Auch hierzu kann die Köchin weiterhelfen: »Das Königshaus wird auch mit Erdbeeren beliefert, und Samsø-Marmelade ist in ganz Dänemark beliebt.« Die Insel ist 28 Kilometer lang, misst sieben Kilometer an der breitesten und 500 Meter an der schmalsten Stelle. Sie hat rund 4000 Bewohner.

Zurück zu unserem Restaurant mit Hafen- und Meeresblick zugleich. Es ist ganz in Blau-Weiß gehalten. Fein eingedeckt. Bleibt trotzdem leer. Segler speisen lieber an Bord. (Essen im Lokal ist in Dänemark nicht ganz billig.) Aber, aber: Die goldgelben Knollen schmecken wahrhaftig aromatisch, sind äußerst lecker und zudem richtig – fest – gekocht. So, wie ich sie mag, wenn ich schon Kartoffeln essen muss. Glaube ich der Köchin, so ist der Reifezeitpunkt entscheidend für den Geschmack und das richtige Kochen ein wichtiges Kriterium. Beef Bernaise entpuppt sich als eine 500-Gramm-Frikadelle mit Sahnesoße. »Ein Kaliber, wie wir Dänen es mögen«, sagt die Köchin, während sie die Hälfte zum Mitnehmen einwickelt. »Für die Möwen im Hafen.« Nicht weil ich es nicht mag, sondern weil es einfach ein Zuviel an Fleisch ist. Bildlich gesehen, sind üppige Fleischportionen und Kartoffeln bei mir an den Tellerrand gerutscht und haben Reis und Nudeln Platz machen müssen.

LUSTBADEHAVN GRENÅ

Grenå hat nichts von Lust. Es ist schlichtweg ein Nullort. Die Wege weit. Der Hafen ein vollgepacktes Becken. Die Sanitäranlage erinnert an Kaserne. Hier sind wir gelandet, weil der Wind von vorn oder gar nicht kam. »Wer aufs richtige Wind-

Samsø-Kartoffeln und Zwiebeln gehen mit auf die Reise

wetter wartet, kommt nie aus dem Hafen.« Das waren die Abschiedsworte vom Hafenmeister in Mårup. Drei Tage Mårup waren wundervoll – aber sind genug. Selbst unser Leichtsegler machte es uns schwer. Schwachwind und eine kabbelige See machten auch die schnelle X zum lahmen Gaul.

Wir starten früh um sieben. Kreuzen aus der Bucht gen Norden mit Gischt im Gegenlicht, das unsere Herzen entflammen lässt, so schön, so rein, so rhythmisch wirft der Bug die See zur Seite. Beeindruckt von der Eleganz, greife ich zum Logbuch:

Das Blickfeld ist aufgeräumt. Nichts stört. Der weiße Bug durchschneidet elegant das tiefblaue Wasser. Fast lautlos. Nur leichtes, unaufhörlich gurgelndes Rauschen ist zu hören. Paar Verwirbelungen verlieren sich achteraus. Ein, zwei Bootslängen hinter dem Heck sieht die Wasseroberfläche wieder so aus, als wäre nie etwas geschehen. 6-7 Knoten. Nordnordwest 3. Kurs nach Sicht.

Leider ist nach der Insel Hjelm der Spaß vorbei. Es beginnt ein zähes Segelstück mit Wind und ohne. Mit Welle und ohne. Auch die Richtungen ändern sich. Ich wechsele von Fock auf Genua, zum Spinnaker und wieder zurück. Dabei mache ich die Erfahrung, dass die modernen Foliensegel sich allein schlecht handhaben lassen. Sie kommen an Deck ins Rutschen und fallen leicht über die Kante. Lassen sich allein kaum rollen und in die Schläuche stauen. Drauftreten darf ich schon gar nicht, sonst finde ich mich im Kielwasser wieder. Kurzum: Sie sind sperrig und mühevoll zu gebrauchen.

Ich bin also mit Segelarbeit beschäftigt. Astrid an der Pinne schwankt zwischen Euphorie und Niedergeschlagenheit. Sind es eben noch über 7 Knoten, verringert sich manchmal die Fahrt im Halsumdrehen auf 1 bis 2 Knoten. Ganz schlimm für Auge und Ohr. Für die Psyche ärgerlich und die Physis anstrengend. Wieder ein Tag mit Trimmen ohne Ende. Obschon ich reichlich Blöcke stillgelegt habe, sind noch immer ausreichend Trimm-, Hole-, Umlenkblöcke und Strippen vorhanden. Der unbefriedigende Segeltag führt dazu, dass man den angesteuerten Hafen hässlich findet. Vielleicht zu Recht. Na, im Mindesten unschön.

EIN SEESTÜCK

Endlich richtiger Wind. Wind von vorn. Und endlich Kurs Anholt mitten im Kattegat. Die Trauminsel vieler Deutscher und meines Freundes Clemens Richter. Er war zwar erst einmal dort – per Segelboot, aber kurz vor unserer Abfahrt von der Schlei erzählte er, er könnte dort den ganzen Sommer verbringen und dann am liebsten einen Inselroman schreiben. Clemens ist unter anderem Krimiautor. Aber er ist auch Flieger, Tennisspieler und Bogenschütze. Alles, was Alain Gerbault gemacht hat, kann und macht auch Clemens. Auch in belanglosen Dingen ist er genau. Zum Beispiel trägt er oft weiße Hemden (eigentlich immer), takelt seine Schiffe nach denen von Alain. Cockpit und Beschläge ähneln dem Boot seines großen Vorbilds. Clemens Segelboote, selbst gebaut, werden immer auf den Namen Firecrest getauft, so wie die Schiffe von Alain hießen. Und logisch entsprechen sie den Konstruktionen des Franzosen in Form und Innenausbau. Wer war Alain? Ein Franzose, der in den 1920er-Jahren allein um die Erde gesegelt ist. Nur das hat Clemens bisher nicht umgesetzt. Immerhin den Atlantik hat er im Logbuch – und zurück.

Warum Clemens so viel Sympathie für die Insel Anholt hegt, ist uns nicht ganz klar. Astrid hat er auf alle Fälle infiziert, sie war noch nie dort und kann es gar nicht erwarten.

27 Seemeilen von Grenå nach Anholt sind eigentlich keine erwähnenswerte Distanz. Aber wenn die Seen über dem Bug zusammenschlagen und die Segel gerefft werden müssen, wiederum doch. Es geht wirklich harsch los. Die Wellen kommen von vorn, das Boot kippt über seine Längsachse. Diesen Vorgang nennt man stampfen. Es geht erst leicht bergab, dann leicht bergauf. (Für diejenigen, die seemännisch nicht firm sind.)

Der Reihe nach und der Wahrheit. 5 bis 6 Beaufort und eine strömungsstarke See führen gleich ausgangs der Hafenmolen zum ersten Reff im Groß. Eine leichte Angelegenheit: Großschot auffieren, das Segel absenken, das Reffauge am Baum einklinken, Vorliek dichtholen und mithilfe der Winsch das Achterliek auf den Baum niederkurbeln, zuletzt Schot dichtholen. Das zweite Reff einbinden dauert länger. – Die Stagreiter der Fock auf dem Vordeck anschlagen geschieht im Kriechen und Liegen, wobei die Sicherheitsleine mehr stört als sichert. Ständig an- und abhaken mag ich nicht, daher trage ich einen Sicherheitsgurt und hake mit einem Schnappschäkel (Karabinerhaken) eine Sorgleine an, die bis zum Bug reicht. So habe ich immer noch genügend Bewegungsfreiheit auf dem Vordeck. Am meisten verlasse ich mich auf Geschick, Übung und Schuhwerk. Und meinen Instinkt, ungewöhnliche Wellen und Schiffsbewegungen im Ansatz zu erkennen und dementsprechend zu reagieren. Kurz mit der Arbeit innehalten und sich festhalten. – Geht schwerlich. Da ist nicht viel zum Festhalten auf dem Vorschiff. Abstützen mit den Füßen geht auch nicht. Das Schandeck hat gerade drei Zentimeter Höhe. Sollte ich tatsächlich über Bord rutschen, traue ich mir zu, die X über die Kante wieder zu entern. Noch. Das Freibord ist 70 Zentimeter hoch.

Weit mehr als auf Gurt und Voraussicht vertraue ich Astrid, die mich sicher wieder rausholen würde. Sie sitzt geschützt auf der Bank in Luv an der Pinne. Fein mit Secumar-Ultra-Rettungsweste und Lifeline fixiert. Heute ist ihr passiert, was selten vorkommt. Wir stechen in See ohne Ölzeug, weil es im Hafen überhaupt nicht nach Wind aussah. Was für eine Schufterei, sich bei Schräglage ins Geschirr zu zwängen.

Das Leben an Bord wird laut, schräg und nass und noch schräger. 30 bis 35 Grad Lage. 7 Knoten auf der Anzeige. Pardon, 7,82. Heute geht es auch um Werte hinterm Komma. Gischt weht übers Deck und ins Gesicht. Ein Schiff wie KATHENA X hat keine Sprayhood. Alles ist flach an Deck, und im Cockpit ist man ohne jeglichen Windschutz, dafür hat man wiederum freie Sicht in alle Richtungen. Uns stören Wind und Wellen nicht sonderlich, sind wir doch mit 1-a-Ölzeug und superfesten Seestiefeln versorgt.

Die Sonne kommt hervor, die Wasseroberfläche wird transparenter, die brechenden Wellen glitzern. Auf dem Wasser zeigen sich Sonnenflecken in Lee der Segel. Astrid steuert, soweit möglich, die Wellen aus, damit wir nicht voll in eine Welle knallen und somit Fahrt verlieren. Ihr Blick schweift zwischen dem Windfähnchen am Want und den Wellen, die gegenlaufen, hin und her. Gar nicht mal auf den Kompass. Und sie redet währenddessen ununterbrochen. »Ein feiner Wind, gerade richtig.« Oder witziger: »Segeln kommt nach dem Ablegen.« Das ist wohl ihre neue Methode gegen die sich nähernde Seekrankheit. Sie schreit und juchzt, wenn wieder ein Boot eingeholt wird. Nicht nur aufgrund von Schnelligkeit, auch der bessere Zeitpunkt zur Wende macht es möglich.

»Mein Gefühl für den richtigen Winkel, für das richtige Timing auf der Kreuz ist noch da.«

»Toll«, kann ich nur sagen, »nach all den Jahren im Garten graben, jäten und ernten.«

»Ich finde schnell den optimalen Speed.«

Das hat aber auch stete Aufmerksamkeit und bedingungs-

Großartige Momente sind, wenn Wind, Segel und Welle passen

lose Belagerung der Schoten und Holepunkte meinerseits zur Folge. Astrid lässt nicht locker mit Reden.

»Wie hoch am Wind geht das Boot?«

»45 Grad inklusive Abdrift – vielleicht.«

»Nicht so pessimistisch. Ich schätze, sie segelt eher dichter zum Wind. Hat einen Wendewinkel von 75 Grad.«

Na egal, wir knallen nur so durch die Wellen. Unsere X segelt nicht bloß in geschützten Gewässern optimal, sie zeigt auch im Rauen ihre Fähigkeiten. Ich bin beeindruckt von der Schiffigkeit des knapp acht Meter langen Bootes. Die Weltumseglerin verholt sich auf die Kante und steuert mit Pinnenausleger: »Das Wasser vorbeirauschen zu sehen ist der doppelte Rausch.«

Ich sitze am Niedergang und versorge uns derweil mit Wasser (aus der Flasche), Knäckebrot (trocken) und Nomadenkost (Dörrobst). Aus den Notizen:

Stillsitzen ist nicht. Nicht wie ich es gewöhnt bin: Einmal die Segel in Stellung, das muss bis zur nächsten Wende reichen. Ein wirklicher Genuss ist noch immer das Hantieren mit den Tüchern, Reffs einbinden, das Vorsegel mit Stagreitern anschlagen.

Fünf Stunden geht es im Zickzack gegenan: Klar zur Wende. Ree. Die Segelmanöver sind Spielerei. Die Fock knallt kaum, so gut sind wir im Wenden. Dafür werden die Knaller im Bug gegen eine quer laufende Strömung heftiger. Die Lage des Schiffes bleibt stabil. Trotzdem jammert Astrid: »Mein armer Kurs.« Denn Wind und Welle finden nicht zueinander.

Anholt kommt trotz Kreuzkurs rasch näher. Und was Astrid beglückt, ist, die anderen abzuhängen! »Wundervoll. Und jetzt noch die da vorne.« Sie weist nach rechts auf eine Slup unter Vollzeug. Größere Yachten, größer als unsere allemal, können wir auf Distanz halten.

»Sie liegt herrlich auf der Pinne. So kann es weitergehen. Über Anholt hinaus.«

»Nach Schottland?«

Das Ziel Anholt unsichtbar entrückt.

Zum ersten Mal spüren wir, was Kathena X kann. Richtig segeln. Bleibt stabil auf Kurs und kein Rumgezappel mit der

Pinne. Die Balance ist premium. Ihr Seeverhalten erinnert mich an HEXE beim Fastnet Race. Die lag auch steif und fest auf der See, als könne sie nichts umwerfen. (Kein guter Vergleich? Einerlei, ich empfinde es so.) Und ebenso wie auf dem 24 Meter langen Racer HEXE kommt bei KATHENA X keine See an Deck, kein grünes Wasser. Zum einen liegt es wohl am Boot, zum anderen am Aussteuern der Wellen, also an Astrid.

Als ich sie in Anholt als »the real Captain« am Steg vorstelle, erhebt meine Frau keinen Einspruch. Ihr Kommentar: »30 Blöcke abgeschraubt und keinen vermisst.« Wir haben uns nach dem Kauf tatsächlich Stück für Stück von unendlich vielen Blöcken und Strippen im Cockpitbereich und von Deck befreit. Überall blieb man hängen; wo immer man sich hinsetzte, ein Block war schon da. Und wahrscheinlich sind wir nicht deutlich langsamer und für Racer-Anstrengungen womöglich sowieso zu alt. Dieses Tempo habe ich nicht mehr. Von wir möchte ich in diesem Zusammenhang besser nicht schreiben.

HEXE & ICH

Bilder vom Tag zuvor ziehen auf. Wie schön und tapfer sich KATHENA X in der Welle bewegte, und wie sie mich an HEXE erinnerte. Das Erlebnis HEXE war 2009 beim Fastnet Race. Hätte ich nicht an dieser berühmten Regatta teilgenommen, wäre ich nie zu dieser X gekommen. HEXE, das Schiff, auf dem ich mitsegelte, war groß. Riesengroß. 24 Meter Schiff. 34 Meter Mast. 14 Segel. Und: 24 Mann Crew. Ein echter Racer, weiß, elegant und sauber. Ich segelte als Reporter für die »Yacht« mit.

Nun kann man eigentlich nicht 7,90 Meter (X) mit 24 Meter (HEXE) vergleichen, aber ich leiste es mir mal. Beide Schiffe bieten das volle Segelgefühl. Was das ist? Eine äußerst stabile Lage (bei Seegang), Schnelligkeit und – wohl das Wichtigste – exzellentes Seeverhalten. Gleichzusetzen mit Vertrauen.

Im Einzeln am Beispiel unserer X-79:

Ich will mit der »lille« X nicht großtun. Viel Unterwasser ist nicht, und sie ist leicht. Zeigt dem Meer nicht viel. Ihre speziellen Vorteile liegen unter der Wasserlinie. Flaches Unterwasserschiff, breites und flaches Heck, hoher Ballastanteil. Bug und Heck ragen steil nach oben. Schön breit mittschiffs, um den Wellen Widerstand entgegenzusetzen. Gerade so viel, dass die See nichts davon merkt. Achtern ist sie voll, so erhält eine X zusätzlich Auftrieb, wenn man vor dem Wind segelt, weil jedes Boot, das vor dem Wind segelt, hecklastig wird. Der schmale Bug verhindert das wiederum und hebt das Heck an. So brechen die Wellen nicht an ihm, sondern fließen unter ihm durch, machen das Boot schneller, es gleitet mit den Wellen. Umso mehr, wenn es beladen ist für eine lange Sommerfahrt wie derzeit unsere KATHENA X.

Ich bin fasziniert, als das Angebot Fastnet Race von Norbert Plambeck aus Cuxhaven, dem Eigner der HEXE, endgültig steht. Was Wimbledon im Tennis, ist Fastnet im Segeln. Die Regatta über 608 Seemeilen startet im Solent vor Cowes, nimmt Kurs durch den Englischen Kanal, umrundet den Fastnet-Felsen vor der südwestlichen Küste Irlands und führt dann zurück in den Kanal nach Plymouth.

Es ist nicht nur die Konstruktion der HEXE, die Wohlgefallen hervorruft, auch die subtile Anordnung der Winschen und Grinder, die abgerundeten Kanten und Ecken und zwei echte Kompasse an Deck lösen eine Menge Sympathie aus.

Nur nebenbei noch ein imponierendes Detail: Das Wachsystem verblüffte mich sehr. Acht Stunden im Stück und immer um die zehn Mann auf einer Wache. Essen wurde alle vier Stunden gereicht – neu für mich waren Fertiggerichte in Tüten von Globetrotter.

Das Erste, was ich vor der Regatta ganz besonders bestaunte: 180 Quadratmeter Großsegel müssen hoch und 180 Quadratmeter Genua gleich hinterran. Während vier Grinder röhrten wie eine gut geölte Maschine, legte sich HEXE zur Seite und kam langsam in Fahrt. Einige der Mannschaft hängten sich über die Luvkante – Gewichtstrimm.

Die Crew war in dieser Zusammensetzung noch nie gesegelt. Das merkte ich nicht. Hektik? Nein. Laute Worte? Nein. Laut war es nur unter Deck, wenn die Winschen dröhnten. Wurde gefiert, hatte man manchmal den Eindruck, als ob jemand aus dem Mast an Deck gefallen ist. Peng.

Das Kreuzen zog sich eine Weile hin. Gischt kam nicht an Deck. Was Wunder bei Beaufort 2 bis 3 aus Südwest. Die ersten drei Kaps, Hurst, Needles, Anvil, fielen langsam achteraus. Wir fielen von Platz zwei auf einen Zweistelligen. HEXE segelte in die totale Flaute. Der Navigator steckte seinen Kopf aus der Luke und sagte: »Menopause«, bezugnehmend auf Meeno Schrader, unseren Wettermann in Kiel. Während im Süden am Horizont die Lichter anderer Yachten vorbeizogen, wurde bei uns der Anker klargemacht. Mit der Tide achteraus »segeln« wollte niemand. Auf 60 Meter Wassertiefe reichten 120 Meter Kette und Tau, um das zu verhindern. Beim Blick auf den Monitor sah man, dass vermutlich 100 andere Yachten achteraus ebenfalls ankerten.

Warten. Abwarten. Schlafen. Nicht auf der HEXE. Die Wache blieb komplett an Deck – im »Adrenalin-Spiegel«.

Drei Stunden später lag das Ankergeschirr aufgeschossen wieder in der Bilge – und die meisten unserer Klasse waren 20 bis 30 Meilen voraus. Ein Süd bis Südwest zog uns ins Tageslicht. Viel Schönes passierte am zweiten Tag. Erst mal wurde Start

Point passiert. Im Niesel mehr zu erahnen als zu sehen, aber es ist das Kap meiner langen Reisen. 1968, 1972, 1984, 2000/2001. Entweder lagen hunderte Seetage im Kielwasser oder emotionaler – voraus. In dieser Gegend wachsen mir stolze Gedanken zu, ganz gleich, ob ich sie will oder nicht. Mit einer Tüte Globetrotterfood (mit Heißwasser aufgeweicht) und einem Schokoriegel ging's in die Koje. Die gehörte mir nicht allein. Das ahnte ich schon bei der Anmusterung, aber zu dritt? »Drei teilen sich eine Koje.« (Nicht zur selben Zeit.) Das ist Regattasegeln!

Auch am zweiten Tag war ich lebender Ballast – auf der Kante. Gleich im Dutzend hängten wir unseren Körper über Bord. »Weight up« das Kommando. Das ist wieder Regattasprache und bedeutet Gewicht auf die Bordkante in Luv. »Weight down« natürlich entgegengesetzt, also in Lee. Das war nicht anstrengend, aber langweilig. Die Wellen benetzten sanft die Stiefel, du schautest aufs Kielwasser oder in die Wolken, Gespräche waren rar. Ich träumte manchmal vom Kurs ins Weite, ins Unendliche. Damit wir nicht schwächeln und eventuell über Bord sacken, reichte Smutje Andy Bananen, Schokoriegel, belegte Stullen.

Die Sicht wurde mies, unsere Platzierung sackte ab. Es war grau im Gewölk und sichtig nur dicht überm Wasser. Die Knaller im Bug gegen eine lange Atlantikdünung wurden heftig. Die Lage des Schiffes blieb jedoch stabil. Genua medium light wurde gegen medium heavy ausgetauscht. Und wieder zurück. Segelwechsel waren Programm, um verlorenes Terrain zurückzuerobern. In den Gängen unter Deck reichten die Segel bis übern Kojenrand. Rausfallen hätte nicht wehgetan. Der Navigator zwängte sich durchs Luk. Nachdem wir Longships wegen Winddrehung nicht schafften, schlug er eine Minutenwende vor.

Hoch am Wind. Alle auf der Kante – tagsüber und die ganze Nacht hindurch. Mit Tee und Kaffee wurden wir am Leben gehalten. Und mit Broten, amerikanisch belegt. Zum Reinbeißen.

Nicht nur sitzen (weight up), auch reißen, drehen und gucken war Pflicht. Ausguck halten, obschon kaum ein Schiff zu sehen war. Gucken bezog sich auch auf die markierten Holepunkte an Deck, die montierten Anzeigen und ganz logisch auf die Segelstellung.

Bedeckt, aber mit 12 Knoten Fahrt rundeten wir Fastnet Rock. Das Hurra war leise. Mit 30 Meter Höhe ist der Felsen eher niedrig, aber imposant durch den Turm, der förmlich aus dem Fels zu wachsen scheint. Fastnet Rock ist der südlichste Punkt an Irlands Küste. Der Felsen ist in zwei Inseln gespalten. Teardrop (Träne) heißt die flachere. Der Name stammt aus der Zeit der Auswanderer. Es war das letzte Stück Land, das sie von ihrer geliebten Heimat sahen.

Eine halbe Stunde später rundeten wir 5 Meilen südlich die Pantaenius-Boje. Sie soll verhindern, dass es zu Kollisionen mit den Entgegenkommern kommt. Unsere Schoten wurden gefiert. Vier und fünf Überwürfe auf der Trommel ließen es in den Kojen knallen. Tütenessen wurde erneut gereicht. Nur die Tabasco-Freunde griffen noch zu. Die anderen: »Ich muss mich erst vom letzten Essen erholen.«

Ich klarte auf. Koje. Kameratasche. Kleidung. Mit zwei Flaschen Wasser wusch ich mich am Heck. Die Idee, anstelle Wasser im Tank in Flaschen mitzunehmen, gefiel mir. Kleidete mich neu, glänzte und fühlte mich im Hexe-Outfit von Musto wie ein Frischling. Rücklings auf der Koje machte ich Notizen: *Die Bongotrommel ist ruhig geworden.* Eigentlich müsste es Carbontrommel heißen, das ist das Material, aus dem Hexe gebaut ist. Der Raumschotskurs mit der stabileren Lage beflügelte meine Gedanken nicht. Ich hielt nur Sachliches fest: *Jeder hat hier immer ein Stück Leine in der Hand.* Für gebrauchsfähige Notizen fehlten mir die Ruhe und ein Tisch. Ich klappte mein Heft zu und ging an Deck.

»Wer sein Alter erfahren möchte, schaut bei Nordwest auf die See.« Das ist von Joseph Conrad. Die See des Nordatlantiks beschrieb er bei Schlechtwetter als grau, stumpf, blind. Davon war am dritten Fastnet-Tag viel wahr, als ich in die Hecksee starrte, auf die Schleppe des brodelnden Kielwassers, das sich im Nebel verlor.

12 Knoten waren nicht genug. Vor allem Platz 7 war nicht genug. Man wollte mehr. »Wir wollen wenigstens die und die Yacht überholen.« Immer war ein anderer schneller. Die Folge: 25 Tonnen Schiff wurden ab sofort aus der Hand gefahren. Natürlich nicht direkt, sondern über die jeweilige Trommel. Tinne war Maintrimmer. Wie er vier Stunden ununterbrochen die Großschot fuhr, ist bewundernswert. Da muss man das Segeln schon sehr mögen. Immer wenn HEXE auf der Welle stand, wurden die Schoten leicht angezogen und mit der Talfahrt wieder gelöst. Das brachte anstelle von 12 Knoten 14, ja manchmal 16 Knoten Speed. Hatte aber auch stete Aufmerksamkeit und bedingungslose Belagerung der Winschen und Grinder zur Folge. Wachelang bis zum Bishop Rock.

»Crewsegeln ist erst richtig gut«, erklärte Norbert Plambeck, »wenn du nichts erklären musst, infolgedessen am Ende alle in einem ›full glass feeling‹ zurücklässt.«

Er möchte weiter ernsthaft Regatta segeln. Vor allem jungen Seglern Seesegeln nahebringen. »Das ist mir wichtig.« Mit solch einer Crew ist man nicht immer auf Siegeskurs. »Aber die Einbindung Einheimischer, also Cuxhavener Segler ist mir allemal wichtiger als der Sieg oder nur vorneweg zu segeln. Das Beste aus dem Boot zu holen, reicht mir. HEXE ist ja keine aktuelle Konstruktion, also mit zwölf Jahren nicht mehr die Schnellste. Ich erhole mich mit ihr und schalte dabei total ab. Sehe es gewissermaßen als Abenteuer. Auch wenn ich schon mal Bedenken spüre.«

Querab vom Leuchtturm auf dem Wellenbrecher von Plymouth wurden wir »abgeschossen«. Das Zeichen auch für »cast off« der Leinen, es heißt übrigens werf ab/lass los. Alle klatschten. Ich hörte: »Jetzt haben wir auch Fastnet gemacht.«

Bestätigen kann ich: Nie wurde an Deck so hart gezogen, gedreht, gezerrt, getrimmt wie in dem Augenblick, wenn der Speed unter 10 Knoten sank. Nur zweistellig ist für Racer die Welt in Ordnung. Für mich auch. Aber nur diesmal – des schönen Schiffes wegen. Noch immer fühle ich mich auf geheimnisvolle Weise dem Schiff verbunden. (Würde ich sonst Hexe diesen Platz im Buch einräumen?) Nach Kap Race, Kap Hoorn, Muckle Flugga, Kap Arkona (mit der Jolle) jetzt also der berühmte Fastnet Rock. Und als Zugabe: für immer auf der Kante? Nein, nein, nein. Meine Zahlen (auf dem Log) wollen am liebsten allein sein.

Im Hafen wurde von Rolex, dem Hauptsponsor, ein Kasten Bier zwischen die Relingdrähte an Deck geschoben. Und die Zeit mitgeliefert: 3 Tage 1 Stunde 41 Minuten. Das bedeutet Zwölfter in der Klasse der Großen. Zudem als i-Tüpfelchen beste deutsche Yacht. Ein tolles Gefühl hat mir das Schiff gegeben, zu jeder Zeit – optisch wie segeltechnisch.

ANHOLT

Anholt ist nicht Tahiti. Oder eine Karibikinsel. Es fehlt die Distanz auf See, um das Gefühl zu bekommen, weit weg zu sein. Und klar, es fehlt das Klima, obschon Anholt die sonnenreichste Insel Dänemarks ist. Es fehlen die Nächte, die Meilen, die Mühe und die Zeit. Hier sind es, von Grenå, sieben Stunden auf See. Von Süden kommend, wäre es unwesentlich weiter. Indes: Schlicht und schön liegt die Insel mitten im Kattegat. Das Erste, was wir auf der 39 Meter hohen Insel erkennen, ist ein mächtiger Turm. Ein weißer Radarturm, wie sich mit Blick durch das Fernglas herausstellt. Der macht die Ansteuerung leicht. Unterhalb des Turmes liegt der Hafen.

Molen, Masten, Land fliegen uns förmlich entgegen. Der Wind hat etwas gedreht, auf Nordnordwest, daraus resultiert Direktkurs mit leichtem Fieren der Schoten – und full speed.

Kein Schwimmer in Sicht. Was Wunder bei 15 Grad

Erreichen unsere Bestleistung auf dem Log: 8,28 Knoten. Dabei zieht Kathena X wie auf einer Ebene durchs Meer. Nicht waagerecht, sondern angenehm schräg auf Steuerbordbug.

Eine Armlänge vor den Molenköpfen wird die Fock gelöscht, das Groß gleich hinterran und lose festgelascht. Dann der Außenborder gestartet – auf den Knien hockend, packe ich es meist mit zwei, drei Startversuchen. Er schiebt uns um ein paar Ecken in den Hafen. Die Stege sind noch relativ leer. Die Saison ist am 21. Juni noch nicht in vollem Gange. Am letzten Steg vertäuen wir mit den immer bereitstehenden hilfreichen Händen anderer Segler unser Bötchen längsseits. Gleich gibt's Kaffee im

Cockpit – ganz locker, ganz entspannt. Das Frühstück ist die schönste Tageszeit. Vor allem, wenn es unter blauem Himmel geschieht. Auch wenn es wie heute 14 Uhr ist. Hunger stellt sich ein. Käsebrot ist das Richtige. Marmelade geht auch. Wir gehen noch mal die Manöver durch, schauen auf den Kurs in der Karte und begutachten uns:

»Du warst grün im Gesicht.«

»Es ging mir auch mies.«

Erst nachdem der Kaffee getrunken ist und die Brote gegessen sind, geht's daran, die Segel einzulegen und zu verstauen, Taue und andere Dinge an ihren Platz zu befördern. Gegen die Sonne ein Tuch übers Cockpit spannen, Logbuch komplettieren. Dieser Ablauf war nicht geplant, er hat sich so ergeben. Unser Körper hat ihn sozusagen instinktiv vorgegeben. Erst erholen, später aufklaren.

Ist alles getan, folgt der Sprung an Land. Blicke nach rechts, Blicke nach links. Sind wir gut vertäut? Ein paar Liegeplätze weiter wäscht ein deutscher X-Segler eine Stunde lang sein Boot mit Frischwasser. Astrid kann nicht umhin und schimpft: »Der Idiot.« Anholt ist eine trockene Insel. Regen- und grundwasserarm. Das haben wir uns angelesen.

Nach wenigen Minuten beschließen wir, zum Strand zu gehen. Gleich gegenüber vom Hafen liegt er verlockend leer zwischen Hafenmole und Steilküste. Kein Mensch rekelt sich im gelben Sand in der Sonne. Was Wunder, es weht ein kalter Wind. Das Meer liegt blau und bewegt vor uns. Die Brandung zieht leise ihre schaumigen Streifen. Eine Zeit lang stehen wir herum und warten darauf, dass jemand von uns einen Vorschlag macht, was nun zu tun ist. Astrid geht ein paar Schritte zum Wasser. Ich gehe ihr nach.

»Es ist wunderschön«, sagt sie. »Weißt du, was ich jetzt am liebsten machen würde? Mich ausziehen und nackt reinlaufen.«

»Ich auch«, antworte ich. Bevor ich richtig darüber nachdenken kann, liegt der Strand im Schatten. Wolken haben sich vor die Sonne geschoben. Wir staksen zum Boot zurück. Langsam. Schauen wieder und wieder aufs Meer, endlich weit und breit kein Land in Sicht. Ich fühle mich kühl und gut zugleich. Anholt bietet die doppelte Isolation an einem Tag: eine einsame Insel und ein Boot. Wunderschön, genau wie Astrid es gesagt hat. Es setzt sich das gute Gefühl durch, ein sinnvolles, notwendiges Stück Reise hinter sich gebracht zu haben.

Auch wenn es gemächlicher voranging als gedacht. Es ist das Tempo der Freiheit. Die Physik gibt es so vor: Gegenwind, Flaute, Sturm. Geduld wird damit zum Vergnügen. Man wird gezwungen, Zeit zu haben. Alles geschieht bedächtig, sachte, intensiver, und doch vergeht ein Tag auf dem Schiff ohne jede Langeweile relativ schnell.

Man fühlt sich isoliert auf Anholt. Ganz gleich, ob man will oder nicht. Irgendwie weit weg vom lebhaften Geschehen, etwas, das Samsø und andere dänische Inseln nicht bieten. Das Leben hat etwas Zaghaftes. Eine schwedische Seglerin führt uns kilometerweit zum Gemüsehändler, eigentlich eine Gärtnerei. Sehen wir so Bio aus? Der Hafenmeister erhebt sich im Büro von seinem Stuhl, lüftet gar kurz seine Mütze, um mich zu begrüßen. Das Mädchen an der Kasse im Lebensmittelladen kassiert und liest zugleich einen Roman. (»Letzte Nacht in Twisted River« von Irving, wen's interessiert.) Bei den »Havheksen«, einem Lokal, ist am frühen Abend Happy Hour, das bedeutet, wer ein Bier bestellt, bekommt zwei. Es ist »Sankt-Hans-Fest« – Mittsommertag. Als Zugabe versorgt der Hafenmeister alle Grills mit Kohle. Und davon stehen einige herum. Dänen und Schweden lieben nichts mehr als Grillen. »Und die Nahrung danach«, ergänzt meine Weltumseglerin. Bei der wir uns allerdings auch nicht zurückhalten.

Unser Ziel sind Schweden und Norwegen. Die Schärenwelt überhaupt. Planlos? Nicht ganz. Der Wind spielt eine Rolle und: Wo es uns gefällt, wollen wir ein, zwei Tage oder auch mal länger bleiben. Das ist der ganze Plan. Am Wetter sollte er nicht scheitern. In den Schären ist ein steter Wind um West zu erwarten. Und viel Sonne.

Eine erstaunliche Stille liegt über Anholt. Wenige Menschen, kaum Autos. Also genießen wir die Ruhe. Im Cockpit die Beine hochlegen. Kissen unterm Kopf. Blick in einen knallblauen Himmel. Bis das Hafenpersonal uns hochschreckt. »Wir bitten Sie, von heute an mit Heckanker zu liegen, da wir in den kommenden Tagen viele Boote erwarten.« Auf Anholt wird auch deutsch gesprochen.

Wir verholen zu einem völlig geschützten Liegeplatz neben einer Motoryacht mit Namen BOUNTY. Das hat man auch nicht alle Tage. Die BOUNTY ist dazu eine alte Chris Craft aus Holz und bestens gepflegt, mit einem dänischen Ehepaar, das den ganzen Sommer hier an Bord lebt. Zu beneiden. Muss ich Clemens erzählen. BOUNTY liegt hübsch vertäut im Scheitel des Hafens, wohin sich absolut keine Welle verirrt. Die Frau betreibt einen kleinen Laden mit Textilien und Krimskrams am Hafen. Er bewegt sein Angelboot mit Außenborder oder leistet ihr Gesellschaft. Das ist Wasserleben. (Das halte ich fest, um aufzuzeigen, was man alles machen kann, wenn man älter ist.)

Anholt wolle erkundet werden, sagt unser Motorboot-Nachbar aus dem Schatten seines Aufbaus heraus, als er uns an Deck herumstehen sieht.

»Zum Osten hin, das ist Ørkenen, die Wüste, wie man sie hier nennt. Da solltet ihr hin. Eine Öde aus Sanddünen und Steinen und mit Heide bewachsen. Und ganz am Ostende der

Insel befindet sich eine Robbenkolonie.« Nur: Dorthin sind es hin und zurück mindestens 20 Kilometer. Solche Distanz animiert nicht gerade zum Aufbruch. Nur langsam setzen wir uns in Bewegung. Wenigstens wollen wir auf den Nordbjerg und das Dorf, Anholt By, besuchen. Eine schmale asphaltierte Straße führt zur Nordküste, über eine sandige Schräge steigen wir auf den 39 Meter hohen Nordbjerg. Von dort hat man einen superherrlichen Blick über Insel, Hafen und Kattegat. Das ist schön. Wir essen ein Brötchen und denken, dass wir für den heutigen Tag genug gewandert sind. Das Dorf Anholt By finden wir im Zickzackkurs durch Wiesen und Wälder. Die Insel ist nur im Westteil bewaldet – mit Kiefern, Eichen, Birken und dichtem »Gestrüpp« wie Ginster. Mitten im Dorf steht ein gepflegtes Denkmal zur Erinnerung an die gefallenen Soldaten der beiden Weltkriege.

Autoverkehr herrscht nicht, aber reger Fahrradbetrieb. Dennoch: Auf dem Rückweg an der »stejl bakke« gibt's nur Schieben. Die 10-Prozent-Steigung schafft keiner. »Wer sein Rad liebt, der schiebt.« Wir machen im Angesicht des Verkehrsschildes Pause mit einer Tüte Kirschen (lecker) und amüsieren uns mit Kerneweitspucken. Astrid sagt: »Kochen fällt heute aus.«

Anholt. So nah und doch so weit entfernt.

Zurück im Hafen, wundert uns, dass deutsche Segler eher für sich bleiben, während Schweden doch schnell Cliquen bilden und reden und feiern. Skandinavier lieben die hellen Nächte im Cockpit.

Wir werden von der Crew der Slup Luise aus Amrum zu einer Flasche Bier eingeladen. Im Hellen springen wir übers Heck an Bord und im Hellen wieder auf den Steg. Dazwischen: Gedankenaustausch im Salon. Er wirkt groß wie ein Wohnzimmer. Dabei ist die Luise nur zehn Meter lang, hat aber einiges an Annehmlichkeiten installiert, die wir noch nie hatten. Astrid interessiert die Maschine. Logisch hat man im Tidengewässer Wattenmeer eine überdimensionierte. Und ein Schwert, um trockenfallen zu können.

Bootsbauer Jessen, Eigner der Luise, die er natürlich selbst gebaut hat, hat auch gleich eine Geschichte parat. Er hat uns mal in Wittdün auf Amrum das festgeklemmte Schwert unserer Kathena Gunilla aus dem Kasten geholt. Ganz einfach mit zwei Hammerschlägen. Und das Paradoxe, er findet diese Geschichte heute (sagt er) samt Strandung an der Sandzunge Amrum-Odde im Magazin »Mare« zitiert. Das ist wirklich zu seltsam. Habe ich doch Strandung und Herrn Jessen längst vergessen. Hauptthema bleibt das nordfriesische Wattenmeer. Touristen und der Wind (nicht jeder Gast mag den Wind); der breiteste Sandstrand; Strandungen; Filme, die gedreht wurden; der berühmte Leuchtturm; Segler, die Tide nicht berechnen können und mitten im Hafen im Schlick stecken bleiben; Segler, die nie rauskommen; die »Blaue Maus«, das berühmteste Lokal auf Amrum; dass es sich im Schatten von Sylt gut leben lässt; warum die wenigen Häfen im Hochsommer leer bleiben, wo die Landschaft so schön sei und man immer Platz findet und natürlich über meinen Jollen-Besuch. Zu dem nur so viel: Es war nicht ganz meine Welt, im Schlick zu liegen; dazu die seltsamen Aufbruchzeiten und der Gestank, wenn so ein kleines Boot bei Ebbe bis fast zur Kante im Hafenschlick steckt. Am Ende dieses Abends fühle ich mich ganz durchtränkt von den Geschichten, Ratschlägen, skurrilen Situationen im Wattenmeer und, ja, auch Besorgnissen (Umwelt), die wir in der Kajüte bei einigen Krombachern durchwalken. Ich komme kaum in den Schlaf nach dem schönen Friesenabend.

Die Dreimanncrew der Luise macht 60 bis 80 Seemeilen täglich. Sie kamen außen herum in das Kattegat. Also via Nordsee und Skagen nach Anholt. In einem Urlaub ist das strammes

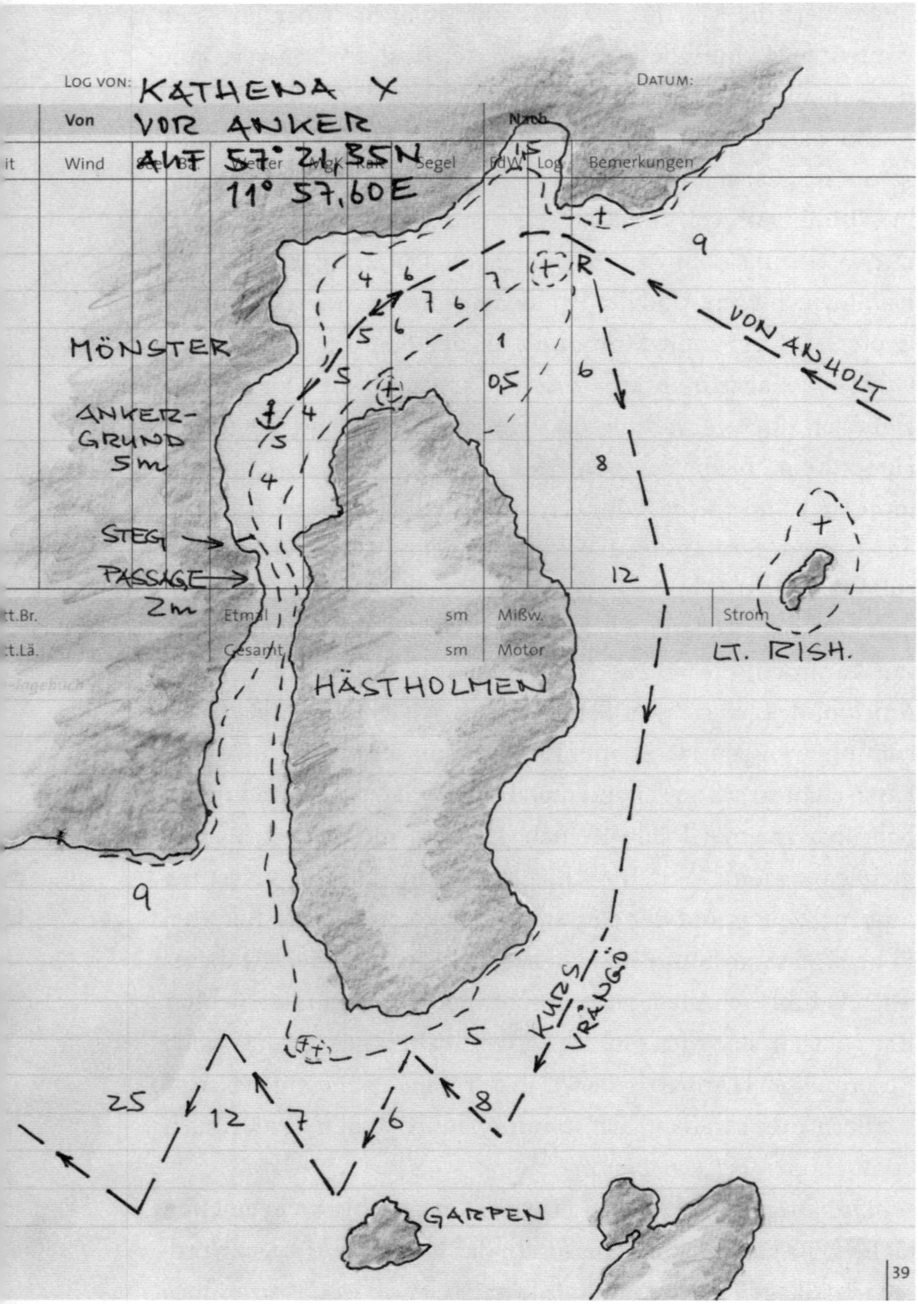
LOG VON: KATHENA X
VOR ANKER
AUF 57° 21,35N
11° 57,60E
MÖNSTER
ANKER-GRUND 5m
STEG
PASSAGE 2m
HÄSTHOLMEN
VON ANHOLT
LT. RISH.
KURS VRÅNGÖ
GARPEN

Segeln. Auch sie wollen morgen weiter zum dänischen Festland und dann zurück nach Amrum. Wir könnten noch bleiben, wäre da nicht meine Sehnsucht Schweden. Die Sprache, die Schären und endlich solo vor Anker liegen.

IN SCHWEDEN

Um von Anholt dorthin zu kommen, hält sich Segeln und Motoren die Waage. Der Außenborder dröhnt im Kopf noch stark, als wir nach 45 Meilen/9 Stunden hinter einer Schäre ankern. Mangels Rolle plumpst das Geschirr (Anker, Kette, Tau) etwas umständlich über die Seite. Eine Ankerrolle ist – logisch – auf einer kleinen X nicht vorhanden. Ist doch mehr Sportboot als Yacht.

Mönster Hästholmen ist eine schöne verschachtelte Bucht, eingerahmt von Inseln, flachen Klippen und rötlichen, kahl aufragenden Felsen. Manche steigen steil vom Wasser in die Höhe, andere haben Schilf davor und sind weniger steil. Eben wie Schärenlandschaften so aussehen. Mal schroff, mal rund, immer mit Einschnitten. Wo man hinguckt, bloß Fels. Und was für Farben! Rote, rosa, braune, ocker und graue Nuancen.

Zwei andere Segler sind schon da. Gut, das haben wir uns zwar anders vorgestellt, aber andererseits: Zwei Hütten sind auch da. Vermutlich Ferienhäuser, die in Skandinavien Hytter heißen. Egal, so einsam werden wir selten wieder vor Anker liegen, aber das ahnen wir zum Glück nicht. Schweden macht im Sommer en bloc Urlaub. Schulen, Fabriken, Handel, sodass es zu einer Fülle maritimer Sommertouristen kommt.

Eine Schwanenfamilie mit sechs Jungen bringt uns »Schweden-Glücklichen« Abwechslung. Rabiat, wie die Schwäne ihre

Jungen beschützen. Sie gehen aggressiv auf Möwen, Enten und andere Schwäne los. Zischend, aufgeplustert und sogar im Flug über die ganze Bucht, um die Eindringlinge zu verscheuchen. Was auch immer gelingt.

Wir schwimmen eine ordentliche Runde ums Boot. Ich rolle mich im Wasser um die eigene Achse und schwimme auf dem Rücken weiter, um unser Boot in ganzer Figur zu sehen. Das ist zwar langsamer, aber ich schaue auch gern in den Himmel, wenn ich am Boot schwimme. Gibt es etwas Schöneres, als den Körper im Wasser und den Blick himmelwärts ins Blaue? Oder ins Rigg. Astrid hält es leider nicht lange aus. Sie »rollt« sich rasch an Bord zurück, denn anders kann man ihr An-Bord-Kommen übers Achterschiff nicht bezeichnen. Beruf Sportlehrerin, sonst hätte sie nicht das Geschick, 70 Zentimeter Freibord zu erklimmen. »Schade, mehr ist bei 16 Grad Wasser nicht drin.« Wir sind gute Schwimmer, wenn die Temperatur stimmt.

Nach dem Schwimmen kommt die Frage: »Was essen wir heute Abend?« Der einflammige Kocher schränkt glücklicherweise die Auswahl ein. Daher:

»Spaghetti und eine Tomatensoße gehen immer.«

»Das geht schnell«, ergänze ich.

»Schnell macht sich hier nichts an Bord«, antwortet Astrid spitz und hat die Nudeln schon in der Hand. Ihr besonderes Kennzeichen: Sie ist tatsächlich schnell mit allem. Sieben Stunden saß sie in der prallen Sonne an der Pinne. Dann Deck aufklaren, Kajüte aufräumen, schwimmen, kochen, Tisch abräumen, Geschirr spülen ohne Spüle (in einer Schüssel an Deck) und alles wegstauen. Mit meiner Hilfe hie und da.

Köstlich gesättigt, rolle ich in der Koje zur Seite. Meine ist die Vorschiffkoje – lang und breit. Bei Astrid in der Mitschiffkoje ist bei 56 Zentimeter nicht viel Rollen drin, zumal sie noch mit dem Schlafsack als Zudecke hantiert. Die Ärmste! Dafür unterhält das iPhone sie: »Spiegel Online«, und sie holt sich das Wetter bei Deutschlandradio. Kattegat: Südwest 2 bis 3, Skagerrak Südwest 3 bis 4. Dann liest sie mir eine SMS vor: »Milla geboren«, höre ich schwach. Milla ist das neue Familienmitglied unserer Gütersloher Freunde.

»Milla, ist das ein schwedischer Mädchenname?«

»Musst du doch wissen, du bist doch der Schwedenkenner.«

Noch schöner als die grandiose Schärenlandschaft ist: Die Bucht hat eine Stille in der Luft wie auf dem Wasser, dass wir uns gar nicht unterhalten mögen. Das hat zur Folge: Wir schlafen früh ein und die Nacht durch. Zehneinhalb Stunden am Stück.

DAS WEISSE DORF

In Vrångö erleben wir die zweite Mittsommerfeier dieses Jahres. In Schweden wird nämlich Mittsommer zwischen dem 20. und 26. Juni gefeiert. Je nachdem, welcher Freitag näher liegt.

Vor dem Feiern kam heute das Segeln. Puh, das pure Segeln. Erst 5, dann 6, schließlich 7 Windstärken bei einer Vorhersage von 2 bis 3. Eine nasse Überraschung, und was dabei alles passieren kann, gebe ich hier kund:

- Anstatt im Schutz der Insel das Groß zu reffen, geschieht es erst im vollen Westwind und auf freier See.
- Stagreiter-Fock anschlagen. Wäre ebenfalls richtiger im Schutz der Bucht gewesen.
- Sich an Altbewährtes halten. Beispiel Ölzeug: Besser vorher ein Teil zu viel anziehen, anstatt später bei Gischt und Schräglage nach Stiefeln zu suchen.

- Seekarten! Vorher zurechtlegen und nicht denken, bei einem 18-Seemeilen-Stück komme ich mit einem kurzen Blick darauf zurande. Nicht in den Schären. Hier gibt es Unmengen von flachen Unterwasserfelsen um einen Meter.
- Misslungenes Anlegemanöver bei Wind im voll belegten Hafen Vrångö. Hektisch und mit zu wenig Fahrt in die letzte Lücke. Manöver muss wiederholt werden.
- Mit Wettervorhersagen misstrauischer umgehen.

Hänge ich am Segeln? Ich hänge an Booten, wenn ich an Bord bin. Reicht das? Mir reicht das. Ich will absolut nicht, dass meinem Boot etwas zustößt. Immer. Heute auf den 18 Meilen hätte das leicht passieren können. Bei Schräglage mit einem Bein in der Ölhose und eine sich brechende Untiefe voraus. Na, ich will nicht alles aufführen. Aber in der Einfahrtsdüse nach Vrångö wurde es wirklich kritisch. Wind von vorn bedeutete kreuzen auf wenig Raum. Grässlich, überall Untiefen.

Speed: Man kann es auch übertreiben

Doch mit einem Mal im Hafen zu sein, nur Minuten vor der offiziellen Eröffnung der Mittsommerfeier, ist Belohnung genug. Du machst fest und hörst: »In einer Viertelstunde beginnt midsommarfesten.« Super. Ich schnell in eine frische Sommerhose. Astrid streift ein Kleid über. Los geht's. Die Musik ist das Ziel. Es ist schwedische Volksmusik, die gespielt wird. Live.

Hastig, um ja nichts zu verpassen, stürzen wir uns ins Gedrängel. Die Feier beginnt mit einer Ansprache und noch einer. Erst danach starten die Volkstänze um den mit vielen kleinen schwedischen Flaggen und mit grünen Ästen geschmückten »Maibaum«. Kinderspiele wie Sackhüpfen, Volkslieder und Wettspiele folgen. Wir stärken uns bei Kaffee und Kuchen.

Grillen! Das schon, aber erst zum Abend hin. Dann gleich überall. An Bord, am Kai, auf den Rasenflächen, auf dem Steg. Der Duft der großen weiten Welt zieht in jede Kajüte. Wirklich überallhin. Das Dorf hat kein Lokal, keinen Kiosk. Nichts ist offen nach 18 Uhr. Auch der Krämerladen nicht. Die Schweden feiern zu Hause – in Familie, im Freundeskreis. Man sieht sie mit Bollerwagen durchs Dorf ziehen. Bepackt mit Salatschüsseln, Fleischstücken, Brot und auch Flaschen (verdeckt).

Das liest sich alles sehr gepflegt, sehr ordentlich. Vrångö ist es auch. Das Dorf ist komplett weiß. Weiß gestrichene Wohnhäuser, Garagen, Geräteschuppen, Lauben. Astrid bewundert die »Gärten«:

»Man braucht bei 2000 Quadartmeter Garten nur die Hälfte mähen, 50 Prozent sind rundgewaschene Steinhügel.«

Eindrucksvoll diese felsigen Plateaus mit tiefen Spalten dazwischen, in denen Gras und Blumen wachsen. Manchmal sind es nur wenige Zentimeter breite Rinnen, die kunstvoll in den marmorierten Stein gezeichnet sind. Ein Boot überkopf zeugt vom maritimen Flair der Region. Automobile sind verboten. Das einzig motorisierte Transportmittel sind Mopeds. Hier ein

Haus zu erwerben ist schwierig, erklärt uns ein Schwede. Pflicht ist, dass du hier deinen ersten, festen Wohnsitz haben musst. Als Wochenendgast hast du keine Chance, dich einzukaufen.

Göteborg ist nahebei. Also nicht verwunderlich, dass Boote rechts und links von uns aus Göteborg sind. Göteborger sind in Schweden, was bei uns die Berliner: nicht schüchtern und redegewandt.

FISKEBÄCK

Wir sind hier, um endlich Mastruhe zu finden. Ein Segler hat uns die Riggerwerkstatt in Fiskebäck empfohlen. Dieses Klötern im Rohr – Tag und Nacht klong, klong – nicht zum Aushalten. Von Beginn an seit der Schlei. Astrid leidet oft unter zu wenig Schlaf. Ich habe auch die Nase voll: klong, klong. Liege ich doch in meiner Vorschiffkoje mit dem Ohr am Rohr. Der Mast ist durchsteckt, das heißt, er steht auf dem Kajütboden, und alle Geräusche von draußen werden gebündelt in die Kajüte übertragen.

Es ist das elektrische Kabel, das gegen Aluminium schlägt. Soviel ist klar. Vor Verzweiflung habe ich es schon im Masttop abgerissen, um es unten aus dem Rohr zu ziehen. Ist nicht gelungen. Um wenigstens nachts kurzfristig Ruhe zu haben, ziehen wir das Kabel mit aller Kraft stramm und belegen das Ende am Mastfuß. Das bringt eine Pause.

Das Ergebnis der Riggerwerkstatt ist kläglich. Martin und Freundin Anna, so heißen die Rigger, haben zwar meterhoch den Namenszug »Riggerwerkstad« über ihrer Werkstatt, für die richtige Reparatur jedoch nicht das Werkzeug, um einen Fallaustritt in Augenhöhe am Mast zu öffnen und anschließend wieder festzunieten. Vielleicht trauen sie sich auch nicht. Sie sind sehr jung, und mir scheint, dass sie einen Sommerjob haben, wie er einem häufig in Schweden auffällt. Studenten, die im Sommer in allen Branchen aushelfen. Trotzdem sind Anna und Martin liebenswert. Sie zerren, reißen und schauen im Masttop ins Rohr und wollen vor allem nichts dafür haben. »You are welcome.« Empfehlen uns als einzige Lösung die Rassy-Werft in Ellös, das sei nur ein paar Tage die Küste hoch. Demzufolge geht es mit klong, klong nach Norden. Auch wenn es weiter im Mast knallt, fühlen wir uns zufrieden, wenigstens versucht zu haben, das Malheur in den Griff zu kriegen.

Ich habe mit Schweden eigentlich nur gute Erfahrungen. Als ich 1959 in Japan am Strand lag, ohne Geld und ohne Aussicht, etwas zu verdienen, hat mich ein schwedisches Schiff »aufgepickt« und mir Arbeit als Jungmann an Deck gegeben. Bezahlt nach schwedischer Heuer, und die war zu der Zeit super. Besser noch war die Verpflegung auf dem Frachter: Eier und Speck zum Frühstück, Steaks, so viele man wollte, und Eiscreme in Suppentellern. Das waren Portionen, die man nur mit dem Esslöffel schaffen konnte. BENARES hieß das Schiff. Für mich war es das Paradies. Ich blieb folglich ein Jahr an Bord. Und in der Zeit habe ich auch Göteborg kennengelernt.

UTKÄFTEN, SCHÖNE BESCHÄRUNG

»Die Natur hat immer recht, und die Fehler und Irrtümer sind immer des Menschen.« Johann Wolfgang v. Goethe

Vor Rassy leisten wir uns Utkäften – eine wilde Schärenbucht, die sanft startet. Bei Flaute fällt der Heckanker, und dann geht es ganz langsam mit dem Bug an die Felsen. Ich springe mit einer Leine in der Hand hinüber, stoppe KATHENA X ab und schlinge das Tau um einen Findling. Hole die zweite Leine nach, und schon liegt das Boot mit zwei Vorleinen um ein Stück Natur und Heckanker sicher vertäut, und wir erleben Schärenfeeling – wie es die Schweden täglich machen. Astrid holt die Heckankerleine stramm und belegt sie. Die Gefahr, »schwedisch« zu liegen, besteht beim Springen von und an Bord. Da ich aber mit bestem Schuhwerk ausgerüstet bin, das auch auf unserem relinglosen Boot lebenswichtig ist, sehe ich das locker. Die Sportlehrerin Astrid sowieso. »Die Sohlen kleben förmlich auf Stein und Deck.«

Schweden sind in ihrem Schärenrevier (schwedisch skär gleich Klippe) natürlich besser gerüstet. Sie reisen mit Metallhaken, den sogenannten Schärenhaken, und einem soliden Hammer. Wie man damit hantiert, können wir wenige Stunden später beobachten. Ein junger Schwede mit Freundin macht – mit Distanz zu uns – ebenfalls an den Steinen fest. Springt über den Bugkorb an Land mit Beutel und Hammer, sucht sich zwei Fixpunkte und hämmert gewinkelte Metallhaken in die Felsspalten. »Zwei Haken sollten ausreichen«, sagt er, als ich mir das anschaue. Nun, er segelt eine zehn Meter lange Yacht und hat einen 17-Kilo-Anker draußen – gegen unsere neun ein richtiger Kloben. Sicher liegen ist ihm anscheinend wichtig.

Uns ist zunächst das Dingi wichtig. Bisher haben wir es noch nicht aufgebaut und genutzt. Das soll hier für einen Schärenausflug geschehen. Doch woanders anlanden klappt nicht. Überall leichter Schwell und scharfe Klippen. Zu sehen gibt es vom Schlauchboot aus nicht mehr als von den Steinen. Also zurück zum Boot, Dingi längsseits nehmen und an Land springen. Wir legen uns in eine windgeschützte Felsenkuhle und sonnen uns. Herrlich warm das dunkle Gestein mit Blick auf die zerklüftete Landschaft.

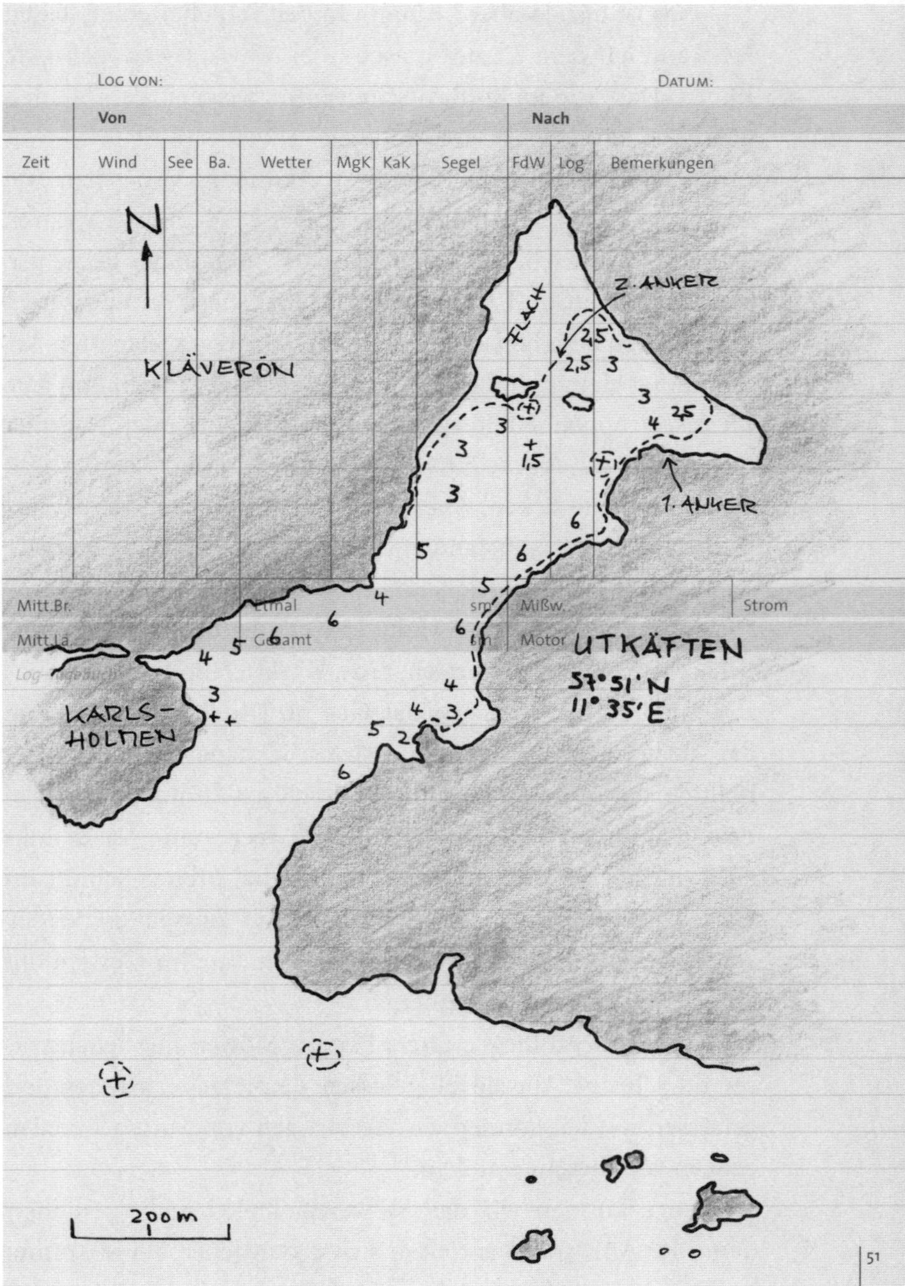
Log von:
Datum:
Von
Nach
Zeit
Wind
See
Ba.
Wetter
MgK
KaK
Segel
FdW
Log
Bemerkungen
N
KLÄVERÖN
FLACH
2. ANKER
1. ANKER
Mitt.Br.
Etmal
sm
Mißw.
Strom
Mitt.Lä.
Gesamt
sm
Motor
UTKÄFTEN
57°51'N
11°35'E
KARLS-HOLMEN
200m
51

»Was ist das da oben? Kühe?« In der Tat, über einer steilen Felswand auf dem Kamm grasen zwei schwarz-weiß gefleckte Kühe. »Dass die nicht abrutschen und zwischen den Steinen überhaupt etwas Fressbares finden.«

Wir sind hier, um die Fremde zu erkunden. Also gehen und springen wir den Berg höher hinauf, über Stock und Stein durch die charakteristische Schärenlandschaft. Auch in der Ferne vereinzelt Klippen und Rundhöckerinseln. Diese schwedischen Westschären bestehen aus einer dem Festland vorgelagerten Ansammlung kleiner und großer Felsen, einzelner Inseln und ganzer Inselgruppen. Hier erwartet uns nicht nur kahler, schroffer Fels und rund abgeschliffene Brocken (Rundhöcker), es gibt auch bewaldete Ecken. Aber im Vordergrund steht der nackte buckelartige Fels, entstanden durch Eindringen des Meerwassers in die eiszeitlich geformte Landschaft.

Hat man eine gewisse Höhe erreicht, ist der Blick über die Schärenwelt sagenhaft. Felsen, Erde, Wasser, Himmel verschmelzen miteinander. Und erst das Gefühl. Die Schritte, Sprünge, das Abrutschen vom Gestein, sich zurückhangeln – das ist der richtige, der echte Eintritt in eine archaische Natur. Völlig egal bei Utkäften, wo man hinschaut: Felsen, rechts eine Wand, links ein Rundhöcker und mittendrin ein tiefer, breiter Schnitt im Gestein. Weiter unten sprießen Blumen in Felsspalten, vereinzelt Büsche und Moose. Wie können sie nur im Gestein auf einer Hand voll Erde gedeihen?

Gegen Abend fliegen übers Plateau Möwen mit Schalentieren im Schnabel, die sie fallen lassen, damit sie zerbrechen und gefressen werden können. Große Mengen von Muschelschalen zeugen von diesem Handeln.

Lange können wir das Möwenspektakel nicht genießen, denn der Ankerplatz entpuppt sich als unsicher. Wind kommt auf und legt zu. Südwest bis Süd. Die Bucht ist nach Südwest teilweise offen. Das Wasser raut auf. Es schaukelt, und Wellen klatschen breitseits gegen den Rumpf. Der Anker hält, aber zum Bug hin ist kein Wasser. Nicht lange und wir werden durch Wind und Welle bedenklich nahe an zerklüftetes Gestein gedrückt. Wir sind unglücklich wegen der Lage im spitzen Winkel zur Felswand und hoffen auf abnehmenden Wind, derweil er zulegt, auf 6, in Böen 7. Lote nur noch eine knappe Handbreit Wasser unterm Kiel. Der einzige andere Felslieger, der junge Schwede Per, leiht uns zwei Schärenhaken und Hammer. Bald haben wir sechs Leinen zum Land hin, trotzdem keinen Nutzen. Wir kriegen das Boot nicht im rechten Winkel zur Felswand. Der Druck ist zu stark. Und Astrid ist zerstört. Sie will tatsächlich raus auf See. Es geht an ihre Substanz, in einem Loch zu liegen und nichts tun zu können, außer zu hoffen, dass uns der Bügelanker am Heck hält.

Um sich abzulenken, hört meine (politisch interessierte) Frau auf Deutschlandradio Kultur die Bundespräsidentenwahl in Berlin: 1. Wahlgang 600 Stimmen für Wulff, im 2. reicht's auch nicht – 614 Stimmen, der 3. steht noch aus. Dann reicht die einfache Mehrheit. Zum Abend kauen wir Brote, mit Bockwürstchen belegt. Unmittelbar danach geht's erst richtig zur Sache. Totales Querliegen gegen Wind und Wellen. Was tun? Ich lege eine weitere Leine. Im Westen der Bucht ist es flach, und der Grund besteht aus Mud und Gras.

»In diesem Mud hält kein Anker«, sagt Per. »Da bin ich schon mal mit dem großen Boot meines Vaters ins Rutschen gekommen.«

Nach einer weiteren Stunde des bangen Abwartens – kurz vor Mitternacht – riskieren wir es doch. So kann es ja nicht weitergehen. Der Bauch von KATHENA X ist backbord zu nah an einem mächtigen Boulder. Hält der Anker nicht, gibt es den großen Knall. Wir haben zudem wiederholt leichte Grundberührung. Das knirschende Geräusch tut weh. Per hat es auch an Bord, doch ihn dagegen stört's nicht. »Grundkontakt ist für Schweden Normalität.« Dennoch unser Gedanke: nur weg. Wir folgen ihm.

Da wenig Raum für ein umfangreiches Manöver vorhanden ist, muss es schnell gehen. Der Außenborder springt sofort an, und Per löst an Land die verbliebenen Leinen. Ich hole Hand über Hand den Anker ein. Astrid steht an der Pinne bereit. Der Bügelanker kommt schwer. Ist voll Gras bis zum Schaftende, und auf der Flunke klebt haufenweise fester Lehm. Unsere vier PS haben Mühe, Fahrt ins Boot zu bringen. Der Propeller dreht oft frei, da ich auf dem Vordeck zu tun habe. Ein Langschäfter wäre sinnvoller. Aber wir kommen voran, als ich mein Gewicht nach achtern ins Cockpit verhole.

Drei Kabellängen weiter westwärts werfen wir den Anker auf 2,50 Meter. Gut? Nicht gut! Schaukeln erbärmlich vom Seegang, der seewärts (Südwest) in die Bucht rollt. So schlimm haben wir es uns nicht vorgestellt. Stehen an Bord ist nicht möglich. Nur Sitzen. Immerhin: Hier liegen wir sicherer. Das Schiff ist rundum frei von Steinen. Durch und durch entspannt (trotz Rollen und Getöse im Mast) legen wir uns gegen ein Uhr in die Kojen. Die Überraschung ist die Helligkeit.

»Muss man erst in Schwierigkeiten kommen, um das Licht der Nacht zu erleben?«

»Das nordische Licht«, ergänze ich und drehe mich zur Seite. Anspannung baut sich langsam auf, Entspannung stellt sich in Sekundenschnelle bei mir ein. Es plumpst richtig.

»Une catastrophe«, sagt Astrid, die noch am Niedergang steht und ins Licht starrt, »den ersten Schärenankerplatz an die Wand gefahren.«

»Und so viel Mühe.«

»...«

EINST GAB'S WENIGER FEHLER

Wir machen zu viele Fehler. Kaufen Brennspiritus, der räuchert. Versenken die schöne Kaffeekanne. Bringen uns in die Bredouille, indem wir an einer Felswand festmachen, die nicht geeignet ist. Hebeln mit dem Kopf des Großsegels ein Backstag aus, dessen Endbeschlag Astrid auf die Stirn fällt. Fahren gegen einen Schwimmsteg, weil Vor- mit Rückwärtsgang verwechselt wurde. Und so weiter. Einst passierte vieles nicht. Einst war es auch nicht so anstrengend. Einst hatten wir auch nicht vier Backstagen zu bedienen. Einst hatten wir eine Selbststeueranlage – die vieles erleichtert.

Und: Einst waren wir jünger. Segeln erfordert bekanntlich in Schärengewässern volle Konzentration. Man braucht nur die Seekarte nicht so wichtig zu nehmen, und schon segelt man im kritischen Bereich.

SKÄRHAMN

Wolkenloses Blau am nächsten Morgen nach den nächtlichen Eskapaden. Wir brechen auf: zu anderen Schären Richtung Norden, zur »schwedischen Riviera«. So wird die Gegend nördlich von Göteborg genannt.

Ich starte den kleinen Außenborder, hole den Anker ein und weiter geht's. Astrid steuert. Ich mache die Segel klar, dann die Backstagen. So hat jeder seine eingespielten Aufgaben.

Die Backstagen machen die Sache ein wenig komplizierter. Von Backstagen habe ich schon berichtet, jetzt will ich sie detaillierter erklären, da uns bei der Ausfahrt von Utkäften damit ein Missgeschick passiert ist. Backstagen sind zwei beziehungsweise bei uns vier einstellbare Drähte, die den Mast nach achtern stützen und trimmbar machen. Das Leebackstag ist immer lose, das Luvbackstag stramm (bei uns mithilfe einer Talje) durchgesetzt. In der Wende müssen sie rasch gewechselt werden, jeweils von Luv auf Lee und umgekehrt, sonst könnte der Mast Schaden nehmen oder sogar brechen.

Als gesegelt wird, fließt Blut. Gleich nach Verlassen der tiefen Utkäften-Bucht kommt das Leebackstag von oben. Peng. Und ringelt sich wie ein Hula-Reifen um Astrids Körper. Der Endbeschlag jedoch trifft sie genau auf die Stirn. Millimeter überm Auge. Sie krümmt sich. Sie jammert. Resultat: Blut und Beule. KATHENA X hält sie dennoch auf Kurs. Ich hole den Rest Segel hoch, setze es mit der Winde dicht und verschaffe mir einen Überblick. Ich habe mit dem Großsegelkopf das bewegliche Stag ausgehängt, und dann hat es Plumps gemacht. Schuld bin ich. Und schuld ist allemal eine Wahnsinnsdünung draußen vor der Insel, die das Boot hin- und herwirft und es nicht 100 Prozent im Wind stehen lässt beim Segelsetzen. Die Backstagen sind nämlich ohne Sicherung in das Mastprofil eingehängt. Einfach so, klack.

Nach der ersten Aufregung hole ich ein Tuch, kaltes Wasser und sage leichthin: »Das hätte ins Auge gehen können.« Das hätte ich besser lassen sollen. Nun sind wir keine 32 mehr, ein Alter, in dem man Missstimmigkeiten im Handumdrehen weggesteckt. Wir wechseln an der Pinne einander ab. Zu einem Gespräch kommt es nicht. Für den Satz, »es hätte ja auch der Mast runterkommen können«, ernte ich einen bitterbösen Blick.

Segeln hat danach keine Bedeutung.

Nur mit Groß zockeln wir dahin. 3 bis 4 Knoten reichen. Die Fock lassen wir im Schlauch, um das Rigg nicht zu überlasten, denn es fehlt ja ein wichtiges Stag, das wir erst im Hafen einhängen können. Es herrscht zudem weiter eine ungebremste, offene

Seedünung, die quer vom Skagerrak einkommt. Ich setze in der Seekarte den nächsten Hafen ab: Skärhamn. Das sind 14 Meilen und ist unter diesen und allen anderen Umständen besser so.

Pannen gehören zum Leben. Pannen gehören zum Segeln. Es ist ein beglückendes Gefühl, Defekte oder Bruch mit eigenen Mitteln und Händen wieder zu reparieren. Wenn es getan ist, logisch, nicht wenn es passiert ist. Einen Segelriss mit Nadel, Faden und Segelhandschuh geflickt zu haben ist ein Vergnügen, eine gebrochene Spiere geschäftet und wieder in Gebrauch nehmen zu können lässt mich wie einen Gewinner an Deck stehen.

Eine Panne, im übertragenen Sinn, sind auch Würmer im hölzernen Schwertkasten. Auf meiner ersten Weltumseglung hatte ich regelrecht kleine Springbrunnen in der Kajüte. Es war das Werk von tropischen Teredo navalis. Zunächst deckelte ich die Löcher mit Sperrholzplättchen, bis es zu viele wurden, und ich in die Löcher Streichhölzer steckte. Ich fand die Idee genial. Das ging schnell, einfach, gut. Mit dem Holzboot lernte ich auch, dass kein Problem unüberwindlich ist.

In Skärhamn auf der Insel Tjörn sind wir trotz erwähnter Widrigkeiten schon um neun Uhr früh. Wir holen sozusagen einige Crews aus ihren Kojen. Ankommen mit einem Außenborder ist nicht zu überhören. Aber die Schweden sind trotzdem nett. Sie haben auch allen Grund: Es ist einer dieser fantastischen Sommermorgen – reine, leuchtende Farben, windstill (der Hafen liegt, wie es der Name schon sagt, inmitten einiger Schären), himmelblau, warm. Genau der richtige Ort, um Schmerz zu vergessen und wieder in Stimmung zu kommen. Weltumseglernatur Astrid will nichts von Faulenzen und Versorgtsein wissen. Sie entdeckt eine Miele im Waschraum und ward nicht mehr gesehen. Ja, sie hat es mit Gütersloh. Eine Miele im Auge, und schon schießt ihr die Frage in den Kopf: Habe ich Wäsche zu waschen?

Später bummeln wir durch das Städtchen, das einem großen Dorf ähnelt. Blicken in Läden hinein, »Astrid Organic Shop« hat hier eine Filiale, der Buchshop versteckt sich in einem Kellerlokal, bei ICA kaufen wir Obst und Gemüse, Brot und Butter und freuen uns über alles, was aus Holz ist. Denn das ist immer wieder augenfällig und nicht nur in Skärhamn: Jede Hütte am Hafen, jeder Steg, jeder Weg am Wasser, jedes Geländer und jede Sitzbank ist aus Holz. Und verrät Geschmack, handwerkliches Können und Liebe zum Gegenstand.

Wir blicken ins »Nordiska Akvarellmuseet«. Wundervoll die Lage des funktionalen, schlichten, burgunderroten Baus mitten im aquamarinblauen Schärengarten. Als Krönung gibt es wieder eine SMS, diesmal von Kym: »Schönste Briefmarke des Jahres in Europa – Eisbär Knut.« Leider undotiert. Unser Sohn hat sich neben Werbung und Webdesign auf Briefmarkengestaltung spezialisiert und eben diese Umweltmarke mit dem Eisbären entworfen.

Da kommt Freude auf, die wir nur mit Grillen stillen könnten. Aber uns ist nicht wie allen anderen im Hafen nach Fleisch. Nach einem Bier schon eher. Leider ist das Café so trist, dass wir es lieber an Bord trinken – schwedisches Lättöl (Leichtbier – 2,5 Prozent). Ende eines Tages, der doch stimmungsvoll war. Früh in den Kojen.

WIEDER EIN BLAUER, WINDIGER TAG

Um das Backstag wieder einzuhängen, verholen wir in Skärhamn zu einer im Hafen fest montierten Leiter, die zum Wasser hin überhängt. Frei und für jeden zugänglich, entere ich sie. Stufe für Stufe hoch hinaus bis auf zehn Meter. Und es gelingt gleich im ersten Versuch, das Stag einzuhängen. Endlich mal etwas Einfaches. Ich sichere den und alle anderen Haken, die ins Mastprofil greifen, zusätzlich mit breitem Leinentesa. (Davon habe ich immer an Bord.) Atme auf und denke: »Wenn doch alles so simpel zu reparieren wäre.«

Segeln steht an. Segeln durch ein perfektes Stück Wasser. Segeln bei halbem Wind mit Kurs Nord, Wind West. Was gibt es

Des Seglers Traum: im Schärenrevier vor Anker schwojen

Schöneres. Zum einen Segeln durch Inseln, geschützt vom Seegang des Skagerraks, zum anderen durch eine der schönsten und beliebtesten Ecken Schwedens: Bohuslän. Man könnte alle paar Meilen Ankergrund oder schöne, kleine Häfen finden. Das ist schon was für die Psyche. Und fürs Auge. Obschon das Auge an der Seekarte »klebt«. Es stört überhaupt nicht, dass andere Bootfahrer auch auf diesem Kurs sind. Viele andere. Segeln in Bohuslän bedeutet: Kurve, Bake, Kap, Kummel. Segel fieren, dichtholen, Schmetterling, hoch am Wind. Ein dahinjagendes Segelboot der Anstrengungen. Stundenlang. Trotzdem sind wir gut dabei, aber die Angespanntheit weicht nicht von mir, uns. Unvorstellbar knifflig, hier aufzukreuzen, wenn man es nie gemacht hat. (Haben wir aber. 1987 mit KATHENA NUI – ohne Maschine. Allerdings waren in den 1980er-Jahren noch nicht so viele Yachten auf dem Wasser. Und wir hatten mehr Muskeln.)

An diesem sonnigen und windigen Sommertag erreichen wir die Bucht Härme Rissholmen auf Härmanö. Landgang findet auf der gegenüberliegenden Schäre statt. Per Beiboot. Es rudert sich bestens. Astrid hat es übernommen. Auch Rudern ist ihr Steckenpferd. Der Klippenbesuch beschert ein paar schöne Blumen, Felsspalten, abgeschliffene Steine und einen feinen Blick auf Felsenwände und segelnde Yachten. Sechs andere Boote liegen mit uns vor Anker. Ein siebtes versucht es vor uns, hinter uns, daneben … Doch der Anker fasst nicht. Es ist erstaunlich zu sehen, wie sich eine Pärchen-Crew abmüht und unser Bügelanker auch bei schlechtem Ankergrund überhaupt keine Zicken macht. Die suchenden Ankerer segeln ein Boot, das die Bärenflagge gehisst hat, also Berliner.

GULLHOLMEN UND DIE KÖNIGSTREUEN

Nach einer Nacht mit viel Windspeed – aus der richtigen Richtung – gehen wir Anker auf. Das neben uns ankernde Berliner Paar schaut bestimmt verblüfft zu, wie ich mit einer Leichtigkeit und Schnelle den Anker sauber an Bord hole. Sie hatten neben den drei Ankerversuchen gestern Abend noch etliche während der Nacht. Morgens lagen sie auf jeden Fall mit drei Ankerleinen auf gleicher Höhe. Die Ärmsten. Das ist ein Augenblick, wo man mit seinem eigenen kleinen, leichten Boot im Einklang ist.

Gullholmen, eine knappe Stunde später, platzt aus allen Nähten. Zeitweise kreisen vier bis fünf Yachten auf der Suche nach einem Liegeplatz. Wir haben Glück, stechen mit dem Restschwung genau in eine Lücke. Dafür gehen wir sofort auf die Suche nach einem Fernseher. Nachmittags findet das Fußballspiel Deutschland gegen Argentinen statt. Unser erstes Spiel von der Weltmeisterschaft in Südafrika, das wir uns ansehen wollen. Ein Viertelfinalspiel. Es geht richtig um was. Am Ende des Steges, praktisch vor unserem Bug, werden wir fündig. Das Spiel wird im noblen, gastfreundlichen Skottarn-Restaurant auf Großbildleinwand gezeigt. Große Hinweise verkünden: Live in TV: Tyskland – Argentina

Um 16 Uhr ist das Lokal proppenvoll. Obwohl Schweden sich für die WM in Südafrika nicht qualifiziert hat, ist das Interesse riesengroß. Zwei Fernsehgeräte und, oh Schreck, alle Plätze sind belegt, doch, so sind die Schweden, für Gäste werden schnell zusätzliche Stühle besorgt und Getränke serviert. Essen ist nicht Pflicht.

Was zunächst auf dem Bildschirm geschieht, ist eigentlich wie bei uns und inzwischen wie überall Usus: Lange vor Beginn diskutieren Moderator und Experten im Studio und Experten und Moderator vor Ort in Südafrika, bis endlich nach vielen Einspielern das Spiel beginnt. Ein schönes, schnelles Spiel. Es bekommt auch Zuspruch von den Schweden um uns herum, die sonst im normalen Sport nicht unbedingt für Deutschland klatschen. Beim Stand von 4:0 gratuliert man uns, was mir peinlich ist. Beim Abpfiff klopft uns einer auf die Schulter:

»Ich bin Wolfhard.«

»Wolfhard wer?«

»Ich bin der Bruder von Burkhard Pieske.«

Na klar, wir haben uns schon mal gesehen. Lange her. Burghard, unser Freund, ist Weltumsegler, Seemann, unter anderem mit einem offenen Wikingerboot über Grönland nach Neufundland gesegelt. Das war seine beeindruckendste Fahrt. Ja, also der Bruder, nicht zu übersehen und zusätzlich schon nach wenigen Minuten offenkundig: Er bewegt sich wie Burghard, spricht und plant wie Burghard.

Nach dem Spiel bringt Wolfi uns auf seine CAROLINE VON HAMMARÖ. In Hammarö am Vänernsee ist er zu Hause. Seine Frau Anita serviert im Cockpit Bier und Pralinen. Eine seltsame Kombination. Aber beim Blick auf die Schachtel ist klar: Es werden nicht irgendwelche Pralinen angeboten, sondern eine Sonderedition aus Anlass der Hochzeit von Kronprinzessin Victoria, die vor wenigen Tagen stattgefunden hat. Oho! Da kam keiner dran vorbei. Ganz Schweden war geflaggt, ganz Schweden lag vor dem Fernseher. Wir übrigens lagen auf See – in einer Windstille. Eigentlich hat Anita eine Kostprobe für jeden von uns vorgesehen, aber ich, ahnungslos und gierig, nehme zwei – und bekomme dafür die gelbe Karte. Als ich den König Gustaf nenne, anstatt Carl Gustaf, werde ich höflich, aber bestimmt korrigiert. Die Konfektschachtel mit dem Hochzeitspaar darauf darf ich aber fotografieren, bevor die Königstreue sie vom Tisch verschwinden lässt.

Rund 40 Jahre Schweden und immer noch zufrieden? »Nach Schweden auszuwandern war das Beste, was ich im Leben gemacht habe«, sagt Wolfhard. »Überhaupt, alle ehemaligen Deutschen, die wir kennen, sind mit ihrer Entscheidung Schweden sehr zufrieden. »Brot, Bier, Käse, Wurst, alles ist besser als früher und in großer Auswahl vorhanden.« Dies bekräftigt er in Anspielung der Meinung vieler deutscher Segler und ergänzt: »Vergiss nicht die Lebensqualität, die Weite und Leere des Landes, die Kultur …«

Auch das Thema Krankheit kommt auf den Cockpittisch: Anita bekam vor Tagen Zahnschmerzen. Die Zahnärztin diagnostizierte, dass der Schmerz durch Stress entstanden sei. Sie habe bei der komplizierten Schärennavigation zu sehr mit den Kiefern gemalmt. Was es alles gibt.

Ringeltanz zur Mittsommerfeier auf der Schäreninsel Vrångö. – Die anderen reisen verteufelt komfortabel. Im Hafen wirkt die kleine X zwischen Bavaria und Jeanneau geradezu niedlich.

Schärensegeln führt uns nach Utkäften – ein einzigartiges Naturerlebnis. Wir bringen uns dort leider selbst in die Bredouille, weil wir an einer Felskante festmachen, die nicht geeignet ist. – Unten: Im Schärenrevier muss man aufpassen. Da heißt es konsequent Logbuch führen. – Aus jeder Felsspalte sprießt es.

Naturhafen Hunnebostrand – ein Sommermärchen. Für uns der erste total heiße Tag. Granit und viele Touristen sind die Merkmale des Städtchens. Es bietet Geschäfte und Lokale mit Flair. Und abends ein bisschen Spaß. Hunnebostrand ist eine Wasserreise wert.

Navigation ist kein Problem, sofern man mit Seekarte und Handbüchern umgehen kann. Seezeichen sind gut und ausreichend platziert. – Ein Schiffsmodell im Fenster, ein Boot im Garten – keine Seltenheit. Typisch: Sommerurlaub per Boot mit Kindern, Angeln und dem geliebten Grill.

Schärengürtel südlich von Gullholmen. – Unten: Alles fließt, auch der Müll. Ich entdecke am Strand einer unbewohnten Insel Tauwerk, Netze, Gummistiefel, Fender, Schnürsenkel und Kanister.

Das Seltsame am Norden im Sommer ist, man vergisst die Zeit, speziell abends. Es ist hell, hell, hell. Und schöner: Es wird wieder wärmer, nachdem die Sonne untergegangen ist. Innerhalb der Schären herrscht meistens Windstille, und die Sterne leuchten heller, kräftiger. Keine echte Dunkelheit stört oder signalisiert: Jetzt ist aber Schluss.

Auch für uns ist erst nach einem Rundgang durch Gullholmen Schluss. Diesmal dominieren viele gelbe, schöne Holzhäuser an Straßen mit liebenswerten Namen: Annika Gatan zum Beispiel. In den Sommermonaten ist Gullholmen sehr von Touristen frequentiert, auch weil es eine Reihe Museen gibt. Wo immer man geht, einen Stadtplan benötigt man nicht, man stößt schnell auf Wasser der Schäre oder der Ostsee.

ELLÖS

Nach Ellös verirrt sich womöglich nur ein Gastsegler, der zu Hallberg-Rassy will, der größten Yachtwerft Schwedens. Sie baut Yachten zwischen 31 und 64 Fuß von bester Qualität. Eine Rassy ist sozusagen der Mercedes unter den Yachten. Das Handwerkliche steht im Vordergrund. Schön sind sie darüber hinaus.

Der Dorfhafen Ellös ist kein Vergleich zu dem forschen, lebhaften Gullholmen. Hier »schläft« der Schwede am Sonntag. Dabei ist Ellös mit tausend Einwohnern der größte Industrieort der Insel Orust.

Völlige Stille herrscht im Hafen und drum herum. Gästeboote? Kaum. Hier hat man den Hafen fast für sich allein und darf sein Boot längsseits legen. Hier ist Provinz. Würde ich gefragt, welche Sorte Hafen ich bevorzuge, so wäre meine Antwort: Ein Hafen, in dem sich niemand um mich kümmert. Mir keinen Liegeplatz zuweist, keine Informationen vermittelt, vor allem keine Tipps zusteckt. Es ist nicht so, dass wir das Dörfliche, Einsame, Primitive suchen, nein, es hat mit Selbstsuchen und Organisieren zu tun. Aber hier sind wir ja zweckgebunden und notgedrungen. (Sie wissen schon warum.) Eine Reparatur steht an.

Sonntags findet das Leben in Ellös im und am Kiosk statt. Dahin geht auch unser einziger Ausflug. Wir decken uns mit backfrischen »Jätte Energi-Muffins« und »Kanel Bulle-Förjäst« für den Sonntagskaffee ein. Die übliche Runde durch die Gegend fällt aus. Man schlendert bei solchen Ausflügen mehr oder weniger nur herum, und das ist irgendwie nicht befriedigend. Angefangen hat es in Juelsminde. Es gibt kaum einen Ankerplatz oder ein Dorf, die wir mit unserem Rundgang verschont haben. In Ellös soll es ohne gehen. Die 100 Meter zum Kiosk reichen. Dort brummt das Leben: Milch und Käse, Zeitungen, CDs, DVDs … Die Scheine fliegen nur so über den Tresen.

Ich brenne am Kai das rußige White Spirit in meinem einflammigen Kocher leer. Fünfeinhalb Stunden dauert es. Fünfeinhalb Stunden die Flamme im Auge haben ist meine Aufgabe. Und mit jedem Flackern denke ich: Jetzt ist der Tank leer. Ist er aber lange nicht. Sonntagnachmittag in Ellös auf der Kaimauer sitzen ist auch ein Erlebnis. Spaziergänger gucken, bleiben stehen, wundern sich, fragen neugierig. Was, das halte ich im Segeltagebuch fest:

Kurze Bemerkungen, Blicke, aber keinen stört das offene Feuer im Hafen ernsthaft.
»Hast du keinen Kochtopf?«
»Warum machst du das?« (Meine Antwort: »Der Brennstoff ist verkehrt und lässt sich nicht ausschütten. Eine Art Schwamm hat ihn aufgesaugt.«)

»Hier wirst du keinen Brennspiritus bekommen.«
»Komm, trink ein Bier.«
»Am Kiosk kannst du auch was essen.«
Und von neuem: »Warum machst du das?«

Die häufigste Frage der wechselnden Spaziergänger aber ist nach einem Ort, nach einer Straße, die sie suchen, die ich natürlich nicht beantworten kann. Förlåt mig.

HALLBERG-RASSY-WERFT

Das, was wir heute erleben, ist Sweden at its best. Wir motoren von Ellös nach Ellös. Eine Meile um ein dickes Felsenkap und hinein in den werfteigenen Hafen mit unserem Klong-Klong-Mast. Ein Werftmeister will uns beim Festmachen umgehend rausschicken. Mit erhobenen Armen und vorrangig mit dem Wort »privat« will er uns verschrecken. Ein Wort, das man auf der ganzen Welt versteht. »Privathamn« stand schon auf der Mole an der Einfahrt. Wer jedoch Wochen mit Klötermast hinter sich hat, lässt sich nicht verschrecken. Meinem Wunsch, kurz mit Magnus Rassy zu sprechen, gibt er sofort nach.

Gleichwohl: Schon seltsam der Beweggrund, Hilfe für ein Boot zu erwarten, das winzig ist im Vergleich zu Hallberg-Rassy-Yachten, die rundum im Hafen vertäut liegen, und zudem mit einer X, also einem Fremdbau. Schließlich ist dies keine Reparaturwerft. Wer sich nicht auskennt, Rassy ist auf neue, hochwertige Tourenyachten spezialisiert.

Ich also schnellen Schrittes übers Werftgelände ins Büro zu Magnus Rassy, der mich mit einem festen Handschlag begrüßt – à la Wikinger. Gut, dass ich keinen Ring trage. Unsicher nehme ich im Büro an einem riesigen, beeindruckenden langen Tisch Platz. Denke: »Der ist so groß, um Baupläne ausbreiten zu können.« Mit wenigen Worten erkläre ich ihm mein/unser Malheur. Natürlich kennt er mich, und er will sich den Mast gleich mal »anhören«. Gemeinsam gehen wir zu KATHENA X an Bord, um dort ganz Ohr am Rohr zu sein. Astrid bringt im stillen Hafenwasser mit wenigen Schritten an Deck das Boot zum Schaukeln. Auch Magnus Rassy ist der Meinung, dass es ein Kabel sein könnte, und lässt sofort seinen Rigger kommen. Dieser im Vergleich zu Fiskebäck erscheint mit Akkubohrer und Akkunieter in den Händen, auf den Hüften Ledertaschen mit Material und Werkzeug. Nach ein wenig Lauschen legt er die Maschine zum Aufbohren der Fallöffnung an, und es dauert keine Viertelstunde, da hat er via Öffnung 14 Meter Elektrokabel an Deck. Viel Kraft war allerdings erforderlich, da das Kabel wie eine Schlinge um die durchgesteckte Saling im Mast herum musste.

Nicht zu beschreiben unsere Stimmung, als wir über Deck gehen und Mucksmäuschenstille herrscht. Nicht zu glauben. Wir wiederholen den Schaukeltest viele Male. Danke, Magnus Rassy. Mit der Bezahlung ist es wie bei Martin und Anna in Fiskebäck: nil. Schweden helfen gerne. Das ist ihre Mentalität. »Dafür liebe ich sie. Und weil sie so flott gekleidet sind«, sagt Astrid. Glücklich tuckern wir aus dem Hafen. Durch Trägheit haben wir viel Freude vertan.

SOTENKANAL

Noch den ganzen Tag über ist der Mast unser Gesprächsthema. Bei Südwest 4, zeitweise 5 auf Westkurs. Auf Nordkurs. Auf Nordwest. Mit 7 Knoten. Auch Augenblicke mit 8 und 8,5 sind dabei. Wenig Druck auf der Pinne. Wenig zu tun an den Schoten. Es passt.

»Zu dumm, mit dem Geklöter auf Fahrt gegangen zu sein.« Warum sagten die X-Bauer in Haderslev nicht am Telefon: »Kommt vorbei, wir machen das, wir regeln das, wir helfen euch.«

Navigieren fällt aus. Nicht wegen unserer Plauderei, wir brauchen den Seglern nur zu folgen, so viele sind unterwegs. Manchmal bis zu zwei Dutzend auf demselben Kurs. Wobei: Die meisten treiben wir vor uns her. Wir sind nicht merklich schneller, aber auch nicht merklich langsamer. Es passt.

Löngö erscheint uns auf der Seekarte als ganz sichere Bucht. Nichts wie rein. Anker fällt frei zum Schwojen. Auf eine Position direkt mit dem Bug am Fels und klar zum Rüberspringen haben wir verzichtet. Steckt uns doch Utkäften noch in den Köpfen. Oder wie Astrid sagt: »Davon habe ich die Nase voll.« Wie es die Schweden machen, können wir hier in Löngö wunderbar studieren. Nämlich nicht wesentlich besser als wir in unserer Desasterbucht. Sie nähern sich mit langsamer Fahrt gegen den Wind dem Felsen und loten die Wassertiefe. Ist sie ausreichend, setzen sie zurück, werfen den Heckanker und geben wieder Fahrt voraus. Auf dem Vorschiff werden die Vorleinen klargemacht. Mit diesen springt Mann oder Frau kurz vor der Berührung mit den Steinen von Bord. Da die Leine ohne Belegpunkte nicht gleich fest ist, treibt das Boot nach achtern, und die Landperson muss die Vorleine mangels Kraft sausen lassen. Ist es einmal schiefgegangen, ist der nächste Versuch meist auch erfolglos. Man bricht das Manöver ab, möchte aber seine Landcrew wenigstens an Bord zurückholen. Infolgedessen wird ein Dingi ausgesetzt, um die Crew von den Felsen abzubergen. Man dreht ab und geht auf die Suche nach einer Bucht, die bessere Möglichkeiten bietet.

Minuten später kommt der Nächste, der Ähnliches vorführt. Eine Yacht bekommt ihren Crewmann nicht wieder vom Felsen an Deck. Er traut sich nicht zu springen, oder ist es glatt? Jedenfalls hilft Astrid aus und bringt ihn mit unserem Dingi an Bord seines Schiffes. Zu bewundern ist die Geduld der Skandinavier beim »Andocken« an die Felskanten. Ziel der Mühe: Alle wollen grillen, spazieren gehen, Kinder wollen toben. Und Einsamkeit erleben, die in »unserer Bucht« geboten ist.

Diese Erlebnisse sind besonders prägnant, da ordentlich Wind durch die Bucht weht. Er kommt düsenhaft vom Scheitel, der – typisch Schäre – gespalten ist. Rechts ein Berg, links ein Berg, in der Mitte ein Einschnitt, der bis auf den Wasserspiegel reicht.

Heute haben wir genug geleistet. Über Meilen möchte ich lieber nicht schreiben. Das sind derzeit nur eine Hand voll, oder zwei – täglich. Aber die Werft war Aufregung genug.

»Hältst du mich für blöd«, hatte Astrid geschnauzt, als wir mit dem Geräusch im Mast zu dieser Tour aufbrachen.

Ich weiß noch, dass ich sie besänftigte: »Das kriege ich hin.« Mit Strammziehen oder so. Ich glaube immer an das Gute, und Unangenehmes regelt sich manchmal von selbst. Nur nicht den Mast legen müssen. Das braucht Zeit. Also abwarten. Das war der erste Fehler unserer Sommerfahrt. Er hat – leider – mehr Lust am Segeln und Bordleben gekostet, als uns lieb war.

Jetzt ist es geregelt. Und wir gönnen uns aus diesem Anlass einen Abend in Rot: Rotwein, Tomatensalat, Spaghetti mit einer leckeren Sugo aus Tomate und Hackfleisch. Ein Klasseessen. Es wäre oberköstlich, wäre da nicht der böige Wind, der uns stört. Die Hoffnung, dass er sich zum Abend hin legt, trügt. Die Traumschäre mit Windstille haben wir nicht gefunden. Noch nicht. Für solche Tage – Einsamkeit und Stille – haben wir uns mit Fleisch versorgt. Zu Hause in Gläser eingekocht. Hackfleisch und Gulasch vom Qualitätsmetzger aus unserem Nachbardorf. (Muss sein.)

Grillen? Grill und Kohle an Bord? Nein, das ist nicht unsere Welt. Passt nicht zu KATHENA X. Zu fleischlastig. Ist uns wohl zu mühsam, unterwegs gutes Fleisch zu finden und zu kaufen. Außerdem kein Stauraum.

Zurück zum Wind. Sonnenuntergang und Stärke 7. Ungewöhnlich. Astrid rudert mich an Land. Sie möchte wegen des Ankers an Bord bleiben. So ist sie. Hat immer Zweifel. Ich mache einen Ausflug über die U-förmige Schäre, finde auch den Übergang über den Schnitt im Scheitel. Von Stein zu Stein springend, komme ich über flaches Wasser. Insgesamt eine kahle Außenschäre. Granit? Welche Art? Weiß ich nicht. Wäre aber interessant zu wissen. Viel zu erkunden ist nicht. Nur charakteristische abgeschliffene Strukturen. Ich komme gut voran. Nur allein gucken ist langweilig. Ich hocke mich in den Windschutz und starre auf die Sonne, die nicht untergehen will. Jetzt eine Zigarette. Aber ich habe nur meine Kamera dabei und keine Lust zu fotografieren. Irgendwie blockiert mich die Tatsache, das alles schon veröffentlicht gesehen zu haben. Wiederholt gesehen zu haben. Dabei habe ich eine neue Digitalkamera. Erstmalig fotografiere ich damit. Speicherkapazität ohne Ende, und trotzdem arbeite ich viel zu vorsichtig damit. Umgewöhnung dauert. Vermutlich auch eine Alterserscheinung.

Die Nacht wird wie befürchtet. Es rasselt und sirrt im Rigg. Wellen plätschern und knallen am Rumpf. Ich wache viel zu zeitig auf. Mein Kopf tut weh, weil ich nur wenige Stunden geschlafen habe, und ich muss aufs Klo, das wir nicht haben. Will noch ein bisschen weiterdösen. Geht nicht. Um fünf hole ich Astrid aus der Koje. Wir trinken ein paar Schlucke Mineralwasser, kleiden uns an. Zu zweit auf einem Quadratmeter ohne Stehhöhe ist es nicht leicht, die richtigen Beine der Ölhose zu finden.

Was ich bei allen Bedingungen immer schnell zur Hand habe, ist das Tagebuch:

Vor sechs Uhr stehen wir unter Segel mit Kurs Sotenkanal. Liegt im Norden. Den Kanal hat Astrid dem Schweden-Handbuch entnommen: sechs Kilometer lang, ein Hochgenuss an Granit. »Den müssen wir machen.« Der Kanal wurde 1930 als Arbeitsbeschaffungsmaßnahme für Steinhauer im schwedischen Reichstag beschlossen. Bei Fertigstellung, fünf Jahre später, war er bedeutungslos. Heute nutzt ihn nur noch die Sportschifffahrt. Heute Morgen nutzt ihn nur KATHENA *X. Der Vorteil des frühen Segelns.*

Im Schutz der Inseln und Steine ist es ein herrliches Segelstück, sofern der Wind aus Südwest steht. Das tut er. Folglich flitzen wir am steinigen Charme vorbei. Vereinzelt zeigt sich, umgeben von Busch und Gras, eine Hütte. Um noch ein paar Eindrücke mehr zu speichern, machen wir zum Ende hin an einem verrotteten Bollwerk fest. Pause für zwei mit Frühstück. Ja, so sind wir. 20 Segelmeilen durch eine Pause stückeln. »Sind wir nun schon alt?« Ich denke, wir sind normal Älterwerdende, die sich Beweglichkeit erhalten haben. Der ernsthafte Rest wartet noch auf uns. (Vom Leben ist hier die Rede.)

Als ich an der Côte d'Azur lebte, noch lange keine 40 Jahre alt, dachte ich, wenn du richtig alt wirst wider jede Wahrscheinlichkeit, möchtest du so wie zwei alte Franzosen im Hafen von Villefranche leben. Sie hatten ein kleines, sauber lackiertes Ruderboot und fuhren damit in die Bucht hinaus. Angel und Netz; Nice-Matin, die Tageszeitung; Zigaretten; ein Baguette; eine Flasche Wein und gute Laune. Ihr »Programm« hat mich beeindruckt, würde ich sonst im Sotenkanal an sie denken? Die Schlei böte sich dafür an. Bei uns müsste das Boot eingedeckt sein. Regen! Na, die Sommer sollen ja wärmer werden.

»Die ist schnell«, war die häufige Feststellung der Dänen. »Zu schnell für euch beide«, sagte schon mancher Schwede am Steg. Eigentlich sagten sie es auf Englisch, »too fast for two people«. Von entgegenkommenden und Yachten auf unserem Kurs werden neugierige Blicke geworfen. Jetzt, in den Westschären, sind wir der Meinung, die kleine X hat das Speedpotenzial einer fast doppelt so großen Yacht. Nach so manchem Zickzackkurs vorbei an Inseln und Klippen sind wir in einen besonderen Taumel geraten. Richtiggehend schwindlig geworden – weil's so schnell geht (7 bis 8 Knoten) und so viel im Weg liegt, dem es auszuweichen gilt: Kaps, Leittürme, Pricken, Tonnen, Felsinseln, Peilbaken. Hinzu kommt der Verkehr. Bohuslän ist im Hochsommer

… und überall liegen Klippen ohne Seezeichen im Wege

die »Hochstraße« der schwedischen Segelvögel. Eine falsche Wende, ein Seezeichen auf der falschen Seite passiert, und es macht rums.

Für mich ist die »Schnelle« zusätzlich ein stetes Hin und Her zwischen Seekarte und Kompass. Jedes Zeichen wird in der Seekarte mit einem Bleistiftstrich abgehakt. Wobei der digitale Kompass beim Peilen wenig hilfreich ist. Genauer: null Wert hat. Leider. Resultat der Kurverei: Wir kommen an Land und schwanken über den Steg wie nach einem mehrwöchigen Seetörn. Ein angenehmes Gefühl: leicht schwebend, glücklich und zufrieden. Die Balance nicht verloren, keine Klippe unter Wasser erwischt zu haben, trägt sicher zum glückseligen Segelgefühl bei. Alles verlangsamt sich spontan. Auch Eintragungen ins Segeltagebuch:

Worauf man nach solchem Tag zusteuert, soll hier aus romantischen Gründen verschwiegen werden.

HA EN BRA DAG I SOLEN

»Einen schönen Tag in der Sonne«, wünscht auf einer Kreidetafel das Hafenkontor in Hunnebostrand. Und wirklich: Es ist der erste total heiße und windarme Schwedentag. Für uns. Der erste Tag, an dem wir unsere Öljacken beim Segeln nicht brauchen. Der erste Tag, an dem wir uns im Cockpit, Beine hoch, Hand an einer Dose Lättöl (Leichtbier), uns ganz entspannt die Zeit vertreiben. Paradoxerweise sind wir mit Zeit geizig, hat das auch mit dem Älterwerden zu tun? Auf anderen Fahrten mit Astrid spielte Zeit keine große Rolle. Natürlich hatten wir einen Plan und die Windsysteme im Blick.

Es gibt viel zu sehen in Hunnebostrand: aquamarin das stille Hafenwasser, geschützt von vorgelagerten Schären, schwedische Flaggen flattern leicht im Wind, Geschäftigkeit, die tollsten Schiffe und zahlreiche Kaffeegärten rund ums Wasser. In engen Gassen findet man allerlei durchgestylte Läden mit hochwertigen Dingen. Speziell Kleidung. Der Tag gibt uns Saint-Tropez-Feeling. Dazu die Schweden in farbenfroher und lockerer Sommerkleidung. »Man müsste den ganzen Tag spazieren gehen, um sich sattzusehen«, meint Astrid.

Wir wandern auf den höchsten Berg der Ortes: Höga Berg – vielleicht 200 Meter. Und haben, was Wunder, oben angekommen Atemnot. Dafür aber einen höllisch schönen Blick über Stadt und Schären. Es dominieren weiße Holzhäuser mit roten Dächern, und auf dem Wasser kreuzen überall Schiffe. Meist Segelschiffe. Vermutlich, um sich hier für einsame Schärenbuchten mit Lebensmitteln und Getränken zu versorgen. Hunnebostrand ist ein Traum. Ein Sommertraum.

Wandern ist nachhaltig. (Die Bewegung aus eigener Körperkraft ist eine erneuerbare Energie.) Und macht hungrig. Lokale gibt es im Ort viele. Welches bietet etwas für unseren Geschmack? Wir nehmen das nächstliegende: »Olga«, ein Hafenrestaurant mit einladender Veranda. Hier fühlen wir uns gut aufgehoben. Ich bestelle Wasser und Bier. Die Kellnerin klärt uns über einige schwedische Gewohnheiten in ihrem Lokal auf: »Trinkwasser steht auf dem Büffet für alle Gäste zur Selbstbedienung, ebenso Salat und Brot. Kaffee brauchst du nur einmal bezahlen, Nachschenken ist kostenfrei. Påtår heter det.« Ich merke, dass sie uns mag. Die junge Servicekraft zeigt uns, dass man in Schweden die Gabel über Kopf benutzt. (Kenne ich aus meiner Seefahrtszeit.) Es ist mehr ein Picken und nicht ein Schaufeln. Wie es allerdings mit grünen Erbsen gehen soll, kann sie Astrid nicht sagen. Die Kellnerin bewundert uns. »Seid ihr nicht zu alt für eine Tour von Tyskland mit so einem kleinen Boot?« Sie hat einen Sommerjob, wie so viele Mädchen und Jungen an der schwedischen Küste. Schüler und Studenten, die an der Tankstelle, im Hafenkontor, Touristenoffice oder als Verkäufer während der geschäftigen Sommermonate arbeiten. Astrid bewundert in unserem Restaurant die Übergardinen aus gebrauchten Segeln, die an Messing-Stagreitern aufgehängt sind.

»Das kannst du mit unseren alten Segeln auch machen.«

»Wir haben nicht die passenden Fenster.«

Als die Tische abgeräumt werden, machen wir uns auf den Weg zum Boot.

»Drei schöne Dinge heute erlebt: Segeln durch den Sotenkanal, Frühstück in der Natur, Söndre-Höga-Berg bestiegen, mehrere kubikmetergroße polierte Granitwürfel befühlt und bewundert.«

»Das sind vier Dinge.« So ist Astrid. Ehemalige Lehrerin und immer supergenau.

»Gut, an den polierten Granitquadern auf der Hauptstraße sind wir mehr oder weniger nur vorbeigegangen.«

Nicht vorbeigegangen, aber vorbeigesegelt sind wir an der Schönheit Hamburgsund, den Klippen davor und drum herum. Zurück bleibt von diesem Seestück das Flair der »schwedischen Riviera«, diese nordische Essenz aus Himmelblau und Sonnengelb.

FJÄLLBACKA

Es gibt Orte, die dank ihres Namens eine magische Anziehungskraft besitzen: Samarkand, Timbuktu, Tahiti, Las Palmas. Für mich gehört auch der Ort Fjällbacka dazu. Übersetzt: hoher

Berg, kleine Ortschaft. Und dem Wort entsprechend ist der Ort platziert, direkt am Hafen entlang, der Vetteberget (74 Meter) unmittelbar im Rücken.

Als wir nach einem sorglosen und landschaftlich überaus schönen Küstenstück im Hafen Fjällbacka einlaufen, ist es überhaupt nicht schön. Auch nach dem Festmachen nicht. Boote, Schiffe, Enge. Und mittendrin eingepfercht auch die kleine Kathena X. Wir kaufen ein. Wir duschen. Wir zahlen Liegegebühr (auch dieses Hafenkontor wünscht auf einer Tafel »Ha en bra dag i solen!). In einer Bäckerei trinken wir Kaffee, essen Muffins dazu und überlegen, warum es uns nicht gefällt. Es ist natürlich die Vielzahl der Boote. Dabei hat die Stadt einiges zu bieten: entspannte Touristen und eine attraktive Uferstraße, gesäumt von Lokalen und Geschäften. Und an der Ingrid Bergmans Torg eine dunkelgrün oxidierte Bronzebüste der bekannten Schauspielerin. Berühmt für ewig durch den Film »Casablanca« mit Humphrey Bogart: »Schau mir in die Augen, Kleines!« Sie hatte in den Fjällbacka-Schären ein Haus und verbrachte dort regelmäßig ihre Ferien. Ich fotografiere die Büste auf dem weißen Granitsockel mit goldenem Namenszug. Für »Casablanca« bekommt Ingrid Bergmann ein Großfoto in diesem Buch. (Den Film habe ich wohl an die zehn Mal gesehen.) Gibt es in Deutschland eine Statue von Romy Schneider? Ich glaube nicht.

Ansonsten: Fjällbacka kann ich aus meiner Sicht eigentlich kippen. Warum bleiben wir trotzdem? Fußball. Genau. Das WM-Halbfinale gegen Spanien steht an. Wir sehen es auf einer Großleinwand in der örtlichen Pizzeria. Leider 0 : 1 verloren. Zu Recht, wie mein Sitznachbar, ein Göteborger, sagt. Schon vor dem Spiel wünschte er sich die Spanier als Sieger: »Ich bin für Spanien.« Damit stand er nicht allein in der überfüllten Pizzastube. Die Mehrzahl der über 100 Gäste jubelte beim Spiel den

Spaniern zu. Man/ich verliere – auch – als Zuschauer nicht gerne. Wir trinken mit dem Göteborger noch ein Bier am Tresen, aber es schmeckt irgendwie nicht.

WANDERN AUF FLÄSKÖN

Schäre Fläskön. Ostküste. Mein vierter Besuch. Nach KATHENA NUI, KATHENA 7 und einem Rassy-Testboot jetzt mit der X frei vor Anker schwojend bei weißem Wetter. Es herrscht Nebelregen, der leicht aufsteigt und sich in den Schluchten verfängt. Der Insel setze ich mich diesmal aus, um allein zu sein. Astrid will ohnehin mal den Trott der Wiederholungen brechen. Wir haben in der Tat einige Inseln und Orte durch: Boot festmachen, ein Gang durch die Ortschaft, Lebensmittel kaufen, Kaffee trinken, es sich anschließend in der Kajüte bequem machen. Das geschieht, mangels Kopfhöhe, in halb sitzender, halb liegender Stellung. Dann wird gesprochen über: Was wir gesehen und erlebt haben und was wir noch tun können. Müssen!? Eine Fahrt mit täglich wechselnden Häfen oder Buchten verlangt diese ermüdende, manchmal öde Routine.

Mit unserem Dingi lande ich gegenüber vom Ankergrund in einer steinigen schmalen Einbuchtung der Insel Fläskön. Über einen felsigen Abhang mit grünen Spalten klettere ich eine recht schräge Böschung hinauf. Wird es eng und steil, ziehe ich mich mithilfe von Pflanzen und niedrigen Sträuchern, die ich mit den Händen bündle, weiter hoch. Ich muss aufpassen, es ist nass und rutschig. Auch hier bin ich mit meinen klasse Bootsschuhen gut aufgehoben, denn das A und O beim Wandern in unwegsamem Gelände sind Schuhe. Am besten wären noch knöchelhohe Schnürschuhe. (Die haben wir nicht eingepackt.) Über mittelsteile Klippen, über Geröll und Fels, durch ein baumbewachsenes Tal und alsbald wieder steil bergauf lande ich auf einer Art Plateau. Bedeckt mit Heidekraut, Grasbüscheln und blanken, runden Felsbrocken. Die Insel ist etwa hundert Meter hoch und bietet Schärenlandschaft pur. Hügel und Schnitte dazwischen beherrschen die Oberfläche. Sie kennen das, habe ich schon beschrieben. Eigentlich ist es bei den Schäreninseln wie bei Palmeninseln, kennt man eine, kennt man alle. Sie ähneln einander sehr.

Herrliche überwältigende Ausblicke bietet Fläskön vom Gipfel, auch bei besagtem weißem Wetter. So nenne ich Wetter, wenn schlechte Sicht, Sprühregen und Schauer durch den Tag ziehen. Ich bin glücklich, ein unverbautes Gebiet zu durchwandern. Wandern ist zwar übertrieben, es ist eher ein Gang der kurzen Schritte, weiten Schritte und Sprünge. Immer mit aufmerksamem Blick, um Gelände und Richtung im Auge zu behalten. Das sind völlig neue Koordinationen nach den Bewegungen an Bord: bücken – Kopf einziehen – festhalten.

Der Reiz der Insel liegt in der totalen Einsamkeit. Ich sehe keine Menschen weit und breit. Selbst auf den vor Anker liegenden Yachten in der Gluppö-Bucht auf der anderen Seite der Insel bewegt sich niemand. Stundenlang gehe ich die paar Quadratkilometer große Schäre ab. Mache Pause. Setze meinen Rucksack ab, greife zur Flasche Wasser, esse einen Apfel und eine gute alte Butterstulle. Das geschieht immer an Plätzen mit Aussicht auf schroffe Felskämme, auf vorgelagerte Inseln und Klippen, deren steinerne Rücken wie Walbuckel aus dem Meer ragen. Die See zu Füßen merkt man, dass man nicht viel braucht, um zufrieden zu sein – sofern eine Mitseglerin an Wasserflasche und Brote gedacht hat.

Greife auch zur Fotokamera. Halbherzig. Bildergier herrscht nicht. Atme dagegen hoch oben auf den Steinen die salzig klare

Luft tief ein. Ich genieße den Geruch, die Frische, die raue, stille Landschaft. Und ich genieße es, scheinbar ganz allein auf der Insel zu sein. Mir ist die Sucht nach Fotos abhanden gekommen.

Astrid bewacht das Boot vor Anker – ich wandere um die Insel

Irgendwie habe ich mit der Kamera das Gefühl, alles schon gesehen oder selbst abgelichtet zu haben. Gerade jetzt, wo Digitalfotos einen Bruchteil im Gegensatz zur Analogfotografie kosten, passiert mir das. Kein Einkreisen von Belichtungen, kein Experimentieren, kein Nix, ein Foto und Schluss.

Am Strand auf der Westseite in einer Halbmondbucht entdecke ich massenhaft Sperrmüll, dessen letzte »Fahrt« unzweifelhaft auf den Grund gehen sollte, es aber nicht geschafft hat. Kilometerlang ist das Ufer dicht an dicht mit Fischernetzen, Eimern, Plastiktonnen, Tauen und Trossen sowie verknoteten Plastiktüten übersät. Mein Erscheinen schreckt eine Reihe Möwen auf, die sich krächzend in die Luft erheben und aufgeregt Kreise ziehen. Der Strand ist weiß und grobkörnig, teils zusätzlich bedeckt mit Tang. Ich knipse die seltsame Müllkaskade. Endlich mal ein Motiv, das nicht schön ist. Ich frage mich: Wer trägt orangefarbene Gummistiefel, orange Sandalen, orange Gummihandschuhe. Ist der Müll aus Schottland, mit dem Wind und der Strömung hier angetrieben? Wohl eher der spontane Ausstoß der Nordseefischer. Generell setzt die Meeresströmung in den Skagerrak.

Der Nebel steht nicht, er verzieht sich und bietet für lange Augenblicke herrliche Sicht auf außen liegende kleine und große Schären. Ich überlege bei dem Anblick, ob ich wirklich genau weiß, was eine Schärenlandschaft ist. Jedenfalls ähneln sie sich sehr.

Dank einiger roter Schleifen (Spinnakertuch) am Gebüsch finde ich meine Bucht auf Anhieb wieder. Was nicht normal ist. (Ich habe schon mal auf einer Schäre die Orientierung verloren.) Mir reicht es vorerst auch. Vom Gefühl her habe ich hundert Kilometer in den Beinen. Leicht durchnässt steige ich in meiner Bucht über eine Felskante ab und rudere an Bord.

»Wie war es?«

»Nass.«

»Du Ärmster. Hier hast du ein Frotteetuch.«

»Ein Schlafsack wäre richtig. Und wie war es bei dir?«

»Still. Schön. Keiner hat mich gestört. Doch, ein kleines Motorboot fuhr vorbei, drehte um und man legte mir einen Fisch an Deck.«

»Gut für dich.«

Astrid ist es für die Nacht zu schaukelig. Sie möchte in die geschütztere Gluppö-Bucht auf der anderen Seite von Fläskön verholen. Also rein ins Ölzeug, raus in die Nässe und ums Kap in die Bucht.

KANN PASSIEREN

Der Tag beginnt mit einem Missgeschick. Der Navigator hat die Übersicht verloren.

Anstatt Nordost habe ich Astrid Kurs Ostsüdost steuern lassen. Das ist fast in Gegenrichtung. Mir geht das heftig in die Glieder, als ich von »Steuerfrau« Astrid darauf hingewiesen werde. »Du, hier stimmt was nicht.« Um meinen Mist zu kaschieren, sage ich salopp: »Du hast jetzt zwei Fehler frei.« Findet Astrid überhaupt nicht witzig, schließlich ist sie es, die den falschen Kurs ohne Blick auf die Seekarte bemerkt.

Mir doppelt peinlich ihr gegenüber: Man mag sich so einen unverzeihlichen Fehler absolut nicht zugestehen. Darüber hinaus: Hier zwischen dem harten Unterwassergranit herumzustochern, hätte auch leicht fatale Folgen haben können, wenn wir zum Beispiel einen Felsen mit dem Kiel gerammt hätten. Bei 5 Knoten Fahrt! Meine Güte, da wäre es mit unserem Skandinavien-Segelsommer zu Ende.

»Ach, der blöde Kompass«, gebe ich mich noch lässig. Erst beim erneuten, »hier stimmt was nicht«, werde ich aktiv. Aber es ist nicht der Kompass, Schuld hab ich.

»Mit dir hat man nicht immer Sicherheit.«

»Kann passieren.«

»Darf nicht passieren.«

Nicht die Kraft ist entscheidend, der Kopf. Vor allem wenn es gilt, in See zu stechen. Manchmal erlebt man in einer Viertelstunde mehr als in der ganzen Woche.

Die Aufgaben, bevor es auf Kurs geht, sind zahlreich und zum Teil in Eile zu erledigen: ankleiden, Toilette, einen Happen essen, trinken, Anker Kurzstag holen, Außenborder starten, Ölhose anziehen, Anker einholen, Anker verstauen, Deck waschen, Segel setzen, Schoten und Backstagen bedienen, Öljacke überstreifen und noch ein paar solcher Tätigkeiten. Zumal es bei der Abfahrt nieselt und die Sicht schlecht ist. Schnell bin ich nassgeschwitzt. Gedanke: Ist das die Magie des Segelns? Wohl eher ein hektischer Aufbruch.

So in etwa ist jedenfalls die Situation, als wir die Gluppö-Bucht nach Norden hin verlassen. Bei einem dünnen Sticken, der einen brechenden Fels markiert und den wir links liegen lassen, gebe ich den verheerenden Kurs und verschwinde unter Deck: aufräumen, Dinge sicher verstauen oder so ähnlich. Nördlich von Fläskön und westlich von Trybergsholmen dann der verwirrende Satz.

Viel an Orientierung ist nicht möglich, es ist diesig und nass. Ein kurzer Disput:

»Komm, lass uns Süd steuern.«

»Nein, erst mal Gas weg.«

»Besser Nord, schau hier auf die Karte.«

Letztendlich nehmen wir den Umweg über das südliche Ende von Dyngön.

Aufatmen. Wie alt muss man werden, um alle Malheurs zu erleben? Ich habe keine Antwort.

Ich will nicht gefallen, deshalb sei die für mich unangenehme Geschichte hier festgehalten. Perfekt sein will ich schon gar nicht. (Ich bin, wenn überhaupt, nur im Verzicht perfekt.) Auch Astrid gegenüber nicht. Segler, die es sind, kommen meist nicht weg vom Steg, und ich mag Segler, die es mit Instinkt packen.

Fehler gehören zum Segeln. Ich würde behaupten, eine Fahrt ohne Fehler ist verdächtig. Gleichwohl: keine »sentimental journey« an diesem Tag. Der Wind hätte es verdient: West 2-4 Beaufort. Halber Wind. Es läuft zum Jubeln. Und nicht zu fassen, er schiebt uns durch den engen Havstenssund, in dem wir bei null Wind mit der motorlosen KATHENA NUI schon mal stecken geblieben sind. Mithilfe eines Paddels und der Strömung ging es damals wenigstens zurück. Ein Motorboot, das sich unserer erbarmte, schleppte uns schließlich die ein bis zwei Kabellängen hindurch. Irgendwie habe ich das Gefühl, der Sund ist verbreitert worden. Egal, wir sind durch und segeln sogar bis zu unserem Ankerplatz Havsten Ost.

Fock fällt, Aufschießer, Großsegel fällt, Segel provisorisch auftuchen, mit der Restfahrt Anker über die Seite und belegen. Ins Segeltagebuch kommt:

Da sind wir. Auf fünf Meter Wassertiefe mit 28 Meter Kette/Tau. Der ruhigste und der schönste Ankerplatz. Doch noch ein schöner Tag. Sprechen darüber, wie es weitergeht: Strömstad, Koster, Norwegen, Skagen, Øresund …

BARA VARA

Einmal der Sehnsucht erliegen und unauffindbar sein. Einmal Sonne pur und sich unfasslich fassbar um den Anker drehen lassen. Einmal eine absolut spiegelglatte Bucht, wo sich kein Wellchen rührt. Das alles zusammen ist Havsten Ost am 9. Juli 2010. Der schönste Ankerplatz bisher. Und es wurde Zeit, dass es passt. Deswegen sind wir auch unterwegs: Szenerie, schwellfrei ankern, allein sein. Eben bara vara. Das ist Schwedisch und heißt: einfach nur sein. Nur sein in einer verwunschenen Welt der vollkommenen Stille. Man muss bara vara auch wollen.

Havsten Ost. Hier herrscht das kahle Paradies. Eine Landschaft karg und gewaltig. »Ein Traum aus Stein.« Im Westteil der Bucht könnte man direkt längsseits an einer steilen, schwindelerregenden Felswand festmachen, die absolut senkrecht in die

Bucht abfällt und ausreichend Tiefe bietet. Tun wir aber nicht – Angst vor herabfallenden Steinen. Büsche und kleine Bäume sprießen dort horizontal aus der Wand. Ein Sandstrand liegt in Nordwest und im Süden zwei kleine, flache Buchten, in denen Schilf, Buschwerk und Bäume gedeihen. Eingeschlossen von riesigen rund geschliffenen Granitfelsen, ankern wir inmitten einer großen, total geschützten Bucht. Uns wichtig, mal ganz allein zu sein. Wo gibt es so was im Juli in Bohuslän? Das bleibt auch für die Nacht so. Seltsamerweise, denn der schwedische Segler legt sich gerne dort hin, wo andere schon sind.

Das klare Wasser verlockt zum Schwimmen. So blau, dass der Ozean dagegen einpacken könnte. Nur (kein Nörgeln, vielmehr Kundtun): »Ein schöner Platz, aber so viele Feuerquallen. Das gibt es doch nicht.« Astrid zählt über 100 Stück. Schwimmen muss notgedrungen ausfallen. Sie brennen zwar nur leicht bis mittel, aber es gibt auch unter den Quallen solche und solche. Fällt Schwimmen aus, machen wir uns nach dem Ankommen von innen nass – mit einem Glas in der Hand. Ein Glas Wasser. (Wer es glaubt.) Das Segelleben ist schön, Schweden ist schöner. Meine Mitseglerin ist die Schönste. Sonnenbeschienen bei knapp 30 Grad. Prost.

Ich denke an gar nichts und sitze in einer Stille, die tief und berauschend ist wie keine andere in diesem Sommer. Die Natur, die Bucht und das Glück, hier zu sein, sind so groß, dass wir nicht zu sprechen wagen.

Einsame schauen gern den Wolken nach. Sie finden Gefallen daran, den Himmel zu beobachten und dabei sich selbst zu erzählen, was man sieht und fühlt. Womöglich ahne ich schon beim Vorbeisegeln der schönen weißen Luftgebilde, dass ich sie auf Papier festhalten möchte. Hier kommt mir die Idee zu diesem Buch, das mein Staunen über die schwebenden Wolken in einsamen Buchten und uns an Bord eines kleinen Bootes zusammen in Wort und Bild bindet. Beides hat auf den ersten Blick nicht unbedingt etwas miteinander zu tun. Die Wolken gehören der physikalischen Welt an, die Menschen dagegen der biologischen, die freilich ohne die erstere nicht entstanden wäre.

Eine Zeit lang, besonders auf hoher See, speziell im Südpolarmeer, fungierten Wolken wie in der Fotografie als Inbegriff der Poesie, Weite und Freiheit. Oder ich sah mich, im Cockpit stehend, die Wolken vergeblich um Regen anflehend. (Auf meinen langen Touren war Regen, den ich mit Segeltüchern auffing, als Trinkwasser unabdingbar.) Man soll träumen und den Verstand ruhen lassen. Alles in diesem außergewöhnlichen weiten Südmeer verführt zum Träumen mit weit aufgerissenen Augen. Man kann sich nicht genug wundern, was Wolken und Wind an

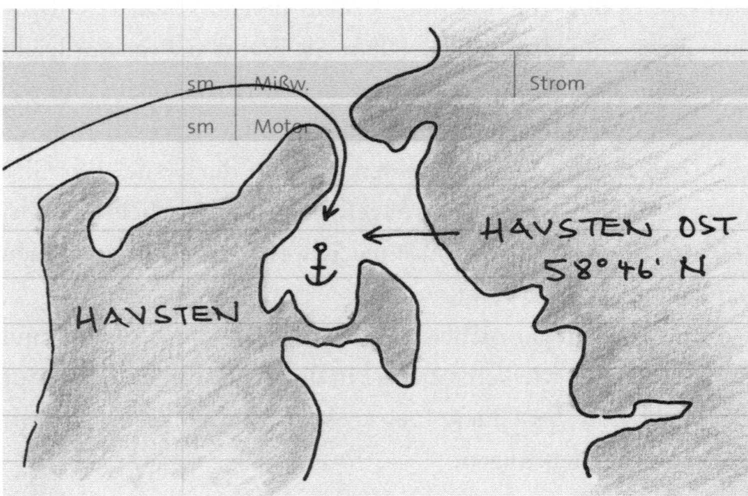

die »größte Leinwand der Welt« malen können. – Einen ganzen Nachmittag lang liegen zwei Körper ausgestreckt mit Blick nach oben, wo die Freiheit wohl grenzenlos ist.

Gegenüber von Havsten Ost gibt es Havsten West. Auch nicht schlecht. Dort haben wir mit Kathena nui vor gut 20 Jahren geankert. Und uns erholt. Die 10,60 Meter lange Kathena nui erforderte Kraft, viel Muskelkraft: keine Rollsegel, keine selbstholenden Winden, keine Maschine, keine Ankerwinde. Alles geschah Hand über Hand. An der Kreuz durch den Havstenssund war so ein Erlebnis. Es blieb uns beiden gut im Gedächtnis, nicht nur weil wir hier im Sund stecken blieben, sondern weil die gesamten Westschären eine Kreuz war. Von Strömstad bis Göteborg Kreuzkurs: Ruder rum, Schoten los, Schoten dichtholen, Backstagen das Gleiche, auf neuen Kurs einpendeln. Kurs in der Seekarte abgleichen, Seezeichen im Auge behalten. Man erinnert sich an jeden Ankerplatz: ausruhen und vergessen, dass der Kurs forderte und mir damals auch manches Mal die Übersicht raubte.

Nun, vorbei.

Wir haben eine Maschine und ein segeltechnisch hochwertiges Boot. Es segelt allein mit dem Großsegel eine Höhe, die Kathena nui nicht packen kann. Niemals? Na, bei Starkwind und Sturm sehe ich große Vorteile. Klar.

Die Bezeichnung Maschine hört sich für einen Vier-PS-Außenborder merkwürdig an, ist aber zutreffend. (Ein Motor ist eine Vorrichtung, die mit elektrischem Strom angetrieben wird, der von einer außerhalb liegenden Kraftquelle geliefert wird. Wie der Motor, der den Haarföhn antreibt. Eine Maschine ist eine Vorrichtung, die von einer Kraft angetrieben wird, die sie selbst erzeugt.)

Noch an Bord: Wir gucken, planen und setzen um. Wo landen wir an mit unserem Beiboot? Eingerahmt von vier Bergketten, haben wir genug Auswahl. Wir entscheiden uns für einen »Schnitt« im Süden mit einer Art Grassaum. Stehen am Ufer im Sand, wo wir seine Riffelung unter Wasser noch viele Meter weit verfolgen können. Von hier aus laden die Rundhöcker rechts und links zum Wandern ein. Wandern ist ein zu großes Wort. Unser Kurs über die Steine ähnelt wieder mal springen, abstemmen, auf allen vieren kriechen. Immer vorher abwägen. Die Augen voraus, um den günstigen machbaren Weg zum Ziel zu finden. Zum Gipfel.

»Ganz normal, meist zieht es einen zum Gipfel.«

»Ist das nicht toll?«

»Ja, weil die Ufer praktisch nicht begehbar sind.«

»Jeden Tag auf einem anderen Berggipfel stehen, rundum reine Landschaft vom Meer umgeben, und wenn ich Glück habe, sehe ich in der Ferne vereinzelt kahle Inseln und Klippen.«

Beim Herumstrolchen heißt es aufpassen, dass du nirgends in eine Spalte rutschst und dir vielleicht den Knöchel brichst. Beispielsweise lassen wir uns verlocken, immer weiter und immer höher zu steigen. »Das Problem ist, irgendwann muss ich wieder runter und zurück an Bord. Kochen.« Ja, liest sich lästig, ist aber in Buchten die Krönung. Unter dem Abendhimmel des Nordens im Cockpit den Tisch aufbauen und aufpacken. Und er ist bei uns (fast) immer appetitlich hergerichtet. Salat, Gemüse, Obst. Und was darf niemals fehlen? Tomaten und Brot. Tomaten mit Fleur de Sel aus der Bretagne. Niemals würde ich beim Einkauf an der Qualität der Tomaten sparen.

Das Wichtigste: Koche nur, was auf einer Flamme möglich ist. Am besten auf zwei Töpfe begrenzt. Schmackhaftes Essen macht die Qualität der schwedischen Lebensmittel möglich. Wir, pardon, Astrid kocht bodenständige Gerichte, wo das Messer zu Beginn meist durch eine Zwiebel fliegt. Echte Bordküche eben: Teigwaren und eine Tomatensoße ist ein Einflammengericht; Reis und Gulasch mit Möhren; Kartoffelpüree mit gehacktem Rind und Erbsen. Aufwändig und zeitraubend sind süße Pfannkuchen und Pizza (der gleiche Teig, nur mit Zwiebelscheiben und Tomate belegt und gewürzt). Suppen gibt es seltener. Die »Küche« in Havsten Ost bietet: Reis und Curry. Die Soße besteht aus Zwiebeln, Rosinen, Apfelscheiben, Curry.

Es gibt sicher keine Menschen, die segeln, Touren segeln, ohne den Wunsch zu haben, sich einmal der totalen, ja langweiligen Einsamkeit auszusetzen. Es ist eine göttliche Situation, in der man allein auf sich gestellt ist und dadurch seine wahre Stärke oder Schwäche kennenlernt. Havsten Ost ist dafür außerordentlich geeignet.

HOFFMANN-WASSERWEG

Eigentlich heißt der Wasserweg Råssösundet. Aber um mit den vielen schwedischen Namen nicht zu kollidieren, nennen wir ihn Hoffmann-Kanal. Außerdem ist er ein Tipp von Jürgen Hoffmann aus Gütersloh. »Ein Muss ist der Trip durch die verschachtelte Schärenlandschaft. Genau, was ihr sucht.« Rund ein Dutzend Mal hat er mit seiner Frau in den Sommerferien Schweden besegelt. Schwedisch ist seine zweite Sprache, schwedisch seine Auffassung von Leben, schwedische Hilfsbereitschaft sein Naturell.

»Apollo sei Dank«, sagt Astrid zu ihrer neuen Brille, als sich die Schären des Kanals nähern. Es gibt Tage, wo Landschaft, Crew und Ankergrund perfekt harmonieren. Dies ist so einer. Schon beim Ansteuern von See aus: Idealwind. Für uns Stärke 3 und nur mit Großsegel. Man kann die jeweiligen Inseln und Felsen in Ruhe betrachten, die Baken ausmachen und abhaken. Unsere tief geschnittene Fock nimmt uns häufig die Sicht. Allemal ist langsamer Reisen nachhaltiger. Es öffnet das Tor zur Wahrnehmung.

Plötzlich müssen wir bei einer grünen Tonne nach steuerbord abbiegen und segeln schlagartig mitten im Wald. Eine Kurve später, vor einer kleinen Ansiedlung mit ein paar schrägen Stegen, haben wir einen wilden skandinavischen Traum vor Augen: Råssöhamn. Das Segel fällt. An einer 3-timer-brygga machen wir fest. Aus diesem 3-Stunden-Steg, drei Hütten am Ufer sowie drei Häusern im Hinterland besteht fast die ganze Ansiedlung.

Weiter: Råssöhamn ist mehr Wald als Fels. Ein bisschen Sand ist auch vorhanden. Ein kleiner Badestrand, an dem einige ins Wasser springen. Ein paar Jollen sind auf die Böschung gezogen, haben die Segel gesetzt – bereit zum Auslaufen. Ein Fiskemuseum – geschlossen. Das Café steht halbwegs auf Pfählen über Wasser. Ist noch geschlossen. So ein Pech. Oder: »Vilken otur« (welch ein Pech), sagt ein Schwede, der ebenfalls gerne Kaffee überm Wasser trinken möchte. Im Lebensmittelladen gegenüber den Stegen versorgen wir uns mit Butter und Nudeln, Käse und Brot. Bunkern an einem Brunnen unseren Wasservorrat, 15 Liter in Kanistern. Trinken noch vom kühlen Brunnenwasser, und schon geht es Segel auf durch teils hundert Meter breite Schärenengen. Langsam. Wald und schroffe Steilufer decken den Wind ab.

Gullnäsholmen ist die Ankerbucht, die uns gefällt. Wenige Meter tief und ruhig, nachdem am Abend die Speedboote ihr Kurven eingestellt haben. Sind hier solo, nicht gleich, aber zur Nacht hin. Der Himmel leicht bewölkt, blau mit weißen Flecken, rund 25 Grad Luft und 17 Grad Wasser. Wir schauen uns an und jumpen hinein – so wie wir sind, in Shorts und Polohemd. Ist ja Süßwasser, annähernd. Puh, verführerisch schön: das weiße Boot, wie es sich spiegelt in diesem Blau, Grün und Grau.

Ein wunderbarer Ort. Platte See, absolut platt, kein Windhauch kräuselt das klare Wasser. Eine große, scheinbar verwilderte Bucht, die sauber und aufgeräumt wirkt. Das Ufer ist nur stellenweise begehbar. Vielleicht zehn Schritt. Noch um 21 Uhr volle Sonne, als wir in die Koje einparken. Astrid meint: »Wir liegen und schlafen uns zu Tode.«

»Erst in den letzten Tagen«, antworte ich, »außerdem wägen wir zu viel ab und zaudern.«

»Hm, heute nicht.«

»Und wir lesen zu wenig.«

»Ja, stimmt, herumgucken ist leichter.«

»Warum habe ich all unsere Favoriten eingepackt? Frisch – Murakami – Handke.«

»Zafón bitte nicht vergessen.«

Praktisch Kopf gegen Kopf liegend, geht das so zwischen Vorschiffkoje und Salonkoje hin und her. Nur zum Teil verstehe ich das Wetter vom Deutschlandfunk: »Starkwind/Sturmwarnung im Skagerrak.« »Gut«, denke ich, »das hindert uns nicht auf unserem inneren Wasserweg.« Unser Ziel, Strömstad, liegt geschützt im Schärengürtel.

Dennoch: Anderntags wird es kompliziert, aus diesem sogenannten Naturwasserarm nach Norden hin herauszukommen. Es fehlt uns das Wasser. Zeitweise haben wir nördlich von Daftön eine Handbreit Kiel im Grund (das ist kein Schreibfehler), doch es geht trotzdem weiter. Wir ziehen unseren Kiel praktisch durch den schlammigen Boden. Ganz langsam. Klar, der Außenborder dreht volle Pulle. »Ein Glück, dass wir bei Windstille in diesem Schlamassel stecken.« Die Tiefe beträgt strichweise einige Zentimeter weniger als unser 1,35-Meter-Kiel (laut Handlot, das ich auf dem Vorschiff schwinge). Es geht wirklich um Zentimeter durch eine markante Felsenschlucht (kriegt von uns kein bewunderndes Wort). Um das Knirschen nicht zu hören, unterhalte ich uns: »Kommen wir ernsthaft fest und brauchen Hilfe, schicke ich die Rechnung nach Gütersloh.«

Nein, wir brauchen nichts zu schicken. Wir schaffen es – ohne festzukommen.

Strömstad. War mal Norwegen. Wurde 1905 schwedisch und ist, mit ein wenig Fantasie, heute wieder norwegisch. Buchten, Häfen, die Stadt und die Wochenendhütten sind mehrheitlich in norwegischer Hand. Die Flaggen mit dem blauweißen Wikingerkreuz auf rotem Grund sind nicht zu übersehen. Norweger sind auch auf dem Wasser unterwegs, und nicht zu knapp. Sie sind flotte Bootsfahrer, hauptsächlich in Motorbooten. Und, klar doch: mit luxuriösen Motoryachten.

Norweger sind auch flotte Trinker. Am Wochenende, im Urlaub. Unter der Woche trinken Norweger selten Alkohol. Da aber Alkohol im Vergleich zum Nachbarland Schweden teuer ist, zieht es viele Norweger über die Grenze – ins Städtchen Strömstad. »Wir verkaufen hier mehr Alkohol als in ganz Stockholm«, erzählt uns der Mann von der Marina Kebal.

Ein zweites deutsches Boot, fast doppelt so lang wie KATHENA, ist SOMMERWIND. Peter, der flotte Segler aus Thüringen, ist mit Familie und dieser herrlichen Segelyacht unterwegs. SOMMERWIND – ein schöner Name. Ein sehr schöner Name.

»Warum Sommerwind?«, frage ich.

»Sommer geht immer«, ist Peters Antwort bei der Schiffsbesichtigung.

»Erst wenn es an Bord technische Reparaturen gibt, gefällt Peter sein Schiff«, sagt seine Frau später.

Sie sagt tatsächlich Schiff. Das macht sie mir sehr sympathisch. Schiff sagen Frauen meist nur, wenn sie ihr Schiff auch lieben.

Ich begrüße sie mit dem schwedischen »Hej«, frage nach dem Wohin und vor allem Woher. Wie man das so macht, wenn man etwas haben möchte oder wenigstens Neugierde befriedigen will. Ich lechze nämlich nach Informationen von der norwegischen Küste. »Wo noch mehr Steine liegen als in Schweden«, sagt meine Frau beim Blick auf die norwegischen Seekarten. Auch ich bekam einen Schrecken, als ich sie das erste Mal in die Hand nahm. Ein Wirrwarr an Zeichen und Kreuzen (Untiefen). Angesichts der SOMMERWIND denke ich: »Wer mit einer schicken, großen Elan segelt, hat sicher nautische Unterlagen en masse.« In Norwegen war die Sommercrew Tage zuvor. Mir fehlt sehr das norwegische Hafenhandbuch. Ging beim Räumen über Bord. Es rutschte unbemerkt über die Kante und war hin.

Wir werden an Bord zu einem Wasser eingeladen. »Oder möchten Sie ein Bier?«

»Vielleicht später.«

Skipper Peter repariert im Ankerkasten die Ankerwinde und sortiert unüberhörbar die Kette. Sein Sohn sorgt von Deck aus dafür, dass die Kette ein- und ausgefahren wird, die Tochter geht spazieren. Die Frau kocht – zwischendurch. Sie ist blond, schlank, spricht in kurzen Sätzen. Ich sage:

»Sie hören sich nach Mecklenburg an?«

»Da komme ich auch her. Aber jetzt wohne ich in Thüringen.« Und hängt noch ein »gerne« dran. Eine Familie auf langer Reise. Langer Sommerreise. Peters Selbstständigkeit macht es möglich. Wie schön für die Kinder. Sie wachsen nämlich im Bundesland mit dem wenigsten Wasser auf.

Bei einer Flasche Bier hocken wir im zarten Abendlicht um den Cockpittisch bei Standardthemen reisender Yachtcrews:

- Bootstypen
- wie man an sein Boot gekommen ist
- Ankerdesaster
- Qualität der Wetterberichte
- Schweden
- Norweger

- wo man schon war
- wohin es noch geht
- Umwelt (wie sorglos norwegische Bootsfahrer mit Frischwasser umgehen)
- Seekarten
- die Hilfsbereitschaft der Schweden (sie holen SOMMERWIND ohne Verzögerung aus dem Wasser, damit Peter seine Welle reparieren kann.)

Die ganze Bootslitanei wird in dieser Sommernacht durchgespielt und repetiert. Im Cockpit mit einer Familie, die sich augenscheinlich mag und mit viel Enthusiasmus große Segelstrecken bewältigt.

SOMMERWIND liegt mit uns in der Marina Kebal Bukten. Ideal für Crews, die nicht dauernd »shoppen« gehen müssen. Hochinteressant auch für Technikfreaks: Mit einer Selbstbedienungsfähre kann man in die Stadt fahren. Nicht ganz, aber doch ein kleines Stück über einen Flussarm, um in die City zu kommen. Das macht Spaß. Karte reinstecken, schon schließen sich die Tore und langsam zieht uns die Seilfähre ans andere Ufer. Das ist supermodern. Die Karte gibt es kostenfrei in der Marina. Übrigens: Ohne Karte bist du in Schweden nicht viel. Eine Kreditkarte ist ein absolutes Muss. Bargeld eintauschen? Dafür gibt es eher selten eine Möglichkeit: Banken geschlossen oder Umtauschkurs inakzeptabel. Tanken? Bus fahren? Nur mit Karte.

In Strömstad hatten wir vor über 20 Jahren hinreißende Erlebnisse. Jetzt jedoch sind sie eher banal. Einen Internettext in der überfüllten Touristinformation schreiben; fünf Liter Benzin »tanken«; im gut sortierten Buchshop stöbern (finden nur einen Segeltitel). Einzig der Laden für Bootszubehör am Hafen ist abenteuerlich. Das ist schon alles. Der Stadthafen, in den wir 1986 noch mit KATHENA NUI hineingesegelt sind, ist proppenvoll. Das ginge heute gar nicht. Wir trinken einen Kaffee am Markt. Kaufen eine Sonntagszeitung und setzen uns damit auf eine Mauer zur Bucht hin. Wasser und Schäreninseln im Auge. Fähren und Speedboote. Doch irgendwie schön.

Das war's, liebe Strömstad-Liebhaber. Zurück bleibt das sommerfrische Flair der letzten Stadt nach Norden hin an der schwedischen Riviera. Diese nordische Mischung aus Himmelblau und Sonnengelb, Fisch und Fähren, Geschäftigkeit und Muße und 1000 Yachten. Strömstad scheint eine königstreue Stadt zu sein. Es gibt keinen Postkartenstand, der nicht mehrere Fotokarten der lächelnden Königsfamilie im Sortiment hat.

KOSTER-INSELN

»Schreiben Sie darüber ein Buch?«, fragt unser Bootsnachbar spontan, als wir in Ekenäs/Koster beim Festmachen sind. Die Frage ist mir nicht neu in diesem Sommer. Wer so fragt, hat mich vermutlich gelesen. Das klingt pathetisch, ist mir aber nicht unangenehm – schließlich leben wir vom Gelesenwerden.

Unser Nachbar von ALDEBARAN aus Hamburg segelt seit über 60 Jahren. Kaum zu glauben. So alt sieht er gar nicht aus, noch wirkt er dementsprechend.

»Gleich nach dem Krieg?«, hake ich nach. Ich dachte, Hamburger hatten damals eigentlich anderes zu tun. Ihre Stadt lag in Schutt und Asche. Sie war durch den Krieg übel zerstört.

»Ja, zuerst auf meines Vaters Boot. Später mit Vereinsjollen.« Schon in den 1950er-Jahren segelte er nach Norwegen. »Als dort Kartoffeln noch Südfrüchte waren«, erinnert er sich schmunzelnd. Das meint Ralph von ALDEBARAN nicht ganz ernst. Ergänzt aber: »Und die Häfen noch keine Marinas hatten.«

»Und es das denkbar Unnorwegischste noch nicht gab – Knoblauch.« Das bin ich, der das sagt. Und denke: »Als Weißkohl und Möhren das gängige Gemüse war. Und es kein Verlangen auf unnorwegisches Essen gab, zum Beispiel Pizza mit Oliven und Mozzarella.«

Das Revier hat sich gewaltig verändert. Gerade die Norweger haben aufgerüstet. Nichts kann groß genug sein. Keine Motoryacht. Keine Segelyacht. Keine Hütte nah genug am Ufer stehen. Neun von zehn Gästeflaggen sind im Norden Schwedens norwegisch. Man hört die leise Kritik der Schweden. Dabei sind sie vom gleichen Stamm. Vor gut 100 Jahren waren sie noch ein Volk. 1905 haben sie sich getrennt. »Ohne einen Schuss.« Stolz wird einem das mitgeteilt.

Solche Segler wie an Bord von ALDEBARAN trifft man nördlich von Anholt eher selten. Das heißt ältere Jahrgänge und zugleich seglerisch befahren. Trotz seiner 71 Jahre kann ich mir nicht vorstellen, dass Ralph nach elektrischen Winden, Bugstrahlruder und anderen technischen Hilfsmitteln lechzt. Mit aller Übersicht und Ruhe bindet er im Hafen Reffs ein, schlägt eine kleinere Fock an und legt Karte und Fernglas bereit. Seine Frau löst die Vorleinen. Er legt kurz den Rückwärtsgang ein. Sie achtet an Steuerbord auf Hindernisse, er an Backbord. Los geht's. Draußen weht es ganz ordentlich. Sehnsüchtig schauen wir hinterher, wie sie gen Süden verschwinden.

Am Abend zuvor gab es noch einen kurzen Schnack mit dem Hamburger. Er leiht uns sein Handbuch mit allen norwegischen Häfen. Großartig. Ralph schildert, dass er im Alter zögerlicher geworden ist. Auch langsamer. Zugegeben: Auch Astrid erzählt ihm von unseren welken Situationen und resümiert: »Von Joachim Fuchsberger gibt es ein neues Buch mit dem Titel ›Altwerden ist nichts für Feiglinge‹. Dem kann ich nur zustimmen.«

Das Beiboot ist das liebste Spielzeug der Kinder

Meint sie mich? Beäugt man sich im Alter mehr? Dann möchte ich nicht gerne richtig alt werden.

Das Naturreservat Koster-Inseln schauen wir uns per Fahrrad an: Kyrkosund, Brevik, Bopallen, Vettnet. So viel Küste und so viele Häfen kannst du an einem Tag nicht absegeln. Resümee: Glücklicherweise haben wir es mit dem Rad gemacht. Küsten und Häfen auf den beiden Hauptinseln sind nicht so our Cup of Tea. Die Schärenwelt zwischen Smögen, Hamburgsund und Havstenssund ist da schon von anderem Kaliber. Schlichtweg inselhafter. Vielleicht ist auch ein Zuviel an Tourismus auf der Insel. Wo immer du dein Rad abstellst, 100 andere sind schon da. Beim Kaufmann, bei der Kirche, auf dem höchsten Berg, in Lokalen und Kaffeestuben. Kyrkosund wäre, wenn überhaupt, die einzige Alternative. Als Hafen. Als Landschaft. Eine Ankerbucht? Da käme nur der Südwesten infrage. Der ist voll von Inselchen und Klippen und unmarkierten Steinen. Rar an sicheren Buchten. Für unsichere Ankergründe haben wir nicht das Schiff. Und nicht den Mut. Egal, wie oft wir die Karte in die Hand nehmen, es wird nicht besser.

Häfen per Rad anschauen ist, wie die Engländer sagen, »the wrong side of the blanket.« Kurz übersetzt: Käse. Also nehmen wir wieder die Karte in die Hand. Geht es mit KATHENA X, oder geht es nicht? Am Ende lassen wir es. Das Wetter eignet sich nicht für Experimente.

SIEHT NACH MEER AUS

Endlich mal ein nasses Kapitel. Endlich findet Unruhe statt. Es kracht und fließt an Bord wie in einem mittelschweren Sturm auf dem Meer. KATHENA X nimmt Anlauf, sticht in eine Welle und schüttelt sich. Nach jeder Wende stellen sich uns neue brechende Seen über Felsen und Riffen in den Weg. Nach jedem Kreuzschlag stellen sich härtere Seen entgegen, die erst mal noch in der Luft zerplatzen. Sie geben uns zu verstehen: Gebt auf. Es gibt keinen Grund, auf einem schrägen Boot, nass und festgeklammert, gegen uns anzusegeln.

Aber wir müssen hier aus dem Schutz der Inseln und Schären gen Westen hinaus auf die offene See. Es gibt nur diese eine Möglichkeit.

Die Abfolge: Es wird am Steg in Ekenäs/Koster gefeiert bis zum Morgengrauen. Ohne uns. Genau in der Nacht, nach der wir mit Kurs Norwegen früh aufbrechen wollen. Und wir brechen auf. Mit müden Augen und Chuck Berry im Ohr. Und wir brechen ab. Mit Gischt im Gesicht und Resignation im Kopf. Man macht das ja nicht zum Spaß, das Umkehren, sondern um sich und das Boot zu schützen.

Nach einer Stunde Unterwegssein naht das Übel: kurze, steile Wellen, eine richtige Hacksee von vorn. Drei Meter, vereinzelt dreieinhalb an Höhe. Dazu der passende Wind – 5 bis 6 Beaufort. In Böen 7. Geschätzt. Alles aus der Richtung, wo wir hinwollen: West. Obendrein eine Gegenströmung, die die Wellen kurz und tief macht. Es klatscht und knallt, dass uns die Lust am Segeln vergeht.

Sich dazu äußern, das tut keiner von uns beiden. Maßlose Enttäuschung, denn der Wetterbericht hat anderes angekündigt. Mal wieder.

Das Meer rauscht ohrenbetäubend um uns herum. »Mir reicht es«, tue ich leise kund. Endgültige Schieflage bekommt meine Stimmung, als bei erheblicher Schräglage Wasser ins Cockpit fließt und grünes Wasser aufs Vordeck schlägt. KATHENA X legt sich auf die Seite. Weiter, immer weiter. Um nicht die Balance zu verlieren, verkrieche ich mich auf den Boden im Cockpit. Sehe dann nur schäumendes Wasser.

Herrje, das alles bei durchgerefften Segelflächen und nur um die 3 Knoten Fahrt. »Man glaubt es nicht.« Der Standardsatz meiner Frau.

Umzingelt von brechenden Seen an Felseninseln (Drammen, Drammarna, Kornskär, Klövningama) und Untiefen an der Küste und in der Ferne, ziehen wir den Schwanz ein. Zuvor noch ein sicherer Blick durchs Glas: Überall türmen sich Wellen mit langen Schaumstreifen. Anschließend geht es schnell, verdammt schnell. Kein langes gegenseitiges Fragen und Zaudern. Ich löse das Backstag, und es kommt mein »Klar zur Wende« und »Ree«. Die Fock schlägt nur leicht. Schon segeln wir mit aufgefierten Schoten zurück, nicht nach Koster, sondern zu einer stillen Schärenbucht südlich von Strömstad. Wenigstens ankern. Laut Seekarte sicher. Auf Koster sieht es diesbezüglich schlecht aus.

»Zurück ist der falsche Kurs.« Astrid ist nicht begeistert von meiner Entscheidung. Sie spricht vom Scheitern. Ein Gedankenaustausch ist nicht mehr möglich. Für mich gehört Umkehren zum Geist eines Törns. Aber meine Anmerkung: »30 Meilen bis Norwegen gegen Wind und See, das wolltest du wohl auch nicht«, lässt sie ohne Antwort. Aufmerksames Steuern scheint ihr nun wichtiger. (Mir auch.) Bei raumem Wind, erheblichem Seegang und der Segelstellung kein Zuckerschlecken. Doch ich bin erstaunt, wie sich der Bug auf der Welle hebt. Und wenn die Fahrt langsamer wird und die Brecher uns überholen, wie sich das Heck elegant in die Höhe schwingt, um die Wassermassen unter uns hindurchgleiten zu lassen. Oder KATHENA angehoben wird und ein paar Sekunden lang auf dem Wellenrücken surft, als wolle sie ihre ganze Kunst zeigen. Astrid winkt mir zu und ruft: »Hol die Großschot dichter.« Ich sehe, wie sie sich konzentriert, das Segel im Auge hat, die Ruderpinne in der Hand hält und zugleich leicht hin und her bewegt. Sie steuert nach Sicht.

Eine Seltenheit: Ich darf mal an die Ruderpinne

Eine Schäre, die bewaldet ist, hat es mir angetan. Ich kündige es Astrid an.

Sie kontert: »Ich will keine Bäume sehen, ich will endlich nach Norwegen.«

»Entspann dich.«

Ich mag Situationen des Scheiterns überhaupt nicht. Auch nicht im Kleinen wie heute mit der X. Doch für mich gehört primär zum Geist eines jeden Törns mehr als Meilen machen, unbedingt Defekte zu vermeiden. Grundsätzliches Vertrauen ist immer gefährlich. Ich war derjenige, der uns zur Umkehr verleitete. Gut. Nicht wegen der nassen Aussichten, dafür haben wir die richtige Kleidung getragen, nein, dem Schiff zuliebe. Und uns. Auf halber Strecke umdrehen, dabei fortwährend dieses Zaudern – wollen wir weiter oder wollen wir nicht –, das wäre wie die Krätze kriegen. Meinen Bedarf an Kreuzkursen habe ich in meinem Leben gedeckt. (Über 120 Tage am Stück im Südmeer vom Kap Hoorn südlich an Neuseeland vorbei bis Kap Leeuwin.) Vielleicht liegt es daran, dass ich in der aktuellen Situation zügig resignierte. Dagegen: Wir segeln mit der X ein Schiff, das an der Kreuz unschlagbar scheint. Ihre Zielgeschwindigkeit nach Luv ist sagenhaft.

»Wenn es nicht mehr geht, dann geht es eben nicht, und man segelt zurück. Pech gehabt. Morgen ist wettermäßig alles anders.« Damit beenden ich & wir das Thema Umkehr.

Ich stürze an den Kocher. Setze Milch und Wasser auf für Porridge und Kaffee. Dazu gibt es in der Pfanne getoastetes Brot. »Oberherrlich«, sagt Astrid mit Blick auf mächtige Kiefern, die bis ans Ufer wachsen. Im Hintergrund surrt ab und an ein Außenborder. Schweden auf Fischfang. Ein Tag, an dem sie nicht mit der Angel im Boot sitzen, scheint für sie ein verlorener Tag zu sein. Ich beobachte, mit welcher Geduld und Lässigkeit sie die Angel im Auge behalten und dass immer ein Fisch am Haken zappelt, bevor der Platz gewechselt wird. Dorsch, Makrelen und andere Fünfpfünder für den Grill. Am Ufer der Bucht stehen einige Hütten.

Es wurde noch ein traumhafter Nachmittag und eine stille traumlose Nacht. In Schweden. Ohne Fisch.

Postskriptum: Selten haben wir die Kurve nicht gekriegt. Viel zu selten. Passierte es doch, dann folgte immer ein Supertag. Speziell in einer Bucht. In tiefer Sympathie zur Natur und zu uns selbst. Momente, in denen ich spüre, dass es neben der Freiheit noch andere Freiheiten gibt. Die Freiheit, für sich selbst zu sorgen, beispielsweise.

WILLKOMMEN IM HOTEL NORGE

Tack, gamla Sverige. Danke Schweden. Landschaft, Menschen, Essen, alles bestens. Hilfsbereitschaft ohne Beispiel. Das sage und denke ich morgens um fünf Uhr – solo auf weiter See – als wir das Land endgültig verlassen. Nicht misszuverstehen: Solo auf weiter See ist Kathena X, eine vom Morgendunst verwischte Segel-Silhouette. So früh ist kein Skandinavier »en route«, nicht in den Sommerferien, die hier eine viel größere Bedeutung haben als in Deutschland.

Wir kommen dann doch wohlbehalten in Norwegen an. Anderntags. Bei leichtem und launigem Wind geht es langsam voran und ist segeltechnisch wenig anspruchsvoll.

»Der Wind ist immer da«, erkläre ich meiner Weltumseglerin, als sie die Segel streichen will, »aber erst, wenn du anfängst zu segeln, bemerkst du ihn tatsächlich.«

Astrid trocken: »Also haben wir ein Hand-ins-Wasser-halten-Segelstück.«

»Ja. Nur die Dünung war Zeuge.« So auf See, in einer leichten Brise redet man schon einen wirren Blödsinn zusammen.

Am Steg, an dem wir festmachen, werden wir gleich von einer Seglerin mit »Hallo, willkommen in Stavern«, begrüßt. Das ist das Einzige, was sie einigermaßen auf Deutsch hinbekommt. Der nächste Satz schon komplett auf Norwegisch: »Du har en jævla liten båt.« Aber wie alle Schweden und Norweger spricht sie auch fließend Englisch.

»I am Karen, come on, have a coffee on our boat.« Vorbei an einem Dutzend Motoryachten schlendern wir über den Steg zu Karen auf ihren Motorsegler. Überall Frauen und Männer, die sich in der Sonne an Deck oder hinter Scheiben rekeln.

»Sieht ziemlich entspannt aus, als kämen sie gerade aus der Dunkelheit des nordischen Winters«, sage ich mit einer Spur Ironie.

»Den Sommer«, so erzählt Karen gleich einen Witz, »hat einer letztes Jahr verpasst. Er war gerade auf der Toilette.«

Wie ich tags darauf erfahre, gibt's den norwegischen Sommer noch in anderer Version: »Im letzten Jahr war unser Sommer an einem Mittwoch.«

Kaffee ist uns nicht genug. In einer Bäckerei kaufen wir zwei Liter Milch und zwei Muffins: 110 Kronen. Das ist teuer und bekümmert uns zunächst nicht, aber an Bord rechne ich nach und komme auf 15 Euro.

»Bisschen happig«, meint Astrid, »haben die uns etwa übervorteilt?«

»An Beschummeln glaube ich nicht. Norweger machen so was nicht.« Punkt. »Dafür schmecken die Muffins klasse.«

Yachthafen von Stavern: Tausend andere sind schon da. Segelyachten, Motoryachten, offene Motorboote. Ziemlich viele Boote für die kleinste Stadt Norwegens. Und im Scheitel liegen noch etliche aufgebockt an Land. »An Norwegens Küste hat man ein Boot, auch wenn man es gar nicht mehr braucht«, sagt uns eine Norwegerin.

Später treffen wir Norweger, die eine Jolle oder einen Angelkahn hinterm Haus liegen haben, gleichwohl sie zu alt dafür sind, das Boot zu benutzen. Sie behalten es bis in den Tod, wie bei uns mancher Bauer seinen Trecker. Boote sind überhaupt an der norwegisch-schwedischen Küste so selbstverständlich wie Fahrräder in Holland. Bei solchen Gesprächen fühle ich mich gut aufgehoben, habe ich doch zu Hause auch ein Boot neben dem Haus liegen.

Norwegen hat wirtschaftlich unglaubliches Glück. Was die Norweger anfassen, wird zu Gold: Schifffahrt, Fisch, Wasser, Öl, Gas. Und sie dürfen in einer der privilegiertesten und schönsten Ecken der Welt leben. Die Küstenlinie des Landes ist länger als der Äquator. Stavern ist so eine schöne Ecke. Granitfelsen, Lokale, Geschäfte, supermoderne Müllschlucker im Hafen (geruchfrei unter der Erde) und Ferienhäuser an den schönsten Felsbrüchen. Liegegebühren werden nicht plakatiert, als schäme man sich zu kassieren. Sieht man die großen Yachten im Hafen manövrieren, spürt man, dass einige Norweger mit dem Reichtum nicht klarkommen. Sie sind eine Nation von Millionären. Ohne Übertreibung. Hier scheint es wirklich einer ganzen Nation passiert zu sein.

Ich liebe Norwegen. Habe ich doch dort den Großteil der Mittel für mein erstes Segelboot verdient. »Jeg har seilt på handelsflottan«, wie das auf Norwegisch heißt. Ich war Seemann auf Frachtern und Tankern zu einer Zeit, als Norwegen arm war – Anfang 1960, als die Schiffe noch nicht ausgeflaggt waren. Ans Essen erinnere ich mich nachhaltig. Fisch, Kartoffeln, Porridge, süßes Brot waren Hauptnahrung an Bord. Dreimal am Tag gab es Fisch. Nicht immer als Hauptgericht, aber es gab ihn: gekocht, gebraten, als Sild, als Pudding, als Bälle und gehackt als Frikadelle mit weißen Soßen. Und aus Tuben, um sich Reker (Garnelen) oder Dorsch und andere Fische cremig aufs Brot zu schmieren. Nicht zu fassen, wie ich das als Fischallergiker kräftemäßig überstanden habe. Aber ich habe. Und das Paradoxe: Die Seemannszeit hat mir gefallen. Die Stunden wurden großzügig notiert, sodass ich am Ende 21 000 Mark gespart hatte – ohne geizig gegenüber der Crew und mir selbst zu sein.

Ja, die Norweger haben mir sehr geholfen, mein Ziel Segeln umzusetzen. »Ha det bra – macht es gut.« Diesen Allerweltsgruß möchte ich hier noch loswerden.

Kleine Länder lieben ihre Sprache. Das hatte ich damals während der Seefahrt sehr schnell begriffen und übte erfolgreich Vokabeln. Zeit und Gelegenheit hatte ich genug. Zudem: Die Crew nahm mich mit offenen Armen auf, was in mir den Wunsch nach Sprache stark beflügelte. Es war noch die Zeit, als Norweger auf ihren Schiffen die Mehrzahl der Crew bildeten. Rasch lernte ich die Zahlen, um Kurse und Zeiten zu verstehen. Startete aber mit seemännischen Bezeichnungen, um an Deck »meinen Mann zu stehen«. Es fiel mir leicht – Sprache, Umgang, Arbeit –, was wohl daran lag, dass ich jung und gewillt war. Ich wurde Seemann mit Leib und Seele. Hin und wieder hätte ich aufschreien können, so gut hat mir die Arbeit an Bord gefallen. Fast hätte ich den Aufbruch in die Seesegelei versäumt.

In meinem Fall reichten gut drei Jahre, um meine Weltumseglung samt Boot zu finanzieren. Wenn ich das in Stavern erzähle, kommt gleich die Frage, ob ich als Deutscher auf norwegischen Schiffen Anfang der 1960er-Jahre nicht Probleme hatte? »Nein«, antworte ich, »überhaupt nicht.« Ich habe schnell gelernt: Aufgeschlossener Umgang miteinander und – nochmals – die Sprache haben mir geholfen. Dazu gehörte auch, manchmal mehr Wache zu schieben als nötig oder an Deck einzuspringen, wenn jemand krank war, und – ausgiebig feiern.

(Auch wenn man keine Lust hatte.) Ja, unter anderem mit Selbstgebrautem, angesetzt in Kanistern mit Zucker, Hefe, Rosinen, Rasierwasser (unparfümiert) etc. Zwei Wochen gären lassen und pur trinken. Das war nicht leicht für mich. Kopf hoch und weg – wiederholt direkt aus dem Kanister. Möglichst krass das Gesicht zu verziehen, trug enorm zur Stimmung bei. Das Selbstgebraute war ein Getränk nur für die Samstagnacht. Ohne helgefyll (Wochenendbesäufnis) war das Wochenende eine Enttäuschung. Mancher hat es so genau genommen, dass er über der Kloschüssel »den Elch rufen musste«. Ich sollte erwähnen: An Alkohol gab's an Bord offiziell nur eine Flasche Bier pro Tag. Zu kaufen am Samstag, also insgesamt sieben Flaschen pro Woche.

Die Norweger sind zugänglicher als die Schweden. Damals wie heute. Kommen schon mal an den Steg und bewundern uns: »No rail, no engine, no sprayhood, no furling system – good job. – Can I offer you a drink?« Sie dürfen.

»Norwegen war einst eine große Seefahrernation«, sagt ein Segler ein wenig wehmütig. »Unsere Handelsschiffe laufen heute meist unter Billigflagge. Und weil nun die Schiffe mit Filipinos bemannt sind, sind die norwegischen Seeleute arbeitslos.« Arbeitslose in Norwegen? Ist mir neu. Milch ist teuer, Bier schier unbezahlbar, aber Arbeitslose? Nein.

Regattazeit. Und damit es in Stavern nicht langweilig wird, sind wir Zeuge einer Regatta. Die Seeregatta Colin Archer Memorial Race (CAMR) von Lauwersoog in Holland nach Stavern endet am Tag nach unserer Ankunft. Es bringt Leben, Fülle, Überfülle. Kleines Beispiel: 700 Regattateilnehmern stehen nur vier Toiletten zur Verfügung. 110 Segelyachten bringen Stavern wahrhaftig in die Bredouille. Schlange stehen ist Standard. Zum anderen bringen sie Leben – am Tag und die Nacht hindurch. Die meisten Segler sind Holländer. Zwei, drei deutsche Boote sind dabei und ein norwegisches. Es gibt in der Tat nach dem

Zieldurchlauf im Hafen keine leise Minute mehr, denn die Yachten werden Tag und Nacht im Ziel abgeschossen. Sieger ist eine Class 40. Also ein echter Racer – mit einer Zeit von zirka 29 Stunden für 365 Seemeilen durch Nordsee und Skagerrak.

LARVIK

Larvik? Larvik! Die Stadt, aus der Norwegens größte maritime Helden stammen. Deren Leistungen wollen Astrid und ich uns im Museum vergewissern. Im Seefahrtsmuseum. Es ist bedeckt und sieht nach Regen aus. Der richtige Tag für einen Stadtbesuch. Wir gehen also vom Steg den Hang hinauf, dann ein Stück links und stehen mitten in Stavern vor der Bushaltestelle nach Larvik.

Die Kleinstadt Larvik liegt an einem, von Stavern aus gesehen, nach Norden reichenden Fjord. An seinem flachen Scheitel stehen zahlreiche Industrieanlagen. Wenn man mit dem Bus kommt, hat man vor sich am Hang das Stadtbild, darunter Hafen, Fährterminal, Bahnhof und die Halbinsel Tolderodden mit dem alten Larvik. Tolderodden ist der Ort, von dem aus die Helden die Welt eroberten.

Zwei Dinge fallen am Ufer von Tolderodden auf: erstens die Statue aus Granit von Oscar Wisting, einem Larviker, der als Teilnehmer von Roald Amundsens Südpolarexpedition mit der FRAM aufbrach und anschließend mit ihm 1912 auf Skiern den Südpol erreichte. Zweitens das zweistöckige Gebäude dahinter, das Schifffahrtsmuseum – für segelnde Larvikbesucher Pflicht. Zurzeit leider geschlossen. Es wird renoviert. So ein Pech. Wir streichen im Regen um das älteste Steinhaus Larviks, doch nirgends findet sich eine Tür, die sich öffnen lässt.

Es bleibt uns ein Floß, das vor dem Haupteingang ausgestellt ist, zu bewundern. Ich knipse es ab und erzähle Astrid, was vermutlich im Museum ausgestellt ist. War ich doch schon zwei Mal interessierter Besucher. Zwar länger her, aber was soll viel dazugekommen sein? Ich beginne mit Colin Archer, der auf diesem Gelände von 1832 bis 1921 lebte und wirkte.

Die am besten dokumentierte Abteilung widmet sich diesem genialen Bootskonstrukteur. Er wohnte unweit des Museums und hatte am Ufer seine Werft – auf der auch die berühmte FRAM gebaut wurde. Arbeitsgeräte, Bücher, Skizzen, eine Unmenge schöner Modelle seiner berühmten Segelkutter und wertvolle Zeichnungen erinnern an den außergewöhnlichen Mann. Colin Archer fing an, Boote mit technisch-wissenschaftlichem Anspruch zu konstruieren und nicht mehr aufgrund von Überlieferungen der Wikinger zu arbeiten. So schuf er 1893 das besonders seetüchtige norwegische Lotsenboot, die RS1 (Redningsskyote – Rettungsboot) mit Deck, Eisenkiel und als Ketsch getakelt. Typisches Merkmal der Colin-Archer-Konstruktionen – darunter etwa 60 Yachten – ist das Spitzgatt, das heißt, das Heck läuft ähnlich spitz zu wie der Bug. Das macht die Boote seetüchtig, vor allem bei sehr schwerem Wetter, aber nicht schnell. Dafür erfüllten sie eine Grundforderung: Sie machten unter allen Umständen Fahrt in jede gewünschte Richtung und waren fähig, sich im Sturm von Leeküsten freizusegeln, sogar mit in Not geratenen Fischerbooten im Schlepp. Colin Archer baute seine Rettungsfahrzeuge mit doppelter Außenhaut, damit sie bei Beschädigungen schwimmfähig blieben. Das löst bis in die heutige Zeit Expertenstreits aus: Sind leichte, modern gebaute Boote hochseetüchtiger als die schweren Colin-Archer-Kutter? Wie auch immer die Standpunkte sind: Als Seenotretter haben sie an der rauen Norwegenküste viele, viele Einsätze gefahren und Leben gerettet.

Jevndøgn – Tagundnachtgleiche. In Stavern in Granit gemeißelt

Vom Tisch mit Reißbrett des legendären Mannes machte ich damals meine Runde durchs Museum. Im Erdgeschoss des 1714 erstellten Gebäudes befindet sich eine unübersichtliche Wuhling an zusammengetragenen maritimen Exponaten: Tauwerk, Blöcke, Taljen von Windjammern, Positionslampen, Geräte für den Walfang, Ausrüstungsteile von Fischfang-Fabrikschiffen. Ebenfalls Fotografien und Skizzen aus der großen Walfangzeit, eine Tranlampe, die als Leuchtfeuer diente, selbstverständlich alte Navigationsinstrumente, Werkzeug, Schiffsmodelle. Mittendrin sogar eine alte Dampfmaschine aus dem letzten Jahrhundert. Das Museum beeindruckte mich durch seine Übersicht. Es ist ein Museum nach meinem Geschmack.

Man hat beispielsweise dem Larviker Magnus Andersen eine Ecke eingerichtet, von der ich mich schwer lösen konnte. Andersen segelte 1886 mit einem sechs Meter langen offenen Kutter über den Nordatlantik. Überraschender noch ist seine Fahrt mit Crew mit dem originalgetreuen Nachbau eines Wikingerschiffes über den Sankt-Lorenz-Strom, die Kanäle und die Großen Seen zur Weltausstellung nach Chicago 1893. Seine Kurse sind auf vergilbten Seekarten mit den Positionen sehr plastisch dargestellt. Fotos, Logbuch und Zeitungsberichte ergänzen die nasse Geschichte. Klasse Leistung. Man denkt, mit Blackburn und Slocum begann die Ozeansegelei, aber die Norweger waren, wie dieses Beispiel zeigt, ebenfalls verdammt früh dabei.

Wo es in Norwegen ein maritimes Museum gibt, darf Thor Heyerdahl nicht fehlen. Im Museum Larvik hat man ihm gebührenden Raum gewidmet. Außerdem ist er auf dieser Halbinsel Tolderodden geboren – gleich neben dem Haus der Familie Archer. Das Museum ehrt Heyerdahl unter anderem mit einem Modell des Balsafloßes KON-TIKI (das Original steht in Oslo), auf dem er und fünf weitere Skandinavier 1947 über den halben Pazifik segelten und drifteten, bis sie auf dem Atoll Raroia das Floß erfolgreich aufs Riff setzten. Diese Fahrt, ein einzigartiger Erfolg, machte ihn zu einem der berühmtesten Norweger, obschon seine Theorie, dass die pazifischen Inseln von Peru aus besiedelt worden seien, unter Wissenschaftlern bis heute umstritten und teils widerlegt worden ist.

Meine Bewunderung gilt vor allem seinem Gespür für Öffentlichkeitsarbeit. Schon die Idee, eine Filmkamera an Bord mitzunehmen, um einen Dokumentarfilm zu drehen, war sensationell. Hollywood verlieh ihm für seinen Streifen tatsächlich einen Oscar. Es soll ein lausiger Film sein, sagt man in Stavern.

Der Statue des Polarforschers Oscar Wisting gebührt zum Abschied nochmals unsere Reverenz. Sydpolen – Nordpolen – Maudferden steht auf dem Granitsockel. Wisting hatte noch an weiteren extremen Polarunternehmen teilgenommen oder sie geleitet. Von 1918 bis 1922 driftete er mit der MAUD als Kapitän durch die Nordwestpassage. 1926 flog er mit Amundsen im Luftschiff NORGE über den Nordpol. Eindrucksvoll steht der ungewöhnliche Mann da, mit Blick Richtung Südpol. Und wir fragen uns: Hat Polarwanderer Arved Fuchs ihn hier schon mal besucht? Reverenz erwiesen? Arved erreichte in einem Jahr beide Pole: Nord und Süd. Das war 1989.

Nach dem gedanklichen Ausflug in die Vergangenheit kehren wir zurück in die Realität: Es regnet. Wir sind nass. Wir haben Hunger. Vor uns auf dem Museumsgelände liegt LILLE TANGAROA, ein Floß mit Hütte obendrauf. Es liegt in Richtung Fjord, wo Colin Archers kleiner Hafen noch existiert. Das einzige Schiff darin ist ein Colin-Archer-Rettungskutter.

Mein Interesse gilt nun der TANGAROA. Das Floß mit der Hütte ist zum Verlieben. Neun Stämme werden von Hanftau zusammengehalten. Man möchte am liebsten an Bord springen, die Leinen lösen und hinaus aufs Wasser. Weiter aufs Meer? Ach was, Filmende. Es ist ein Modell. Die Original-TANGAROA segelte und driftete in 115 Tagen von Peru aus über den Pazifik mit Carlos Arca als Kapitän.

Das war das Schifffahrtsmuseum Larvik. Leider hauptsächlich aus der Erinnerung und von draußen, nach wie vor bei Regen. An einem Obststand vorm Museum kaufen wir neuseeländische Äpfel und beißen hinein. Wir drehen uns noch einmal um, so als hätten wir etwas vergessen.

Utsira hätte ich beinahe vergessen. Dort waren wir nicht. Dorthin wollen wir nicht. Dennoch haben wir uns mit Insel und Seegebiet an der norwegischen Westküste ausführlich beschäftigt. Unabsichtlich. Zweimal täglich hören wir im Deutschlandfunk den Seewetterbericht für Ost- und Nordsee. Während unserer Segelwochen findet stets das schlimmste Wetter im Seegebiet Utsira statt. *Utsira: Südwest sieben … zunehmend … See fünf Meter; West 8 … schlechte Sicht; Nordwest 9 … Aussichten West um 7; Sturmwarnung …*

Es vergeht kaum ein Tag, an dem nicht die bedeutungsvolle Erwähnung der Insel Utsira im Wetterbericht mit Starkwind oder Sturm präsent ist. Die Stimme im Radio suggeriert Unabwendbares. In den Pausen zwischen den einzelnen Worten schwingt ein tückisches Kribbeln. Wir segeln glücklicherweise nicht in dieses meteorologische Karree, auch nicht vorbei und fiebern dennoch mit. Fiebern momentan mit denjenigen, die nicht umhinkönnen, dort zu segeln.

Utsira ist eigentlich nur ein großer gespaltener Felsen. Ein ziemliches Stück hinaus auf die Nordsee – gegenüber von Haugesund. Die Insel hat zumindest in diesem Sommer das raueste Wetter. Ein Beispiel aus früheren Zeiten: Damit die harten Stürme die Lotsenhäuser, eigentlich Bretterhütten, die ehemals dort standen, nicht wegwehten, waren sie mit Seilen zu allen Seiten abgespannt.

Heute gibt es auf Utsira keine Lotsen mehr. Heute beherrschen Seevögel die Insel. Von dort kommt nur das Wetter und der Schein eines wichtigen Leuchtturmes. Ursprünglich wollte ich dort vor Jahren mal ankern. Aus Neugierde. Ob es noch was wird? Vielleicht mit einem Ausflugsschiff vom 15 Seemeilen entfernten Haugesund.

Bara vara. Das ist Schwedisch und heißt: einfach nur sein.
Die Ankerbucht Havsten Ost bietet sich dafür an: schwellfrei, einsam, sonnig. Es wurde auch Zeit, dass es passt.

»Seid ihr nicht zu alt für eine solche Tour?« Astrid steuert, ich bewege die Segel. Das ist die Regel. – Unten: Fjällbacka signalisiert, Besucher sind willkommen. – Die Büste der Schauspielerin Ingrid Bergman deutet an, dass sie dem Ort verbunden war. Sie hat hier Ferien gemacht.

INGRID
BERGMAN

Skandinavien. Eine typische Ferienhütte mit Findling im Garten: weiß der Zaun, weiß die Gartenmöbel und ochsenblutfarben die Hütte. – Vor Anker in Gullnäsholmen. Nur wir und pure Natur. Wilder Klatschmohn kennzeichnet den Beginn des Frühsommers.

Und es schmeckt köstlich. Das Eis ist hier gemeint. – Nicht schussbereit: die Kanone auf dem Fort in Stavern. – Unten: Im lieblichen Nevlunghavn liefert die Zeitung den Wetterbericht. – Unser Liegeplatz dort ist direkt vorm Fiskekrogen, einem Sommerlokal.

Fiskekrogen
www.paaneset.no

Der Skagerrak wird weit und weiter. Das Wellenbild gleichmäßig. Die Luft frisch und klar. Gelegentlich ziehen ein paar Möwen durch. Der Kurs führt vom in Granit gehauenen N (Norwegen) ins sandige Dänemark.

NEVLUNGHAVN

Drei Segelstunden weiter westwärts von Stavern landen wir in einem Hafen, was mehr Zufall als geplant ist. Schwachwind und Lustlosigkeit treiben uns hinein. »Wenn schon nicht segeln, dann wenigstens mal gucken.« Und wir fangen Feuer. Fischer und eine Hand voll Yachten prägen das Bild. Nicht zu glauben, ein kleiner Hafen und mal keine Marina, das hatten wir noch gar nicht auf unserer Sommerfahrt. Wir machen fest an einem Kai (brygga auf Norwegisch) mit Galerie, Fischgeschäft und Restaurant. Im Scheitel der Hafenbucht befindet sich ein Landhandel. Er versorgt den Ort mit dem Nötigsten – vom Spaten über Milch und Käse bis zum Südwester. Gratis beim Einkauf gibt's heißen Kaffee aus einer Thermoskanne und Butterkekse. Die Tageszeitung liegt – bereit zum Lesen – auf dem Kaffeetisch. Da muss man tief Atem holen. Augenblicklich füge ich meiner Auflistung des Dorfes hinzu: Hotel mit Veranda am Hafen, daneben ein Kiosk mit Eiscreme & Milchshakes, Würstchen und Pommes frites und ein Stück Richtung Dorfausgang eine exzellente Bakeri & Conditori. Dazwischen idyllische weiße oder ochsenblutfarbene »Puppenhäuser«. Hier lässt es sich aushalten. Perfekt. Wir gönnen uns Nevlunghavn für drei Tage. Ist sowieso nicht unser Ding, jeden Tag einen neuen Hafen anzulaufen. Machen wir aber zu oft.

SIEHT NACH NORWEGEN AUS

Nevlunghavn an einem Blauen-Himmel-Tag: sehr weiß, sehr sauber, sehr hübsch. Wohnhäuser, Gerätehütten, Geschäfte, Staketenzäune, Briefkästen. Und tagsüber wenige bis keine Menschen auf den Straßen. In einer Sackgasse entdecke ich meine Traumhütte plus Grundstück mit einem gehörigen Stück urigen Felsen drum herum. So schön, wie man nur in Norwegen wohnen kann. Am Wasser gelegen, Bootssteg und Kahn verstehen sich von selbst. (Wie soll man sonst die Fische fangen?) Und nicht zu vergessen: Vor dem Haus ragt ein kolossaler Flaggenmast in die Höhe. Dieses felsige Nevlunghavn meerumschlungen – unglaublich. In ein Haus hat man uns leider nicht eingeladen. Die Ansprüche an das Inventar sollen im Gegensatz zu denen ans Äußerliche gering sein. Sagt man. Das Allerwichtigste – und das sagt jeder – bleibt die Privatsphäre. Als ich eine Norwegerfamilie vor ihrem Haus beim Grillen fotografieren will, schickt die Hausherrin den Hund. Zum Glück ist dazwischen noch ein weiß gestrichener Zaun.

Man vergisst bei dieser idyllischen Fremdartigkeit leicht, dass Norwegen jahrhundertelang dänische oder schwedische Kolonie war – mit einer Bevölkerung von mittellosen Bergbauern und Fischern.

Wohl sortiert ist der Hafen, rechts die Fischerkähne und Wracks, links Sportboote und Besucheryachten. Im Scheitel ein breiter Steg für Motorflitzer, die »mal eben« von den umliegenden Inseln kommen, um Eiscreme oder Proviant zu kaufen. Es sind Sommerferien.

Neben unserem Liegeplatz der »Fiskekrogen«, ein Sommer-Restaurant nur mit Terrasse. Das Lokal hat sich auf »ferske reker«, frische Garnelen, spezialisiert. Das sieht appetitlich aus. Man trifft sich dort zum »rekekveld«, zum Garnelenabend.

»Allein wegen dieser norwegischen Tiefseegarnelen lohnt sich Nevlunghavn«, freut sich Astrid. Mehr als Weißbrot und Zitrone wird dazu nicht gereicht. Die Preise haben norwegisches Niveau: Ein Glas Bier kostet 56 Kronen – rund 8 Euro. Wenn die Nacht heraufzieht und das Licht mit diesen schönen, kühlen Farben bleibt, dann, scheint es, denken die Norweger nicht mehr viel über feste Nahrung nach. Man hat den Eindruck, die Leute stünden nicht auf dem Kai, sondern bei uns an Deck. Wir sind nicht mehr »på hoyden« – nicht mit dabei.

Ich ergänze: Pommes frites und ein Rotkohlsalat mit Himbeeren war mein Essen. Hat auch gut geschmeckt, wie überhaupt alles skandinavische Essen von guter Qualität ist. Die Grundprodukte machen es.

Zum Nachtisch gibt es später Spaghetti bolognese. Wie das? Als wir mit vollem Magen und einem Espresso ganz entspannt nach dem Essen auf der Terrasse sitzen, gleitet gegen 22 Uhr ein Schiff in den Hafen. Ein ausgesprochen schönes Segelschiff. »Mal keine Bavaria oder Hanse.« Beauty PLAYMOBIL wird von vier Männern wie geschmiert vertäut – und schon sind wir ge-

Cruiser vom Typ Breehorn 37. Handwerk zum Verlieben

kapert. Bereits von der Hafenmitte aus hat uns Guido, der Eigner, auf der Terrassenwuhling erkannt. Zum Bier und zu einem Essen unter Deck ist es dann nicht mehr weit. Manchmal kann man nicht anders. Egal, ob der Bauch voll ist, augenblicklich muss er eben noch mal ran.

Das Schiff ist eine Breehorn 37, gebaut in Holland. Ein Aluminiumeinzelbau nach Ideen von Kathena nui – sagt Guido. Indes, es ähnelt meiner Nui kaum. Egal. Handwerklich perfekt verarbeitet, das Holz an Deck, das Holz in der Kajüte. Man sieht und hört: Der Mann liebt sein Schiff, und ich denke, die Bootsbauer lieben solche Eigner. Beim mitternächtlichen Abschied wollen wir noch eine Dose Bordbier »på brygga« trinken, aber das ist verboten, wie uns die Wirtin nach dem ersten Schluck kundtut. Im Stehen darf in der Öffentlichkeit kein Alkohol getrunken werden. (So habe ich es verstanden.) Entweder setzen oder zurück an Bord. Also steigen wir noch mal über die Reling.

NIX FÜR UNSERE X

Wind Südwest 7. Nicht von der Wettervorhersage, nein, per Zeigefinger – in den Wind gehalten. Sogenannte gefühlte Windstärke. Nevlunghavn liegt ziemlich direkt an der offenen See.

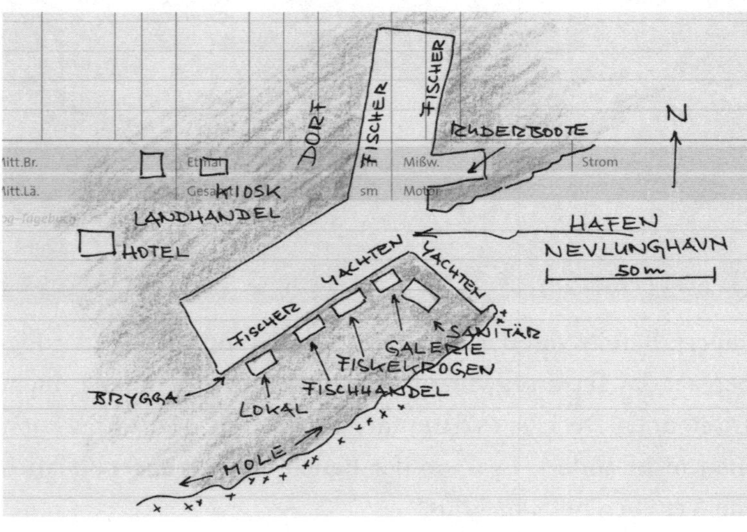

Man steigt auf die Mole und sieht, was draußen los ist. Reichlich Schaumstreifen ziehen am geplanten Abfahrtstag umher.

»This wind is not suitable for us«, sagt Astrid zu unserem Bootsnachbarn, der ziemlich puckert, uns ablegen zu sehen. Vermutlich weil wir außen im Päckchen liegen. »This is the wind to walk – not to sail«, wiederholt Astrid. Und hängt noch ein logisches »our boat is too small, we stay« an. In der Regel sind Norweger nicht hartnäckig. Es dauert, bis sie sich überhaupt zu irgendetwas äußern – ob positiv oder negativ.

Unser Wanderziel ist Mølen. Genauer die Steine von Mølen. Zehn Kilometer entfernt. Über einen Küstenpfad geht es zu einem jahrtausendealten und mehrere Quadratkilometer großen Steineterrain, das nach dem Ende der letzten Eiszeit vor etwa 10 000 Jahren entstand. Dort findet man 230 Geröllstein-Hügelgräber, manche 35 Schritte im Durchmesser, die vom 5. Jahrhundert n. Chr. an bis in die Wikingerzeit angelegt wurden. Das ist mal ein ganz und gar außergewöhnlicher Platz zum Besuchen. Schon der Weg dorthin und zurück entlang der zerklüfteten Küste ist ein Gedicht. Indes, die Hügelgräber gehen mehr oder weniger ineinander über. Und sind als solche kaum zu erkennen, da man beim Gehen mehr aufs Geröll achten muss als auf Hügel. Beeindruckend sind all die runden Steine. Kilometerweit nur Steine – faustgroß bis zu einer Größe, die ein Mensch nicht tragen kann.

Man erzählt sich auch, dass die Steine denen, die darum bitten, Fruchtbarkeit schenken. Weshalb immer wieder Paare hierherkommen, um sich zu lieben. In einer Ecke Norwegens, in der der Himmel näher, das Meer ungezähmter und die Kruste der Menschen brüchiger ist, scheint dies möglich.

Steine sind geduldig. So muss es sein, denn Mølen hütet sein Geheimnis. Nach den rätselhaften Steinen zieht es uns wieder aufs Wasser.

PARADIESBUCHT

Eigentlich Jordsbukta. Obwohl man sie hier an der Küste Paradiesbucht nennt. Sie liegt 8 Meilen weiter westlich von Nevlunghavn. Der idyllische Name zieht. Außerdem fehlt uns eine norwegische Ankerbucht. Also Leinen los, Segel hoch und hin.

Ein Paradies ist sie schon. Blaugrün und klar das Wasser, Sandstrand und Tannen an den Abhängen bis zum Ufer. Zauberhaft, still und ganz und gar geschützt. Nur nicht im Juli. Da sieht man vor lauter Booten das Ufer nicht. Vorbucht und innerste Bucht, die eigentliche Jordsbukta, sind mehr als sehr gut besucht. Unzählige kleine Motorkreuzer »kleben« an den Felsen, weit mehr als Segler. Wir drehen einen Kreis, Nonsens, wir fahren zögernd vor und zurück, weil es eng ist und Ankerleinen uns hindern. Zudem sind andere Boote auch auf der Suche nach einem geeigneten Liegeplatz, aber offensichtlich hat es keiner eilig.

Schade, schade, das haben wir nicht erwartet. So liegen wir am Ende lieber eine weitere Nacht im betulichen Nevlunghavn; da ist es auch nicht gerade ruhig, aber in einem Hafen nimmt man es hin oder teil.

SKAGERRAK, DIE NEUNTE

»Ich bin wieder hier/in meinem Revier.«

Marius Müller-Westernhagen singt vom Dreck, den er liebt (angeblich ging's ums Ruhrgebiet). Ich schreibe vom Skagerrak, den ich liebe. Nicht angeblich. Wirklich. Nach sechs bis acht Querungen, je nachdem wie ich die Kurslinie ziehe, hat er mich nicht enttäuscht. Falsch: nur gutes Segeln ermöglicht.

Kurs Skagerrak: So stellt man sich Segeln vor

Meine neunte Querung des Skagerraks steht bevor. Von Nevlunghavn nach Skagen. 85 Seemeilen. Bei Gott kein großes Ding. Doch irgendwie haut der Start nicht hin. An der schroffen Norwegenküste weht es erst Südwest 6 bis 7, dann Nordost 7. Dazwischen Flaute. Der Abend vor dem Aufbruch ist völlig unpathetisch. Als wir uns vorbereiten, das Dingi verstauen, die Kleidung zurechtlegen, die Wettervorhersage abhören, wirken wir wie eingefroren, wie konserviert. Und als es endlich losgeht, anderntags gegen Mittag, gibt's nicht das übliche Gequatsche. Stille legt sich über Deck. Vor uns: der Skagerrak und eine Nachtfahrt mit einer X-79. Das Richtige sicher nicht – höchstens das Notwendige (das ist ein großer Unterschied). Hinzu kommen ein unbeleuchteter Handpeilkompass als Steuerkompass, keine Reling und eine unruhige See. Der Skagerrak ist meist bewegt. Und sein Seegang passt selten zum Wind.

Schon nach einer Meile ist die Ruhe vorbei, eine nachlaufende See schüttelt KATHENA X und schwappt an Deck. Ich verharmlose: »Das passiert nur wegen der Strömungen hier an der Küste.« (Der Meeresstrom muss für viele Ausreden herhalten.) Nun, einmal unterwegs, geht's diesmal jedenfalls weiter. Die Fock steht prall, das Groß normal. Der Skagerrak wird weit und weiter. Das Wellenbild gleichmäßiger. Die Luft ist frisch und klar und die Sicht bestens. Das Wasser ist tief, über 200 Meter. Gleichwohl: Die innere Unruhe bleibt.

Halb auf der Koje liegend, übertrage Notizen von meinem Schmierblock ins Logbuch:

Aufgeregt? Nein, angespannt. Unnötig. Das Seewetter signalisiert um 11:05 Uhr für die nächsten 12 Stunden: Nordost 3 bis 4, strichweise 5 bis 6, westdrehend. Für die nächsten 24 Stunden: Nordwest 3, Gewitterböen. Im Kattegat 5. Die Tageszeitung »Ostlands-Posten« vermerkt zudem: Sonnenuntergang 22 Uhr, Mondaufgang 21:17 Uhr und Monduntergang 02:39.

Ich wünschte, ich wäre dem Skagerrak mit der KATHENA X begegnet, als ich seglerisch noch vollwertig war. (Beispielsweise als ich 1990 mit der Jolle durch Mecklenburg segelte.) Aber es hat keinen Sinn, lange darüber zu grübeln, warum ich nicht gut beieinander bin. Klar ist: Mit der X bin ich es derzeit nicht. Mir fehlt das absolute Vertrauen.

Das Schöne: Wir machen Meilen. Das Land verschwindet achteraus. Die See gehört wahrhaftig uns. Kein Dampfer, kein anderes Boot, kein Land in Sicht. Keine Untiefe, keine Granitbrocken, die es zu umschiffen gilt. Wir kommen überein: ein großartiger Moment nach all der Klippen-Segelei.

Die belegten Brote gehören mir, der Kaffee mit Muffin ebenfalls. Die arme Astrid muss sich, wie üblich, mit Knäcke und Wasser zufriedengeben. Es geht ihr schlecht. Trotz aller Kotzgefühle geht sie tapfer ihre Steuerwache, wie an anderen Tagen auch. Zweistündlich lösen wir einander ab. Zur Nacht hin stündlich. Dennoch: Was ist Nacht auf 58 Grad Nord? Im Sommer ganze vier Stunden mit kräftigen Farben der untergegangenen Sonne im Rücken und voraus eine vom mitternächtlich vollen Mondlicht illuminierte See. Von den Meilen beschwingt, mehr noch von der schimmernden Atmosphäre – längst haben wir die Hälfte der Strecke im Kielwasser –, geht es Skagen entgegen. Dort erwartet uns ein liebenswerter Hafen. Doch zunächst herrschen herrliche 7 Knoten Fahrt, auch Kühle und Müdigkeit. Schlaf findet nicht statt: zu laut, zu angespannt, zu ungewohnt. Leider. Mehr als dösen ist nicht drin.

Die Strömung drückt uns auf unserem Kurs im Norden nach Westen und im Süden nach Osten. Ganz beträchtlich sogar. Nicht nur das Boot beansprucht inzwischen volle Aufmerksamkeit, der Kurs ebenfalls. Er ist schlichtweg schlecht ablesbar. Die Lichtquelle Vollmond als Requisit zum Kurshalten ist verschwunden – eingetaucht ins Kattegat? Es wird richtig dunkel um uns. Auf der Kante sitzt schon lange niemand mehr. Gewichtstrimm ist nutzlos, meine ich inzwischen. Unser Boot ist überladen und folglich nicht so empfindsam für Kantentrimm.

Der Schiffsverkehr wird dichter: Dampfer, Fischer Fähren, Yachten. Paradoxerweise erfordern nur zwei Segler ein Ausweichen. Im Hintergrund schimmern gelblich die Lichter der Stadt Skagen. Daneben, am Horizont, das starke Leuchtfeuer von Skagen. Alle vier Sekunden ein Blink.

Die berühmte Tonne Skagen Rev erwischen wir in Sichtweite mit null Wind. Wie abgestellt ist er nach einem schwarzen Regenschauer. Die Schauerbö schluckt die Sicht. Das Boot wird auf die Seite gedrückt. Ein Platscher an der Bordwand macht uns nass. Plötzlich herrscht Windstille. Dafür Kreuzseen und Segelknallen. Was nun? Was tun? Der Außenborder muss ran. Muss nicht, ist aber sinnvoller. Damit der Propeller bei dieser turbulenten See nicht freikommt und ein ums andere Mal aufheult, lege ich mich ganz weit achtern querschiffs und Steuerfrau Astrid setzt sich obendrauf. Ein Anblick zum Schreien, und ich tue es auch. Ich kriege einen heftigen Lachanfall – wer lacht, kann nicht denken, also steigere ich mein Lachen. Astrid amüsiert es in keinster Weise, sie hängt bald auf der Kante. Nicht um Gewicht zu trimmen, nein, nein, ihr ist übel. Kopfüber verschafft sie sich Erleichterung. Es erwischt sie so ernsthaft wie schon viele Jahre nicht mehr. Ich halte ihr den Kopf und denke, wie ordentlich muss ein Mensch sein, der sich vor dem Erbrechen mit einem Handtuch versorgt, danach sofort das Deck säubert und sich pflichtbewusst die Pinne zurückerobert.

Wenn man gekotzt hat, geht es einem normalerweise sofort besser. Übrigens: Kotzen stellt eine Art von sympathischer Verbindung her. (Ich schreibe dies aus 40-jähriger Erfahrung.)

Es geht weiter. Nicht dass der Leser denkt, es sei brutal, meine Frau immer steuern zu lassen. Instinktiv sind wir im Laufe der Fahrt übereingekommen: Ich mache das Heu, und meine Frau kämpft an der Pinne.

Auch so ein Paradoxon: die Skagen-Rev-Tonne gut passiert und …? Der Wind ist wieder da. Ein herrlicher Nord stellt sich ein. Schnell ist die Fock gesetzt, das Groß in Stellung gebracht, und es geht wie auf einem Strich die letzten Meilen zum Hafen. Das Segeln ist ziemlich schön, wenn es mit leicht gefierten Schoten und einem aufbrechenden Himmel passiert. Angesichts des nahenden Hafens sind alle Reisesorgen hinter der Gegenwart verschwunden. Diese Art von Wetterwechsel im Bereich der Skagen-Rev-Tonne ist mir merkwürdigerweise schon mehrmals passiert. Ganz schlimm, als ich mit KATHENA NUI in das Flautenloch kam und von der Strömung Richtung Sandzunge gedrückt wurde.

Um sechs Uhr früh landen wir nach 18 Stunden Fahrt zwischen den Molenköpfen von Skagen. Wohin jetzt? Alle drei Hafenbecken sind voller Masten. Dank unserer Gütersloher Freunde Marion und Jürgen landen wir im Skagen Sejlklub längsseits am Steg. Wunderbar. Werden euphorisch empfangen wie nach einer Ozeanquerung. Gleich darauf gibt's an Bord der MIKOSAARI Kaffee und Marmeladenbrote. Für mich. Astrid muss passen. »Mein Gott, mir dreht sich alles.« Sie torkelt wie eine Heroinsüchtige über den Kai Richtung Waschhaus, und sie kann froh sein, dass die Mole eine Reling hat. Es hat sie schwer erwischt, erst am Tag danach kommt alles langsam wieder ins Lot. Für die Weltumseglerin bleibt jede Meile im Skagerrak eine Erinnerung. Sie möchte am liebsten schlafen. Und tut es auch ziemlich rasch.

Bevor ich weiter darüber nachdenken kann, warum bei ihr die Seekrankheit so ausdauernd eintritt, bin auch ich eingeschlafen.

In der Ferne ist schwach ein Rauschen zu hören. Die Brandung des Kattegats an der Kaimauer!?

SKAGEN

Wir werden weiterfahren müssen. Zeitiger als geplant. Skagen erscheint uns, als ob es sich zum Mittelpunkt des dänischen Tourismus entwickelt hat. Diese Fülle haben wir nicht erwartet. Und als Touristen fühlen wir uns ohnehin nicht.

Sind wir auch nicht. Sind wir doch. Nichts deprimiert mehr, als zur Masse dazuzugehören: mit Mietfahrrädern unterwegs sein, für Eiscreme Schlange stehen, in Grenen einen Fuß ins Kattegat und den anderen in den Skagerrak stellen, Fisch essen im Hafen, mit der Kamera um den Hals über die Hauptstraße schieben, sich in die Enge der Bonbonfabrik begeben, in der Møntvaskeri Wäsche waschen oder die Sehenswürdigkeit Wanderdüne in Augenschein nehmen. Der Besuch in Skagen hat geradezu eine Herdentier-Atmosphäre.

Skagen, dieser schmale Streifen Land, der sich im nördlichen Dänemark wie ein Zeigefinger ins Skagerrak reckt, ist dem Meer sehr nahe. Dem Sand, dem Licht und den rasch ziehenden Wolken. Alle, die nicht gern von Menschenmassen umzingelt werden, können flüchten. Innerhalb von Minuten kann man vom Ostseestrand zur Nordsee wechseln, um schwimmen zu gehen. Das geht mit dem Fahrrad quer durch den Ort oder nach Süden hin. Wobei die Nordsee das erfrischendere Seewasser hat, die bessere Brandung und eine größere Einsamkeit.

Und dann gibt es hier das nordische Licht, das Meer, Dünen und Sand, die mehr und mehr Menschen anlocken.

Was soll ich zu Skagen schreiben? Wenn Segler wie wir den Betrieb in der Stadt nicht mögen? Gut, man könnte im Søfarthjem (Seemannsheim) direkt am Hafen ein Bier trinken. Doch Segler trifft man dort nicht. Vielleicht zu ungemütlich.

Etwas außerhalb der »City« sieht es schon ganz anders aus. Dort kann man sich an den ockergelben Häuschen, ehemals Fischerhäuschen, erfreuen, auf denen die Dachpfannen mit Mörtel an den Kanten verschmiert sind, damit sie bei Sturm nicht abheben. Das zeugt von heftigen Stürmen. Und es existiert noch der große, lebhafte Hafen. Nur Kopenhagen macht mehr Tonnage. Steht alles und vieles mehr im »Törnführer Dänemark« (von Delius Klasing). Kann ich empfehlen.

Ich gehe ins Søfarthjem. Sitze ungestört vor einem Computer, bestelle eine Cola und schreibe die vierte Meldung von dieser Fahrt für meine Homepage. »Ich bin wieder hier/in meinem Revier« von der Skagerrak-Überquerung.

Über das Kattegat geht es wellenlos weiter. Jedenfalls bis Ålbæk. Es wird ein Buch gelesen, die Hand ins Fahrwasser gehalten und logisch: sich im Cockpit ausgestreckt. Soweit das überhaupt möglich ist, denn das Cockpit durchschneidet ein Traveller von Harken, der vom Ausmaß und der Qualität dem eines Ozeanracers ähnelt. Ausstrecken geht erst, nachdem die Segel getrimmt sind. Hier ein Zupfen, dort ein Kurbeln und Verstellen. Ruhe gibt Astrid, wenn die Digitale ein Mehr an Speed ausweist als zuvor. Da ist meine Steuerfrau gnadenlos. Am liebsten steuert sie auf der Kante mit Pinnenausleger, wenn das Wasser am Rumpf vorbeirauscht und sie senkrecht hinunterschauen kann. »Das passt«, höre ich dann. Das sagt meine Frau immer, wenn sie total zufrieden ist. »Das passt« hat sie aus Kärnten (Österreich) mitgebracht.

Wir bringen unser Boot nach Ålbæk. Durch eine enge und flache Fahrrinne (zwei Meter Wassertiefe) kurven wir bis in den innersten Teil des Hafens und machen vor dem Büro des Hafenmeisters fest. Ich bin an den Vorleinen am Steg, Astrid belegt die Achterleinen an Pfählen. Es ist gerade Mittag. Still die Luft. Was tun mit dem angebrochenen Tag? Schwimmen. Gleich neben dem schmalen Hafen liegen beidseitig herrliche, silberweiße Sandstrände, von zerzausten Grasbüscheln gegen Westwind geschützt.

Es sind genau 30 Barfuß-Schritte vom Boot (steuerbords) bis zum Strand, wo wir unser Badetuch platzieren. Darauf legen wir uns unter einem hohen blauen Himmel und schauen auf das Kattegat:

»Vor einer halben Stunde segelten wir dort noch.«

»Ja, das ist Segelleben.«

»Jetzt dürfen wir faul sein.«

Der erste Strandtag dieser Art mit Badetuch, Wasserflasche, Keksen und Obst. Nach ein paar Wenden in der Sonne springen wir ins Meer. Segeln, schwimmen, sonnen – Jungbrunnen Sommersegelleben. Nicht ganz. Erst mit Salat, Spaghetti und Bier runden wir den Tag ab. Und was dann?

»Koje. Mehr kann man in Ålbæk nicht tun.«

Wieder warten 56 Zentimeter Kojenbreite auf Astrid. (Astrid lamentiert noch immer über die »Breite«. Ich habe ihr längst die Vorschiffkoje zum Tausch angeboten, selbst schuld.) Die Nachtruhe gilt, bis uns eine Hand voll Hammerschläge aus der nebenan liegenden Holzbootwerft (backbords) wecken. Zwei Fischkutter erhalten gerade eine Überholung. KATHENA X liegt hier wirklich mitten im Leben. Astrid wundert sich, dass es nur wenige Schläge zu Arbeitsbeginn sind, danach herrscht wieder Ruhe. Nicht nur hier, sondern durchaus üblich, wenn man neben Werften oder Werkstätten nächtigt.

Ålbæk hat zwar nur gut tausend Bewohner, aber einen exzellent sortierten Supermarkt. Großer Campingplatz, Ferienhäuser und der Hafen machen dies möglich. Von einem Yachthafen möchte ich nicht sprechen. Im »Super Spar« gibt's deutsche Zeitungen. »Die Welt« macht mit Laura Dekker auf: »Laura darf hinaus aufs Meer«. Die 14-jährige Holländerin darf zu ihrer Weltumseglung starten. Allein. Darum geht es nämlich. Ein Familiengericht in Holland hat es ihr Monate zuvor verboten. Zu jung, zu unbefahren, den Anforderungen physisch und psychisch nicht gewachsen. Als ich davon las und hörte, war ich zunächst sprachlos. 14 Jahre und darf nicht allein segeln gehen; und das im liberalen Holland, wo es sonst alle Freiheiten gibt. Ich dachte, so urteilen nur Behörden in Deutschland. (Deutsche Behörden sind nicht gefordert, weil die Jugend hierzulande eher an »aber meine Rentenversicherung« denkt, als wagemutig um die Welt zu segeln.)

Gut, jetzt hat sich laut Zeitungsbericht alles geklärt.

Laura darf segeln gehen. Über die Meere und allein. Alle Bedenken sind fortgeredet. Ich denke, wer allein wie sie an der holländischen Küste segelt, sogar über die Nordsee nach England und gerade in der diffizilen Themsemündung zurechtkommt, kann auch auf der Tropenroute um die Welt seglerisch bestehen. Ich habe es auch geschafft, zwar war ich etwas älter, hatte aber im Gegensatz zu Laura keine Segelerfahrung, nie-

In Ålbæk werden Kutter gebaut und Galionsfiguren geschnitzt

manden, an den ich mich wenden konnte, der mich unterstützt hätte, den ich fragen konnte. Das ist bei der jungen Holländerin nicht der Fall.

Zum einen kann sie segeln. Das hat sie bewiesen. Navigation ist heutzutage – dank GPS – kein Problem. Dann gibt es genaue und zuverlässige Selbststeueranlagen, die das Fahrtensegeln grundsätzlich revolutioniert haben. Handwerklich sollte man ihr auch einiges zutrauen. Wer von Kind auf segelt, hat Geschick. Weit gefährlicher ist für eine 14-jährige Jugendliche der Landaufenthalt. Beispielsweise in Häfen und Buchten der Karibik oder in Panama. Vermutlich können Erlebnisse an Land sie eher stoppen als das Meer.

Man bedenke, auch die Jugendlichen in der ehemaligen DDR haben alles riskiert, um herauszukommen. Und nicht aus Abenteuerlust, sondern des Systems wegen. War es geglückt, durften sie ein Jahrzehnt nicht zurück zu ihren Familien und Freunden. Das trägt schwer. Also, für mich ein klares Ja zu Laura. Ich wünsche ihr eine erlebnisstarke Fahrt, viel Glück und Freude.

Warum ich so detailliert auf sie eingehe? Gute Frage. Nie zuvor wurde ich auf eine seglerische Sachlage so oft angesprochen wie auf Laura Dekker. Selbst unsere Lokalzeitung berichtete ausführlich darüber.

Fairerweise möchte ich darauf hinweisen, dass die Erste der »ganz Jungen« es um die Welt sogar nonstop geschafft hat. Jessica Watson aus Australien segelte allein um alle südlichen Kaps in 210 Tagen. Mit 16. Wow! Astrid nennt PINK LADY die segelnde Telefonzelle.

Für mich ist ansonsten die Spannung auf »Die Welt« nach dem Lesen des Segelberichtes schnell verflogen. Nach Wochen ohne Zeitunglesen ist das Interesse an den Inhalten einer Tageszeitung irgendwie abhanden gekommen. Politik, Wirtschaft,

Sport – wie langweilig. Ålbæk mit seiner Art Isolation, bestehend aus diesem Fischereihafen, Sand, sandigem Baumgestrüpp, Dünen, einem weitläufigen Campingplatz und ein paar Geschäften ist spannender.

WARUM EIGENTLICH NICHT

Mein Angriff um fünf Uhr wird abgelehnt. Sie will so früh nicht starten. Die Weltumseglerin ist schlecht drauf. Schlapp und müde und hat »Kopping«. Kopfschmerzen. Und: Es sieht düster aus. Dunkle Haufenwolken (Stratus) ziehen von West nach Ost. »Vorboten von Regen. Da will ich nicht segeln.« Also bleiben wir und drehen uns wieder um. Obschon: Morgen ist Starkwind aus Nordwest angekündigt. »Vergiss es. Diese Art Vorhersagen sind nichts Neues. Und was kam? Schönwetter.« Ich lasse mich überzeugen von Astrids Schlappheit. Denke: Warum eigentlich nicht? Aufgrund von Unruhe und Anstrengung der letzten Woche gönnen wir uns noch einen Tag Ålbæk. Akribisch notiere ich die Liste der Mühen:

Nevlunghavn (Livemusik, Paradiesbucht und Mølen)
Auf See (Nachtsegeln, Steuern und Übelkeit)
Skagen (Ausflüge und lange Wege, zwei Kilometer in die Stadt – ein Weg)
Skagen 2 (mit Marion und Jürgen auf Rädern – zig Kilometer fahren – um die Wette durch Stadt und Landschaft)

Es wird ein schöner Tag. Natürlich, es ist Sommer, als wir uns im Cockpit treffen und auf eine glatte glitzernde See blicken. Nix von Regen und Wind. Wie hätte es auch anders sein können? Also laufen wir Strände und Dünen ab; vom Hafen ins Dorf dreimal rauf und runter (einmal Geld vergessen); stöbern ums Werftgelände; entdecken neu geschnitzte Galionsfiguren; essen am Hafenkiosk die typischen dänischen Hot Dogs; lesen an Bord in Büchern, die für einen Sommertörn viel zu dick sind. Und lassen den Tag ausklingen mit Irish Coffee in »Det Bette Ølhus«. Spitze.

ØSTERBY

»Da ist Læsø.« Dort landen wir in dem sehr schönen Hafen Østerby, nach einem sehr schönen Segeltag. (Dies ist ein Sommerbuch, nur nebenbei.) 28 Seemeilen voll und bei – ohne Winddrehung, ohne Flaute oder Böen. Ein Schlag ganz ohne Seegang. Und die See ist so leer und klar, dass es mein Herz berührt. Perfekt zieht KATHENA X ihren Kurs wie einen Strich übers Wasser. Folglich fühlen wir uns großartig, super gelöst. Quatschen ohne Ende.

»Bist du glücklich?«

»Welches war dein glücklichster Tag?«

»Auf dieser Reise?«, fragt Astrid.

»Ja, selbstverständlich.«

»Hm, der Abfahrtstag, als die Leinen vorm Fährhaus eingeholt wurden, das Segel langsam hochstieg, das Boot Fahrt aufnahm und wir uns auf der Schlei praktisch in einen emotionalen Rausch segelten. Das war ein starkes Glücksgefühl.«

Heute gibt es am Ziel Østerby als Zugabe einen – »ach wie schön« – leeren Hafen.

Wir landen »weit hinten durch« längsseits am Steg. Zum Sandstrand können wir fast hinspucken. Auch er einsam und einladend. Das Wasser reflektiert im Gegenlicht. Mensch, ist das schön hier und dazu die pralle Sonne. Es wird gleich das Sonnensegel gespannt, der Tisch gerichtet und Logbuch geschrieben:

Sonntag, 1. August. Nicht lange haben wir den Steg für uns. Rasch füllt sich der Hafen. Ausschließlich schwedische Segelyachten. Wie Perlen auf einer Schnur laufen sie ein. Ihre Küste liegt knapp 30 Meilen entfernt. Wie üblich bauen sie ihre Grills auf. Stellen die Tische voll mit leckeren Salaten, Brot, Butter, Oliven und – hm, Platten voller Steaks und Fisch. Auf den Fisch kann ich verzichten. Ansonsten kann man nicht glauben, dass es in Skandinavien auch Armut gibt.

Hatte ich schon erwähnt. Wir lassen es uns an solch einem Tag auch schmecken. Im »Sailors Pub«, auf einer leichten Anhöhe mit Aussicht über Hafen und Ostsee. Verlockend auf der Veranda spendiert Astrid Kylling (Hühnchen) und für mich Hamburger mit Pommes frites. Salat, Bier und Lumumba ergänzen das köstliche Essen. Weiter steht die Sonne überm Meer, obwohl die Tage spürbar kürzer werden. Wir halten die Beine unterm Tisch und genießen die Szenerie. Es schweben nur noch wenige Wolken an einem Himmel, der so blau ist, dass es schmerzt. Das Østerbyleben im Hafen wirkt fast wie an der Promenade von Cannes. Man hilft sich, von Bord auf den Steg zu springen. Schüttelt sein Haar und promeniert in schicken Klamotten, den milden Abend genießend, auf und ab. Nur ist das Publikum sehr gut beieinander (körperlich) und laut. Es sind keine Björn-Borg-Schweden unterwegs. (Sagte kein Wort und war weltberühmt.) Die Segler haben viel zu reden. Astrid wundert sich: »Was es wohl nach einem Schönwetter-30-Meilen-Stück zu erzählen gibt?«

Ich: »Gequasselt wird überall.«

»Besonders beim Essen.«

Nach langer, langer Zeit wieder mal mit Leihfahrrädern unterwegs. Eigenständig. Skagen zählt nicht. Das war für Astrid nach der Seekrankheit mit Marion und Jürgen reines Racen. Leihräder stehen hier in Massen herum. Gut geölt, sauber und mit Zehn-Gang-Kettenschaltung. Das Beste an unserer Tour ist, dass man nicht schalten muss. Læsø ist flach wie ein Pfannkuchen. Einmal die richtige Übersetzung gewählt, geht es flott dahin. Bäume und Hecken schützen gegen Wind. Autoverkehr ist praktisch nicht vorhanden. Vorbei an einem flachen Lagunen-Strand und Heidelandschaft sind wir bereits nach einer Stunde in Byrum, dem Hauptort, der uns mit hinreißender Werbung empfängt: Der Tuborg-Mann klebt am Giebel des ersten Gebäudes. Wir stellen die Räder neben das riesige Plakat, und ich mache ein Foto von der Bierwerbung der besonderen Art. Dann stiefeln wir durch das saubere Village, betrachten Kirche, Friedhof, Ausguckturm, Museum, Geschäfte – alles vorhanden, was der Segler sich wünscht.

Logisch fehlt die Touristinformation nicht. Sie kann anbieten: Camping, Ferienhäuser, Golf, Seehundsafari, Reitstall, Læsø Salt Syderi, Museum, Galerien, Boutiquen, Sanddünen. Læsø ist gesegnet mit Fisch, Kunsthandwerk, Glasbläserei, Hotels und allem, was ein verwöhnter Ferienmacher sich wünscht. Wirklich.

Als zusätzliches Vergnügen: Sonne, Sonne, Sonne, Sonne. Die sonnenreichste Insel Dänemarks. – (Haben wir woanders auch schon gelesen.) Inselfeeling und ideale Fährverbindungen. Sie ahnen, wofür ich plädiere: nichts wie hin.

Wir steigen übers Heck zu Niels und Heike an Bord der Idee, einem ganz außergewöhnlichen Gaffelkutter. Der Rumpf ist in Leistenbauweise aus Rotzeder, verklebt mit Epoxy, Aufbau und

Deck aus Oregon Pine. Er weist mit Klüverbaum, Gaffelsegel, Deckaufbau alle Attribute eines behäbigen Fahrtenschiffes auf. Ist er aber nicht. Der sportlich steile Steven und ein hochmodernes Unterwasserschiff mit geteiltem Lateralplan lassen mehr Geschwindigkeit erahnen. Wir wären IDEE und Crew gerne auf See begegnet.

Wir lassen den Tag bei Bier und exzellentem Wein ausklingen, und das bei den im Touristenprospekt avisierten Temperaturen: wohl an die 30 Grad. Das geschieht ganz locker, halb sitzend, halb liegend, auf sauber verlegten Holzplanken an Deck. Ich dachte immer, Teak wäre die Krönung, aber auf Oregon Pine fühle ich mich ebenso wohl. Segelmacher Niels Springer aus Arnis (Co-Segel) hat für mich auch schon Segel genäht. Ich erzähle ihm, dass wir unsere Segel nach Tagestouren nicht abdecken. Er rümpft darob die Nase. Als Segelmacher gefällt ihm der lässige Umgang mit Segeltuch nicht. Was erzählt man sich sonst: Norwegen (wo sie auch gerade waren), Motorboote, Wetter, Bootsmessen. Das Übliche. Er fragt nach unserem Motiv, warum wir auf der Ostsee mit einer X schippern, wo wir doch ein so gutes anderes Schiff hätten. Lässt auch nicht locker, als ich so drum herum rede. Am Ende tue ich es salopp ab mit einem: »Der Kühlschrank füllt sich nicht von alleine.«

Der Klüverbaum ist das markante Merkmal seines Bootes. Fast vier Meter bei elf Meter Rumpflänge. Damit kann er nicht in die typischen Yachtbecken, so liegt er bei den »freundlichen Fischern«, wie er sich ausdrückt, die aber auch mosern können. Kein Wunder bei dem kaum zu bewältigenden Aufkommen an Yachten. Während unseres Besuches fordert ein Fischer Niels auf, eine Ankerboje zu legen, damit er nachts nicht mit dem Klüverbaum kollidiert. Dieser Hinweis ist ihm sichtlich unangenehm. Zudem mir bei dem Manöver noch der Heckfestmacher aus der Hand rutscht. Das macht die Aktion umständlicher und schlimmer, irgendwie schämt man sich unter den Augen der Fischer. Niels lässt sich nichts anmerken.

Nicht interessant? Verholen wir ins nächste Kapitel: Anholt.

ANHOLT 2

»Der frühe Vogel fängt den Wurm.« Heißt es nicht so? Jedenfalls schleichen wir um fünf Uhr aus dem Hafen und landen nach sieben Stunden herrlichem Segeln auf Anholt.

»The second best sailing day«, tönt Astrid.

»Ach Unsinn«, kontere ich, »andere Seestücke waren auch oberherrlich.« (Seestücke nimmt man mir wohl nicht ab, also Tagesfahrten.) Im Segeltagebuch halte ich fest:

Wir segeln von Mole zu Mole. Mit halbem Wind – West 3-4 abgelegt und mit Westsüdwest 4 angekommen. Gefierte Schoten und 7 Knoten Schnitt, da kann man nicht meckern. Als Leckerbissen, Krönung, Glanzpunkt fehlerfrei tadellos um das Flachstück Rusmandsbanke vor Læsø und die Tonne Nordvestrev (blieb an Backbord) vor Anholt. Früh starten hat einen Nachteil: Niemand ist auf dem Wasser, mit dem man sich messen kann.

Gleich nach Ankunft gegen 13 Uhr Frühstück im Cockpit mit Brot, Käse, Bananen und einem Pott Kaffee. Gelöst genießen, wie schon oft auf dieser Reise. Der Himmel blau, endlos blau und bleibt so, wobei ein, zwei Wolken immer mit dabei sind. Es schmeckt auch richtig, da wir Hunger haben und: Weil wir frühstücken, bevor das Deck aufgeklart ist. Astrid meint, wenn erst Segel eingefaltet, Cover drauf und Leinen aufgeschossen werden, ist die gute Ankommenstimmung im Sack.

Tags darauf Südwest 6 bis 7. Viele Segler laufen aus. Astrids Kommentar, als ich ihnen sehnsüchtig nachblicke: »Das sind richtige Schiffe gegen unsere Schuhsohle.« Dagegen kann man nicht argumentieren. Wir bleiben und gehen wandern. Mustergültig mit Kappe, Sonnenbrille und Rucksack.

Wir umrunden Anholt auf dem Sandweg. 21 Kilometer zum Leuchtturm im Osten der Insel und zurück. Der Weg bietet: Natur über Natur. Sand über Sand. Sonne über Sonne. Wir gehen mitten durch die Insel – ohne Übertreibung über Stock und Stein. Und sehen anfangs noch ein paar zerzauste Bäume, viel Sand, mit Kraut bewachsene Sanddünen, Busch, Senken mit Schilf und vereinzelt Steine. Am Kap dann die große Überraschung: etwa tausend Robben, die sich auf der Landzunge dicht an dicht sonnen. Bewegungslos liegen sie da. Näher heran können wir leider nicht. Schild und Zaun verhindern es. Wenigstens tun wir es ihnen gleich, bewegungslos gönnen wir uns im Schatten einer alten Hütte eine längere Picknickpause, in Erwartung des Rückweges, der über das Nordufer führt. Barfuß, unmittelbar am Wassersaum, um nicht im weichen Sand wegzusacken. Ein wundervolles sauberes Uferstück. An Bord halte ich fest:

Wir ziehen wie Kamele durch die Wüste. Schritt um Schritt im Gleichschritt. Dagegen ist Wandern zu Hause kalter Kaffee. Ich meine das Wandern beim Tourensegeln an der Schlei. Sie bietet kaum Wanderwege am Ufer entlang und schon gar nicht Sand und Sanddünen.

Zurück an Bord. Die Sohlen brennen. Die Beine schmerzen. Der Kopf glüht. Zum Kochen reicht die Kraft nicht. Trinken, nur trinken ist unser Verlangen. Knut von einem Boot nahebei hat es erkannt und reicht Gin Tonic mit Zitrone und Eiswürfel.

Schöne Ansicht. Cafébar auf Anholt

Klasse. Aber wohl nicht das Richtige. Ich habe schnell einen Schwips. Als ich ihm gegenüber moniere, dass so wenige deutsche Schiffe nördlich von Anholt kreuzen, meint er:

»Die überbieten sich alle mit schlimmen Geschichten zu Steinen, Schären, Starkwind und Sturm aus der Region ums Skagerrak.« Das schreckt offenbar ab. »Die lügen sich alle was vor.« Er segelt im nördlichen Skandinavien 29 Sommer: »29 Mal in die Steine«, wie er die Gegend liebevoll nennt, »und noch keinen Stein getroffen.«

Es ist ein schöner Abend. Locker im Hemd mit einem klirrenden Drink in der Hand auf dem Teakdeck von Knuts Schiff Vivace. Fast wie in den Tropen. Zur Bombenstimmung trägt natürlich bei, dass es an Deck einer Baltic 51 geschieht. Und, Überraschung, es ist die Yacht, die mir eine neue Segelqualität vermittelte. 1983 segelte ich sie in Charter für Knut und war total begeistert vom Seeverhalten, den Steuereigenschaften und Hafenmanövern. Das Resultat: Im Jahr darauf ließ ich mir, nicht wie vorgehabt, einen Langkieler, sondern einen Kurzkieler bauen – Kathena nui. Zwei Nummern kleiner, doch sie ließ sich auch bei Sturm und schwerer See noch segeln. (Übrigens: Gatsby, ein Schwesterschiff von Vivace, segelte ich ebenso beglückt über den Nordatlantik.)

Der Himmel bleibt noch lange silbern hell. Weiße Wolkenbänke liegen in dem abendlich blassen Himmelsblau. Wir sprechen von belanglosen Dingen, das heißt, Knut erzählt Geschichten, die er sommers in Schweden erlebt hat, und wir hören zu.

»Und wie geht's weiter?«

Bei dieser Frage schwebt mir der morgige Tag vor: »Über 50 Meilen bis in den Øresund.«

Knut meint nicht den morgigen Tag, er meint die seglerische Zukunft: »Ihr wollt doch nicht auf der Ostsee enden?«

»Nee, auf der Schlei.«

GILLE

»Von Anholt erholen wir uns im Øresund.« Ist Gille eigentlich schon Øresund? Für uns ja. Gille heißt offiziell Gilleleje. Liegt an der Nordostküste Sjællands und ist berühmt. Wodurch? Selbstverständlich Fischfang. Der Hafen ist voll belegt, und es wundert uns nicht, als wir hören, dass Gilleleje der fünftgrößte Fischereihafen Dänemarks ist.

»Nicht ein Segler fährt in Ölzeug ab«, wundert sich Astrid. »Nicht in Schweden, nicht in Norwegen.« Auch nicht in Anholt. »Egal wie kalt, nass und windig es ist.« Sie hat sich nach ein paar Fiaskos zumindest unten herum gut verpackt, denn rasch in eine Ölhose zu kommen, ist umständlich.

Als wir die Insel verlassen, ist Ölzeug nicht notwendig. Dünung und Segelschlagen deuten auf wenig Wind hin. So bleibt es – bis Gille. »Verdammte Dünung.« Astrid will segeln ohne Schlagen von Steuerbord nach Backbord. Ich auch. Nur erwähne ich es nicht. Dabei zeigt das Log meist um die 4 Knoten an, aber die Segel können wegen der quer laufenden Dünung ihren Stand nicht halten.

Peng macht es in Minutenabständen. Der Wind bleibt schlapp, die See bewegt. KATHENA X zieht trotzdem ihren Kurs, und das ist das Sagenhafte an der X, sie segelt, auch wenn praktisch kaum Wind vorhanden ist. Ein echter Flautenschieber. Hier trifft das Wort zu.

Gille ist Musik. Freitagabend-Konzert. Live mit Rocksänger Kim Larsen. Bis 23 Uhr schallt eine tolle Stimmung über den Hafen. Tausende singen mit.

Wir beißen in Schwarzbrot mit Butter, Tomaten und Gurken vom Feinsten, Zwiebelscheiben und Salz. Dazu schenken wir uns ordentlich ein aus einer Kanne Kaffee. Gekocht wird nicht. Die Hafenstimmung macht neugierig. Auf geht's dorthin, wo die Musik herkommt. Entdecken dabei, was für ein herrlicher Hafen Gille ist und – wie viel Leben herrscht. Überall im Fischereihafen Lokale und Theken, die Fisch in vielen Variationen anbieten. Und – wir sind in Dänemark – die Leute den Fisch gleich vor Ort verspeisen. Auf der Grasböschung eines Kanals, am Straßenrand und auf der großen Wiese. Wein und Sekt samt passenden Gläsern und Servietten werden in Picknickkörben mitgebracht. Skol. Wir greifen nur zu einem gezapften Pils. Astrid mag nicht allein essen, denn ich esse keinen … Sie wissen schon.

EIN MÜCKENLOCH

Mücken. Endlich Mücken, vor denen man uns vor der Fahrt gewarnt hat.

»Habt ihr Mückenspray?«

»Ja, haben wir.« Astrid hat sich gegen die Biester versorgt. Dosenweise. Sie hat das köstliche Blut für die Tierchen. Und zur Sicherheit ebenfalls Moskitonetze eingepackt. Doch es kamen bisher keine Blutsauger an Bord. Auch auf den Schären hielten die elenden Störer sich fern. Da ist man dann enttäuscht. Doch nun endlich in Nivå summt es. Ganz ordentlich, schon bei Tageslicht. Man ist gewissermaßen erfreut, sich gegen Stechmücken richtig ausgerüstet zu haben.

Nivå liegt im Schilf, kann man sagen. Drei Kanten der Marina sind von Schilf gesäumt. Die vierte Kante, zum Øresund hin, ist bebaut mit: Edelrestaurant, Kiosk, Waschhaus, Hafenkontor, normalem Lokal. Ein Stück zurück, zum Wasser hin, der allgegenwärtige Grillplatz. Ein Dorf in unmittelbarer Nähe gibt es nicht.

Hat man die Gebäude alle durch, wird's langweilig. Einmal schwimmen und tauchen, um den Schiffsboden mit der Bürste zu säubern, das ist schon die Krönung an Abwechslung. Pardon, nicht ganz. In Nivå lasse ich mich von der Sonne trocknen und dabei von den Viechern pieksen. Das ist Aufgabe genug. Dennoch denke ich: Fahrtensegeln wie heute ist langweilig. Das habe ich in anderen Marinas auch schon ähnlich empfunden. Die Langeweile basiert hauptsächlich auf: zu früh im Hafen. Zu wenig gesegelt. Zu faul, etwas zu unternehmen. Zu kurze Distanzen. Man ist überdrüssig der Kirchen, Museen, historischen Häuser, Dörfer, Werften (des Schiffeguckens sowieso.) Zum Ende einer Fahrt fragt man sich, wo war denn dies und jenes? Zum Beispiel die Kuchen- und Kaffeestube, die von Mädchen aus Ostdeutschland geführt wurde …? Wo Fußball im Fernsehen …?

Und warum machen wir es dann? Meine Antwort in Anlehnung an Bergsteiger, die sagen, »weil der Berg da steht«, lautet: »weil das Meer und die Inseln da liegen.«

Niemals werde ich verständlich machen können, dass ich Tourensegeln nicht betreibe, weil ich abnehmen möchte (was man ohnehin beim Segeln tut), weil ich alt bin, aber fit bleiben möchte, weil ich mich beweisen (angeben) will, weil ich ein Buch schreiben will oder aus welchem Grund auch immer, sondern einzig und allein, weil Segeln auf dem Wasser, auf dem Meer passiert. Und ich dabei, speziell beim Fahrtensegeln, durchaus viel gelernt habe und immer noch lerne.

Die beste Möglichkeit des Verstehens ist immer noch: Kap Hoorn, das Südpolarmeer und andere magische Ecken besegelt zu haben.

FRANS SUELL, MALMÖ

Astrid mag Schweden. Nicht von ungefähr verbindet sie Schweden mit hübscher Kleidung, blonden Haaren, Freigebigkeit, Freundlichkeit. Und seit diesem Sommer verstärkt mit Hilfsbreitschaft.

Nur deshalb haben wir die Route durch den Øresund anstatt via Kopenhagen über Schweden gelegt. Und die Schweden bestätigen sich wieder als großartige Gastgeber. Platz in Hülle und Fülle im Stadthafen von Malmö. Schön ist er nicht. Bei Dauerregen schon gar nicht. Aber sicher. Der Hafen ist zwischen Hochhäusern eingeklemmt. So dauert es auch nur Minuten, bis eine Kaffeeeinladung im gegenüberliegenden Etablissement ansteht. Mange tack – vielen Dank.

Kaffee ist nicht genug. Benzin brauchen wir. Haben wir doch die Brückenquerung Øresund im Auge. Am Hafen gibt es natürlich kein Benzin. Auch keine fünf Liter, die wir benötigen. Also stiefeln wir los – im Regen, Kanister in der Hand, Richtung Hauptbahnhof, wie man uns vorschlägt. Doch in der Innenstadt wird's schwierig. Jeder weiß, dass es eine Tankstelle gibt, aber nicht, wo genau. Erst ein Mann mit Hut kennt sich aus und führt uns um acht Ecken zu einer unterirdischen Tankstelle, die wir nie gefunden hätten. Ob der Anstrengung lädt er uns zum nächsten Kaffee ein. Und als ich dank meiner schwedischen Sprachkenntnisse (mit den Jahren mit Norwegisch gemixt) erzähle, dass ich als junger Mann auf einem schwedischen Tanker unter Malmöstander zur See fuhr und das Schiff bei der Kokkan-Werft gebaut wurde, hakt er ein, dass die Werft exakt dort, wo jetzt der neue Yachthafen ist, lag. Er bestellt einen Teller mit Sandwiches und ich berichte:

Die Zeit: 1962. Ein Tanker. 220 Meter Länge. 30 000 Tonnen. Abgerundete Kanten an Deck. Ein unerhört scharfer Bug. Offiziers- und Mannschaftsdecks mit Pitch Pine verlegt. Einzelkabinen. Also, der Tanker war sachgerecht schön. FRANS SUELL stand an Bug und Heck in gelben Lettern auf schwarzem Grund. Heimathafen Malmö.

Ich enterte das Schiff über eine Lotsenleiter in Augusta. Meine Tasche hievte ich anschließend mit einer Leine an Deck.

Da stand ich also auf dem ankernden Schiff und schaute aufs Land: Sizilien.

Als ich auf dem Tanker anmusterte, war mein Kontostand einige Hundert Mark. Dies sollte der letzte Versuch sein, zu Geld und Boot für eine Weltumseglung zu kommen. Entweder es klappt, oder es bleibt ein Traum. Als ich den Entschluss fasste, in Italien auf einem schwedischen Handelsschiff anzumustern, saß ich in Hamburg-Winterhude in einem möblierten Zimmer. Meine Situation war im großen Ganzen bedrückend: eine Arbeit ohne Lust; Geld ein knappes Gut; Auto in die Binsen gefahren; Freundin unhübsch. Also, zum Weglaufen. Doch zuvor ließ ich mir den Blinddarm rausnehmen, kündigte mein Zimmer, meldete mich beim Einwohnermeldeamt ab und fuhr mit dem Zug nach Genua. Dort ging ich zum schwedischen Heuerbüro, das mir dieses schöne Schiff vermittelte.

Staunen an der Reling: An Deck schien das Schiff zu wachsen. Es lag da wie eine Landepiste für Flugzeuge, nur dass die Rollbahn von Rohren und Mannlöchern blockiert war. Dunkelgrün das Deck, Rohrleitungen und Mannlöcher schwarz abgesetzt.

Es war eine Woche her, dass ich aus Hamburg »weggelaufen« war, um zur See zu fahren, und jetzt stand ich in der heißen Mittagssonne Siziliens an der Reling. Der Himmel wölbte sich höher, als man es in Hamburg jemals gesehen hat. Ölschlieren glänzten auf dem Wasser der Ankerbucht. An Bord war kein Seemann zu entdecken.

Frans Suell war ein Schiff auf Trampfahrt. Es kurvte hauptsächlich zwischen Europa und Persischem Golf, und manchmal machten wir einen Abstecher zur Ostküste der Vereinigten Staaten. Wochenlang schafften wir auch Öl von Venezuela nach Curaçao. Eine Affäre von sechs Stunden Fahrt. Dort erlebte ich Mädchencamps auf beiden Seiten. Camps für Seeleute außerhalb der Städte, im Nirgendwo angesiedelt. Einmal betreten, hakten sich Mädchen von rechts und links bei den Gästen unter. Diese Kurzfahrten bestanden im Einzelnen nur noch aus: Bunkern, Ablegen, Ankommen, Löschen, Wache, Freiwache, Waschen, Landgang, Schlaf. Für mich aus Arbeit und Lohn. Es gab Monate mit bis zu 200 Überstunden.

Es fiel mir nicht schwer. Der Gedanke, es muss gelingen – ich segle allein um die Welt –, beflügelte mich.

Crew: 35. Davon wohl an die 30 Schweden, zwei Finnen, ein Däne, zwei Deutsche, ein Türke. Meine Grundheuer lag bei 380 Kronen, plus Überstunden und andere Zulagen. Die Schweden waren sehr großzügig. Man bekam Tankzulage, Amerikazulage, Dreckzulage. Arbeitete man in den Tanks tief unten im Rumpf, um sie vom festen Öl zu reinigen, gab's gleich das Doppelte oder Dreifache. Wahrscheinlich erinnere ich mich so nachdrücklich, weil ab und an ein Seemann in der Tiefe der Tanks kollabierte. Dämpfe und große Hitze laugten den Körper schnell aus.

Alles an Abfällen kam sowieso über die Kante – ins Meer. Man machte sich keinen Kopp. Knapp eine Stunde nach Verlassen der Häfen wurden alle Abfälle über Bord gekippt. So war das noch in den 1960er-Jahren. Die normale Katastrophe.

Meine Hauptaufgabe war Wache gehen. Ich wurde gleich zur 4-bis-8-Uhr-Wache eingeteilt. Zweimal vier Stunden täglich. Anfangs auf der Brücke, später war ich Matrose, Bootsmann und auch einige Monate Carpenter, der unter anderem für das Ankergeschirr verantwortlich war.

Das hat mir gefallen. Sehr sogar. Und das Wichtigste: Es ist mir, wie gesagt, in drei Jahren Seefahrt gelungen, Mittel und Interesse an meiner Segelfahrt im Auge zu behalten. Mein Konto füllte sich, zugleich war die Arbeit angenehm. Immer an der frischen Luft. Das Leben an Bord fand in T-Shirt und Flipflops statt. Zur Arbeitsstelle waren es nur wenige Minuten. Verschlafen gab's nicht. Man wurde geweckt. Bei einem Landgang konntest du alles Geld verjubeln und warst trotzdem versorgt. An Bord gab's alles, was zum Leben nötig war – ohne Bargeld.

Es waren Jahre, die mein Leben prägten. Davon ein gutes Jahr mit FRANS SUELL. Ich mochte die Schweden, mit denen ich zusammenarbeitete. Immer hilfsbereit. Fehler wurden akzeptiert. Sie passten zu mir oder umgekehrt. Arbeit war Arbeit, Privates blieb Privates. Ich war nicht lange Leichtmatrose.

All das erzähle ich – sinngemäß – unserem neuen »Freund« in einem Bistro. Hell und luftig, eben schwedisch eingerichtet.

Astrid gegenüber ergänze ich auf dem Rückweg zum Boot: Dummerweise fingen am Ende die Probleme beim Blick in mein Sparbuch an. Einerseits wollte ich mein Leben neu gestalten, zum anderen das mühevoll erarbeitete Geld in ein Segelprojekt stecken, wovon ich überhaupt keine Ahnung hatte und bei dem ich mit Pech und Unwissen schnell alles hätte verlieren können. Grob gesagt: Ich bekam Schiss. Überlegte, zögerte, grübelte. Ein Vorhaben kann man doch nicht nach sieben Jahren einfach über Bord kippen. Ich sagte mir, um die Welt segeln war doch all die Jahre mein innigster Wunsch.

Mit solchen Grübeleien im Kopf fuhr ich an die spanische Mittelmeerküste, und dort entschied der Zufall: Das Boot kam zu mir.

LIMHAMN-LAGUNEN

Einer der wohl interessantesten Tage. Nur drei Seemeilen gesegelt, auf Kreuzkurs gegen einen mittelschweren Wind und eine ordentliche See. Verursacht durch Strömung, die eine unangenehme (blöde) verquer laufende Welle verursacht.

Alles ist gegen uns – Wind, Strom, Regen

Wir jumpen up and down, nachdem wir Malmö verlassen. Driften mehr seitwärts, als dass es seglerisch vorangeht. Wir wechseln mehrfach von Steuerbord- auf Backbordbug und zurück. Doch nichts ändert sich. Das Boot beißt einfach nicht. Es macht keinen Spaß. »Überhaupt keinen Spaß.« Als Zugabe: heftiger Regen und die Øresund-Brücke, 8 Meilen entfernt, verschwommen im Visier. Was tun? Abbrechen oder weiter? Es kommt zu einem heißen Wortgefecht. Astrid an der Pinne mit Kapuze überm Kopf. Ich am Niedergang mit Kapuze überm Kopf. Da hebt sich die Stimme automatisch. Ich schütze mit meinem Körper die Niedergangsöffnung, damit der Regen nicht in die Kajüte fällt.

»Alles ist gegen uns«, sage ich mürrisch. »Regen, Wind, Strom.«

»Ist doch nicht so schlimm.«

»Doch. Scheißtag. Ich will nicht weiter. Komm, lass uns in den Hafen. Hier gleich links.«

»O Gott, da liegen auch noch Tonnen. Wo bleiben die gelben liegen?«

»Moment, ich guck mal. – Draußen. – Seewärts.«

Kurzum: Die Fock fällt. Ich lasche sie locker am Bugkorb fest. Rufe: »Geh in den Wind.« Ich löse das Fall, und das Groß rauscht runter. Provisorisch einbinden. Außenborder an. Gang rein. Und schon sind wir in Limhamn, 3 Meilen südlich von Malmö.

»3 Meilen?«

»Ja, 3 Meilen!«

»Darüber kann man sich nicht freuen.« Astrid ist unglücklich. Möchte gleich wieder raus – schon wegen des Wetterberichtes.

»Morgen soll es verstärkt aus Südwest wehen.«

»Mit Vorhersagen haben wir schon blendende Erfahrungen gemacht.«

Die gesagten Worte haben kein Gewicht. Es geht hin und her. Fast fliegt der Tisch über Bord. Ich mache deutlich, dass wir beide schlapp sind. Mal wieder. Vier Segeltage in Folge, plus Häfen, plus Regen.

»Älter werden ist beschwerlich. – Plus 21 Kilometer Fußmarsch im Sand über Anholt bei großer Hitze. – Plus allerlei Fragen von fremden Seglern auf dem Weg zur Toilette: ›Drei Antworten zu einem guten Seeschiff.‹ Oder: ›Was halten Sie von der Bavaria xy?‹«

Das alles strengt an, doch Astrid will es nicht wahrhaben. Es gibt nichts Ernsthafteres, als wenn man alt ist und über das Älterwerden redet. Glücklicherweise ist niemand da, der mithört. KATHENA X ist in der Stille des Hafens verdammt hellhörig.

Limhamn ist ein Gästehafen ohne Gästeboote. Das stellen wir aber erst später fest. Für mein Logbuch halte ich fest:

Ich studiere Seekarten und Segelhandbücher und pussele an Bord rum. Astrid reagiert sich an der Tvättmaskin (Waschmaschine) ab. Nachmittags ist das Schiff vor lauter Wäsche auf der Leine nicht zu erkennen. Trockner? Nicht für meine Frau. Bettwäsche muss nach Seeluft riechen …

Das Übel: Wir sind schon über Astrids geplante Reisezeit. »Roswitha wartet«, so ihr Kommentar seit Tagen nach jedem iPhone-Gespräch. Roswitha ist ihre Cousine. Sie erwartet Astrid zu einer wichtigen Familienaufgabe. Nur: Was ist eine Reise wert – mit Zeitdruck? Mit 70 und in Eile?

Wir laufen in die Stadt Limhamn zum Einkaufen. Keine Inga-Lindström-Idylle. Das sehen wir bald. Eine Lagune nicht in Sicht. Industrie rundum. In einem Supermarkt füllen wir unseren Rucksack. Brot, Obst, Gemüse. Dann suchen wir ein Café, um das Treiben der Menschen zu beobachten. Jedoch: nicht ein Café, das uns passt. Somit trinken wir den Kaffee nach der Rückkehr im Klubraum des Vereins. Der ist sehr gepflegt mit Küche, Cola-Automat, Segelzeitschriften und Ausblick auf den Sund. Draußen, in Sichtweite, finden die Swedish Open 2010 der »J24«, einer internationalen Bootsklasse, statt.

»23 Boote nehmen teil. – Und die sind nur gut sieben Meter lang.«

»Haben aber fünf, sechs Crewmitglieder an Bord«, sage ich.

»Genau, bei Regatten darf das Crewgewicht maximal 400 Kilo betragen.«

Was Astrid Erdmann so alles in Erfahrung bringt. Übrigens: Keine Deutschen unter den Siegern. Dafür segeln sie Boote mit den schönsten Malings an ihren Rümpfen.

Keine zwei Tage in Folge schlechtes Wetter. So lautet die Regel. Morgens um fünf ist unsere Zeit in Schweden endgültig vorbei. Die Sonne scheint, die Segel stehen, und die mächtige Brücke ist mit einem Amwindkurs schnell passiert. Das geht bei günstigem Wetter zehn Mal leichter als gestern und Tage zuvor.

Die Brücke ist schon ein beeindruckendes architektonisches Bauwerk, auf das man mit Respekt schaut. Allemal im Morgenlicht. Spannweite 7845 Meter. Längste Stützweite 490 Meter. Dort fahren die Frachter und Tanker durch. Durchfahrtshöhe 55 Meter. Wir steuern ein Brückenfeld östlich davon an. Stützweite im Trindelrännan-Fahrwasser 140 Meter. Es geht mittendurch. Und problemlos. Wie alles heute Morgen. Schwachwind lässt die Segel mit 3 bis 4 Knoten ziehen. Eine seitliche Strömung ist nicht auszumachen.

Das schöne Wetter setzt sich auch auf der südlichen Seite der Brücke fort. Und wir staunen über ein megagroßes Feld Windräder. Wohl 400 Stück. Aus der Ferne mit bloßem Auge erscheinen sie mir wie parkende Wasserflugzeuge. Astrid lacht sich kaputt.

»Schlag mich tot, wenn das Flugzeuge sind.« Ich nehme das Fernglas zu Hilfe.

»Na, im Gegenlicht kann das passieren.«

»Ja, ich weiß, kann passieren. Ha, ha, wenn ich das höre … Kann passieren ist wohl neuerdings deine liebste Lieblingsausrede.«

Schönes Wetter bis zehn Uhr. Und es wird schöner. Segeln am Wind mit leicht geschrickten Schoten gleich 6,5 Knoten. Das Kielwasser gluckst hörbar und spürbar. Kleine weiße Sonnenflecken überziehen die Wasserfläche. Ist das schon die Magie des X-Segelns? Zumindest lässt es uns locker dahinsegeln, sportlich in T-Shirt und Fleecejacke darüber. Ein schöner Segeltag wie lange nicht. Das ist Segeln.

Wie im Rausch erreichen wir den Hafen von Rødvig an der Südküste von Sjælland. Er liegt wunderschön unterhalb einer Steilküste.

»Sandsteinküste?«

»Ja«, bestätigt meine Mitseglerin.

»Achte jetzt lieber auf den Tonnenstrich.«

»Und du auf das Anlegemanöver.«

»Mir sind die Schweden und Norweger in farbigen Blousons, hellen Hosen und schicken Stiefeln aber lieber als viele deutsche Segler in Dunkelblau und Jogginganzügen, die mehr nach Auftragen aussehen als nach Schick.« So lautet Astrids Fazit, nachdem fünf Männer am Heck von uns ihr Schiff im Hafen drehen.

Rødvig bietet noch einen anderen erheiternden Aspekt: Astrid hilft beim Festmachen eines kleinen Bootes. Die Crew bedankt sich und fragt: »Was segeln Sie?«

Astrid zeigt auf unsere X und sagt: »Ist noch kleiner.«

»Aber schnell«, kommt es prompt zurück, »möchte ich auch gerne segeln.« Dies ist die Regelantwort.

Rødvig. Der Hafen ist mit vier Becken riesengroß. Wer hier keinen Platz findet, ist selber schuld. In Dänemark kann man fast überall festmachen – für eine Nacht. Es gilt nur: bezahlen. Das ist schön. Das hat sehr viel mit Freiheit zu tun.

HAST DU BEZAHLT?

Auf Nyord erschreckt mich der Hafenmeister mit lauter Stimme: »Hast du bezahlt?«, als ich aus dem Hafenklo komme. Wir sind wieder in Dänemark. Nyord bietet, bei rund 15 Liegeplätzen,

4 große Hinweisschilder. Haben die Dänen Angst, man komme seinen Pflichten nicht nach? Kann ich mir bei der Größe und Qualität der Boote nicht vorstellen. Der durchschnittliche Segler hat mindestens zehn Meter Schiff zur Verfügung. Eher mehr. Ohnehin habe ich in all den Wochen kein Stöhnen über Liegegebühren vernommen. 100 bis 200 Kronen (13 bis 25 Euro) pro Nacht sind auch absolut realistisch.

Nyord sieht sehr dänisch aus. Aufgebockte Boote, Boote kopfüber im Gras, Boote halb im Wasser, offene Boote vor Anker und, klar doch: Wracks am Ufer. Für jeden Zweck eine winzige Hütte am Hafen. Ein kleiner Kaufmann im Dorf. Eine achteckige Kirche mit Schiffsmodell im Gebälk. Wundervoll, auch ohne Andacht. Ein Café mit exzellent sortiertem Schnapsangebot – ohne Schnapstrinker. Leider regnet es. Sprühregen. Kein Tag zum Über-die-Insel-Streunen. Die Segler im winzigen Hafen hocken an Bord unter ihrer »Veranda«. AP (Automatic Pilot, damit ist Astrid gemeint) hat heute die gesamten 19 Meilen gesteuert (das tut meinem Rücken gut), legt sich schon am frühen Abend in ihre (wie sie sagt) handbreite Koje.

»Wenn das morgen so regnet, legen wir nicht ab.«

Sie meutert: »Du nicht, aber ich.« Sie will weiter, weiter, weiter.

Ich: »Wann kommen wir schon mal wieder nach Nyord?«

»Muss ich das? Nass, sumpfig und Berge von Seegras im Hafen.«

»Und drum herum.«

»Und menschenlos?«

»Wundert dich das, bei kaum 30 Bewohnern?«

»Und Regen. Tatsächlich Dauerregen.«

Sie war heute ernsthaft böse, als ich nach der »Vor-GPS-Zeit« navigierte. Indem ich sie am Ende der Faksebucht, von Rødvig kommend, die rotweiße Tonne ansteuern ließ, obgleich es für den Kurs nicht unbedingt erforderlich gewesen wäre, um in den Prickenweg nach Nyord zu gelangen. Umweg: halbe Kabellänge, geschätzt. (Stimmt nicht, sagt meine Frau.)

KALVEHAVE

Ja, wir fahren trotzdem weiter. Am Freitag, dem 13.! Mit unterschiedlicher Auffassung von Aberglaube.

Segel ziehen wir vorsichtshalber schon mal nicht hoch. Motoren nach Kalvehave 5 Seemeilen durch ein mit Seegras verseuchtes Gewässer. Alle naselang heißt es anhalten und mit dem Bootshaken das Gras vom Ruder und Propeller wegstochern.

Der Hafen liegt praktisch unter der Brücke über den Ulvsund. Und dementsprechend ist auch das Ambiente. Weder schlecht noch gut. Ein Bankautomat, Kaufmann, Kiosk und der Hafen hat, ganz neu, wie es ein Schild ausweist »eine Toilettenentleerungsanlage erhalten«. Heißt wohl eher eine Schmutzwasserentsorgungsanlage. Was für ein Wort. Wir fallen nicht darunter. Bei uns geht das Spülwasser gleich in die See. Macht man nicht? Nein, natürlich nicht. Wir haben sowieso keine funktionierende eingebaute Spüle und keinen Wassertank. Aber keine Sorge, unser Spülmittel ist biologisch abbaubar. Astrid gehört zu den Menschen, die ihren Müll penibel in der jeweiligen Tonne entsorgen. Und sie versucht weniger Fleisch zuzubereiten, wenig Waschmittel zu nehmen und viele Strecken mit dem Fahrrad zu absolvieren. Was man halt so macht.

Der Außenborder kommt auf dem Stück nicht richtig auf Touren. Schon wieder büschelweise Seegras im Propeller. Man kann dem Zeug nicht ausweichen. Aber das ist es diesmal nicht, was den Motor stottern lässt. Ich hole ihn an Deck und mache das, was alle machen, die sich mit Motoren nicht gut auskennen: mit Lösungsmittel einspritzen, säubern, ölen und zuletzt Vaseline-Spray in alle Richtungen versprühen. Und? Und perfekt. Er marschiert wieder. Übrigens: Marschfahrt sind 4,5 Knoten bei stiller See. Da kann man nicht meckern, wenn vier PS die 1,6 Tonnen Boot schieben.

Anstatt durch den Ort zu ziehen, in fremde Gärten zu gucken, vielleicht mit Dänen beim Bier am Kiosk etwas Spaß zu haben, leiben wir uns hier in Stille und Glätte zwischen den Dalben Ruhe ein.

Und dann machen wir, was man am besten an einem Freitag, den 13. macht: Im Cockpit liegen bei 22 Grad, Trinken & Essen in Reichweite (gemischter Salat, Käsebrote, Tee, Muffins) und rechtzeitig unter Deck den Wetterbericht hören. Und notieren:

24-h-Vorhersage: Belte + Sund Nord bis Nordwest 3 bis 5 Beaufort, vorübergehend 6 und 7, diesig, Nebelfelder, Schauer und Gewitterböen.

Nicht unser Wetter. Aber auch nicht unser Hafen zum Bleiben. »Was tun?« Mit der Frage schlafen wir weg in unserer Höhle, die eng ist, aber trocken – von oben und unten keinen Tropfen macht. Wir lieben KATHENA X, haben Boot mitsamt Kajüte in unser Herz geschlossen.

SMÅLAND-FAHRWASSER

Es geht doch auf See. Mit dem ersten Lichtschimmer stehen die Segel – Fock und Groß. Nur Bug- und Heckwelle schmatzen, so still segelt es sich auf dem geschützten Gewässer. Keine Welle stört den Kurs. Gegen die Nässe vom geschlossenen Himmel tragen wir Ölzeug.

Gleich hinter der Brücke über den Sund sind wir im Småland-Fahrwasser bei Regen und einem sportlichen Wind. Ich muss aufpassen, dass mir die Seekarte nicht zu nass wird. Die Luke ist zwar zugeschoben, aber Hände und Ölzeug triefen vor Nässe. Die angekündigten Nebelfelder ziehen auf, machen das Auffinden der Tonnen mühsam. Zumal meine Augen auch nicht mehr das sind, was sie mal waren. Nur mithilfe des Fernglases ist Erkennen möglich. Der Horizont verschwimmt förmlich zwischen dem hellen Grau der Wasserfläche und dem milchigen Dunst des Himmels. Ich habe mir bei der Planung das Segeln im Småland-Fahrwasser einfacher vorgestellt. Irgendwie gemütlicher. Doch bei der Umsetzung prägen Brücken, Tonnen und nicht markierte Untiefen das Bild. Ausweichhäfen? Buchten? Nil.

Bei der Brücke Farø steht schon Seegang. Sicht wenige hundert Meter. Eigentlich liebe ich diese besondere, eher seltene Stimmung. Unser nächstes Ziel, die Storstrøm-Brücke, ist dagegen nicht zu übersehen. Wir halten Kurs direkt auf den großen Bogen über alle Flachs (zwei Meter) hinweg. Mit der Seekarte in der Hand bewege ich mich zwischen Kajüte und Cockpit hin und her. Bojen abgleichen, abhaken, sichergehen, Kurs vorgeben. Spaß macht das nicht. Der Himmel wird schwarz, das Wasser raut auf, ein starker Wind bricht los. Gut, der Wind beginnt nicht gleich zu brüllen, aber der Gedanke an Reffen ist sofort da. Mist, auch noch schäumende Schräglage und heftiger Regen.

Überwiegend hart am Wind und mit gerefftem Großsegel geht es weiter. Im Angesicht der Storstrøm-Brücke binde ich das zweite Reff ins Groß. Sieben Arbeitsgänge sind dafür notwendig: Schot auffieren, Fall ablassen und Reffauge einpicken, Achterliek dichtholen, die Lose im Segel einbändseln, Fall durchsetzen, Schot dichtholen. Aber damit ist es nicht genug: Nach dem Passieren der 26 Meter hohen Pfeiler ist zu viel Druck auf der Pinne und zu viel Schräge im Boot. Es läuft nicht gut. Das Problem: Noch immer steht zu viel Tuch, also ist das dritte Reff dran.

Die Insel Omø haben wir uns für heute vorgenommen, ist aber nicht zu halten. Der fast stürmische Wind kommt zu spitz. Kreuzkurs ist heute nicht unser Ding. Das bedeutet, wir wählen ein neues Ziel: Femø. Soll auch schön und sicher sein. Hierfür ist die Fock mit 14 Quadratmetern zu groß, Astrid an der Pinne drängt auf die Sturmfock. Sie kann die Pinne nicht halten. Ich

Leichter Sturm: keine Ruhe in Sicht

zögere. Für die Sturmfock muss ich nämlich bei Lage und Gischt aufs Vordeck. Das macht keinen Spaß. Erst mal Fock bergen und festlaschen und die Stagreiter der Sturmfock am Vorstag anschlagen. Dabei liege ich auf dem Bauch, festgekrallt und abgestemmt und, wie gesagt, bei Gischt und Schräglage von

30 Grad und ruppigen Stampfbewegungen. Selbstverständlich trage ich bei der Tätigkeit meinen Sicherheitsgurt mit einer Leine, die im Cockpit befestigt ist.

Als die Schot dichtgeholt ist und ich ins orangefarbene Tuch der Sturmfock schaue, sagt Astrid:

»Immerhin haben wir KATHENA NUIS Sturmfock nicht umsonst mitgenommen.«

»Die Fahrt verringert sich spürbar.«

»Dummes Zeug«, sagt Astrid, »vorher waren es 6,2 Knoten, jetzt sind es 6,0.«

Was sich ändert, sind die Bewegungen: weniger Schräge, weniger Stampfen und vor allem weniger Nässe. Die Pinne liegt besser, und der Kurs ist konstanter. Was soll's, nicht immer leuchtet mir ein, dass Reffen weniger Fahrt und mehr Abdrift zur Folge hat, dafür aber mehr Komfort bietet.

Der richtige Komfort beginnt erst bei der Tonne Nakke, am Nordende der Insel Femø. Ein Schrick in die Schoten, noch ein Schrick, und schon segeln wir mit Halbwind in die Bucht. Wenige Minuten sind wir noch unsicher wegen einer roten Tonne, die nicht auszumachen ist. Finden aber trotzdem die bojenmarkierte Fahrrinne des winzigen Hafens von Femø. Reißen die Segel runter, den Außenborder an und sind drin. Nach 32 Seemeilen in fünfeinviertel Stunden. Im Hafen, mit dem Bug gegen den vorherrschenden Wind, notiere ich:

Wo nimmt AP (Astrid) die Kraft her? Erst fünf Stunden an der Pinne, dann Aufklaren an Deck und ein Tuch gegen Regen spannen. Sie springt am Kai rum, um anderen beim Festmachen behilflich zu sein, einer Frau zu zeigen, wie man eine Leine wirft (dabei steht das Thema dauernd in der »Yacht«) – das Bündel Vorleine auf beiden Armen und rüber, so schafft man nicht einen Meter. Jetzt den Kurs für morgen zu planen und auf dem einflam-

migen Spirituskocher ein Essen zu kochen – Reis und braune Bohnen mit zwei großen Gemüsezwiebeln.

Eine junge Frau am Kai bemerkt: »Wir hatten auch eine X-79, die war uns zu anstrengend.« Ihr Mann fügt strahlend hinzu: »Wir haben heute einen Rekord aufgestellt! 9,6 Knoten.« Sie segeln ein Boot vom Typ J-30.

Ein älterer Herr mit Frau und großer Comfortina auf Sommerreise ohne Bugstrahl, Rollsegel und elektrischen Firlefanz spricht über Technik auf Schwizerdütsch: »Wenn ich die Kraft nicht mehr habe, höre ich auf zu segeln.« Und zum Thema Wetter. »Nach vier Monaten auf der Ostsee bin ich es leid, mehrmals täglich das Wetter abzuhören. Damit ist endlich Schluss.« Dann hängt er noch schnell an: »Man wird von Wetterinformationen regelrecht abhängig. Diese vielen Wetterberichte – völlig kontraproduktiv.« Einen Atemzug später: »Man riskiert immer weniger, und das ärgert mich. Das ist furchtbar.« Die Kombination Wetter und Wetterberichte muss ihn mächtig geärgert haben. Recht hat er auf alle Fälle, denn das merken wir auch, Wettervorhersagen sind in dieser Region sehr veränderlich und wenig zutreffend. Nicht unbedingt meine Erfahrung, sondern von denjenigen, die hier in unserem Fahrgebiet viele Sommer gesegelt sind. Dass man auf eine Art abhängig wird und weniger riskiert nach einer gewissen Zeit, haben wir auch festgestellt.

Und dann ist da neben uns am Kai in Femø noch ein Organist mit Frau und einem kleinen Boot auf Tour durch Süddänemark. Kleiner noch als unsere X. »Meinem Verdienst angepasst«, sagt er schelmisch. Georg Gusia aus Bielefeld ist ein bekannter Orgelspieler – mit eigener CD, die er uns verehrt. Nebenher ist er Imker und ergänzt das CD-Geschenk »Orgelhymnen für Nationen« mit einem Glas selbst geschleudertem Honig. Wir probieren ihn gleich auf den Brötchen vom Kaufmann: »Genau mein Geschmack, nicht zu süß.« Prima, danke schön. Von der Insel Femø sehen wir nicht viel: Regen und schlechte Sicht halten uns im Hafen fest – zumeist unter Deck.

Der Kaufmann, gleich gegenüber am Kai, macht das Leben hier leicht. Brot, Käse, Obst und Gemüse, Bier, sie verkaufen vieles. Femø ist einer der beliebtesten Häfen im dänischen Süden, hört man. Die Insel ist klein, ungewöhnlich hügelig, bietet Sandstrände, enge von Knicks gesäumte Straßen und eine kleine, in Feldern eingebettete Kirche. Der Hafen sorgt für kein Gedränge. Stille und Sicherheit sind gegeben.

AUF DER KANTE

Ein Morgen wie viele andere, seitdem wir wieder in Dänemark sind. Als ich die Luke aufschiebe, fühle ich Regentropfen und sehe Grau. Nieselregen und dunkle Wolken am Himmel. Wind aus der Zielrichtung.

Wetterfindung, die eine. Die Flaggen zeigen einen moderaten Nord bis Nordwest. Genau von dort, wo wir hinwollen. Ernüchterung – Luke zu. Nochmal rein in die Koje und unter den Schlafsack. Ich mache es mir bequem, liege ganz entspannt und genieße die morgendliche Stille. Sage mir: »Lebe diesen Moment, bald ist es vorbei.« Mein Vorschiff ist ein feiner, aufgeräumter »Raum«. Saubere Ablagen aus Mahagoni, daneben grobe Persenning-Tuchtaschen. In denen stecken Bücher, zum Lesen gedacht. Leider ist das Vorluk im DIN-A5-Format zu winzig, um am Tage lesen zu können. So bleiben sie größtenteils ungelesen. Oder stecken sie dort, um zu dokumentieren: an Bord wird gelesen!? Nein, bestimmt nicht. Sie sind dort, weil es ein guter Stauplatz ist.

Was uns glücklich macht: Segeln auf freier See

Wetterfindung, die andere, beginnt mit Astrid am Frühstückstisch. Nass, aber nicht zu nass. Der Himmel dunkel, aber mit viel Grau. Der Wind moderat, mit moderaten Aussichten. Die See kann so harsch nicht sein. Rings um den Großen Belt liegt Land.

Das sehen andere wohl genauso. Denn: Der Hafen lichtet sich. Peu à peu. Das bringt Unruhe. Gespräche fliegen von Boot zu Boot, von Boot zu Steg. Was machen wir? Bleiben? Nein. Die Insel ist zwar schön, der Hafen gefällt, aber weitersegeln wäre auch nicht schlecht. Vor allem, wenn der leichte Regen bleibt, hängt man an Bord oder im Hafen untätig herum. Also: weitersegeln.

Schnell ist die Insel Vejrø, um ein paar Bojen, an der Westseite querab. Der Wind passt. Bis hierhin. Hart am Wind hängt meine Weltumseglerin auf der Kante und steuert mithilfe des Pinnenauslegers 310 bis 320 Grad. So genau geht es nicht. Der Wind ist instabil und der Kompass wirklich schlecht ablesbar – erst recht aus zwei Meter Entfernung.

»Ich versuche, nach dem Wind zu steuern.« Ihr Ziel ist, das Kap Lille Hov im Norden von Langeland auf Backbordbug anzuliegen. Was ihr zunächst nicht immer gelingt. Daher neige ich auf halber Strecke dazu, Richtung Spodsbjerg abzudrehen.

»Kennen wir. Auch nicht schlecht. Mit Wind und Welle von achtern sind wir ruck, zuck da«, versuche ich AP zu überreden. Komme aber nicht gegen sie an. Sie hält tapfer Kurs und steuert, jede Windveränderung ausnutzend, und wenn's nur für Sekunden ist, optimal weiter. Klar ist der Wind instabil in Richtung und Stärke. Astrid steuert, als wäre sie in einer Regatta: Mund verspannt und konzentriert. Ihr Blick schweift zwischen Kompass, Windfähnchen (am Rigg) und Wellengang. Kein unnötiges Wort, kein freundlicher Blick. Die Folge ist: Wir segeln noch immer auf direktem Kurs zum Ziel Lille Hov mit der Tendenz, zu hoch an den Wind zu gehen. Ich sage nichts. Ich denke nur: »Wenigstens einen Strich könnte der Wind drehen, damit wäre es schon getan.« Er dreht aber nicht und wenn, dann nur für wenige Augenblicke. Ich drücke mit dem Oberkörper nach, genauso wie Astrid vorm Fernseher beim Hochsprungwettbewerb das Bein anhebt.

Als ich nicht glaube, dass sie es schafft, ohne einen Kreuzschlag das Kap zu runden, und um die Zeit der Entscheidung zu verkürzen, hole ich eine Buddel an Deck, übergebe der See und dem Wind je einen kräftigen Schluck Rum und wünsche mir eine leichte Winddrehung auf Nordnordost. Man glaubt es nicht, eine kleine Weile später können wir (pardon, Steuerfrau Astrid) das Kap anliegen und es eine Stunde später runden. Folgerichtig haben wir uns auch einen Schluck (aus Sympathie) gegönnt. »Sonst kann man seine Wünsche gleich in den Wind schreiben.«

Mein Segeltagebuch:

Lohals, das Ziel, erreichen wir mit glänzenden Augen. Eine Flasche Bier, belegte Brote, gegenseitiges Lob. Aufklaren kommt viel später. Fühlen uns als Sieger nach einem Kurs, der eigentlich so nicht machbar war. Drei Strich zum Wind über Stunden. Das hatten wir noch nie. AP: »Der Rum hat gewirkt.« Ich: »Weil ich die Götter nicht ausnutze.«

VON LOHALS NACH MARSTAL

Was soll da schon passieren? 25 Meilen im geschützten Fahrwasser der Dänischen Südsee. Von Lohals nach Marstal. Paradoxerweise haben die es noch mal richtig in sich. Diesig und Regen

Die Möwen im Hafen von Skagen haben ein gutes Leben. Fast stündlich landen Fischerboote mit Fang an, dann gibt es reichlich zu fressen. Skagen ist der größte Fischereihafen Dänemarks.

max
30
km
Zone
TUBORG
Carlsberg
Pilsner

Der Tuborg-Mann: Seit 100 Jahren ist die Werbefigur für Bier in Dänemark unterwegs. – Die Passage der Øresundbrücke ist einfacher als gedacht. Unten: Astrids Leidenschaft sind Steine mit Löchern. Leider nicht passend zum Um-den-Hals-Hängen. – Ich liebe Modelle von alten Segelschiffen. Dieses finden wir in der sehenswerten Kirche von Nyord.

KATHENA X

Die Fahrt neigt sich dem Ende zu. KATHENA X wirkt besser als neu. Und wir? Sind picobello in Form. Die frische Luft, die Bewegungen, die Anstrengungen und viel Freude stehen uns im Gesicht geschrieben. Beide wissen wir: So schön wird es nie wieder. Für uns ist das Leben auf dem Wasser viel mehr als ein Hobby – es ist eine Lebenseinstellung.

Gerade dort, wo uns das Segeln einfach erschien, im Småland-Fahrwasser und in der Dänischen Südsee, macht das Wetter Probleme. Da muss sogar meine Kap-Hoorn-Sturmfock aus dem Sack. Unten: Mit 12 Knoten pressen die Segel das Boot über die See. Fotografieren wird zur Nebensache.

COMPASS

Das Schönste am Skandinavientörn? Klar doch, die Tage und Nächte vor Anker in einsamen und einzigartigen Buchten. Als Zugabe das Licht des Nordens. Es gibt Tage, da hat man den Eindruck, es wird überhaupt nicht dunkel. Und: Wenn man mit einem jollenähnlichen Boot segelt, liefert man sich den Elementen aus, und das hat uns sehr gefallen.

und ausgesprochen viel Wind. Das 1. Reff ins Groß ist schnell eingebunden. Das 2. Reff dauert. Das 3. – ich zögere. Wieder und wieder nehme ich das Fall in die Hand, lasse das Segel aber nicht fallen, um das Reff einzubinden. Hadere zwischen nötig und unnötig. Und reffe irgendwann doch.

Fangen wir mit dem Speed an: 10,5 Knoten auf der Anzeige. Und es geht zweistellig weiter. Über eine Stunde. Bis zur Brücke Rudkøbing. Astrid juchzt:

»Guck mal, nur mit zwei Fingern steuere ich fast 12 Knoten.« Ich nehme vorsichtshalber die Fock weg. Wir rauschen bei raumem Wind durch die See wie nie zuvor, wobei das Freibord praktisch in den Wellen verschwindet. Die See ist eine weiße Schleppe, die aus dem Achterschiff quillt. Die X spritzt, schäumt und gleitet wild wie ein durchgegangenes Pferd dahin. Ganz so schlimm ist es nicht. Das wilde »Pferd« hat, bedingt durch das breite Heck, sehr gute Surfeigenschaften.

»Fantastisch ist es, den Kurs halten zu können«, sagt meine völlig begeisterte »Segelfreundin«. Und es dauert nicht lange, da kommt der Aufschrei: »12 Knoten.«

Ich stehe an Deck und fotografiere mich und uns beide mit Selbstauslöser. Wenig konzentriert lasche ich das Stativ mit Kamera ans Rigg – das Ergebnis: Viele Aufnahmen sind verwackelt. Segeln ist momentan eben wichtiger. Aber ohne Fotos geht es auch nicht. Für mich nicht. Noch ein Foto und noch eins mit unterschiedlichen Verschlusszeiten, mit veränderten Blenden. Der stärker werdende Regen macht der Fotografie ein Ende.

Wir erleben diese 25 Seemeilen völlig losgelöst und traurig zugleich, weil die Fahrt sich so schnell dem Ende nähert.

Mehr Text? Im Moment nicht. Es ist alles zu schön. Außer einem seligen Gefühl, das durch den ganzen Körper geht, möchte ich nichts weiter beschreiben. Morgen vielleicht oder später, wenn die Fahrt auf der Schlei beendet sein wird.

PERLE DER SÜDSEE

Marstal ist die Lieblingsstadt der deutschen Seglerszene. »Der Hafen der alten Seefahrerstadt darf auf keinem Dänemarktörn fehlen.« So steht es geschrieben in der Stadtwerbung. Und das spürt man auch. Im Einzelnen:

- 90 Prozent der Besucheryachten haben die deutsche Flagge gesetzt.
- Was sagen die Dänen dazu? (Sie leben davon.)
- Reizend unordentlich die Stadt mit sauberen Gassen, uralten Fachwerkhäusern und Kopfsteinpflaster (sehenswert).
- Sjøfartsmuseum. Anschaulich dokumentiert es die große Vergangenheit der Seefahrerstadt. (Wir müssen es leider auslassen. Geschlossen.)
- Guld Bageri (Brot und Plundergebäck, das auch schmeckt).
- Super-Brugsen (grandiose Obst- und Gemüseabteilung).
- Isenkram (in dem Eisenwarengeschäft ist Astrid kaum wiederzufinden, so überaus gut sortiert).
- Das Leben in der Dänischen Südsee ist langsam. (Fahrräder das gängige Fortbewegungsmittel.)
- Moderne Marina. (Zwischen 10 und 16 Uhr wird kein Hafengeld verlangt. Wie großzügig.)
- Werfthafen mit aufgeslippten Frachtern & Wracks am Ufer (morgens um sieben Uhr hört man ihn).

Astrid und ich? Wir machen eine Erkundungstour. Das kleine Städtchen ist wirklich hübsch. Der Himmel reißt auf. Sonne. Der richtige Moment für einen großen Kaffee (mit viel Milch, wie wir ihn mögen) in einem Straßencafé. Wunderbar. Wieder an Bord schauen wir abwechselnd in die mitgebrachte Tageszeitung und auf das Hafenleben und stellen fest: Am schönsten ist eine Segelfahrt ganz ohne Landprogramm und nur auf sich gestellt.

Das Letzte, was wir aus Dänemark mitnehmen, ist ein dick belegtes Pølser-Sandwich, in das die Verkäuferin neben Wurst, Zwiebeln, Gurke und drei Soßen auch noch Salat presst. Nur mit sanftem Nachdrücken passt das Ding schließlich in meinen Mund.

LA BELLA GERMANIA

Als Astrid die Schlei ansteuert und sie die ersten Baumgruppen aus dem Wasser steigen sieht, schlüpft ihr ein: »La bella Germania« heraus. Meint sie das wirklich, oder sagt sie es nur, weil sie sich gut fühlt und dann gern italienisch spricht?

Auf dem Wasser liegt ein diffuses Morgenlicht. Durch Nebelschwaden schimmert eine fahle Sonne. Leicht und langsam gleitet KATHENA X über dunkles Wasser. Tonnen schweben vorbei, die das Fahrwasser kennzeichnen. Dann erscheinen am Ufer Büsche und Bäume, als ob sie im seichten Schleiwasser stünden. Möwen jagen nach Fischen. Fischkutter sind auf dem Weg, es ihnen gleichzutun. Angler in ihren winzigen Kähnen, den Ankerball gesetzt, sind ebenfalls auf Fisch aus. Yachten segeln/fahren »danish style« der Ostsee entgegen. Stumm sitzen wir auf der Süllkante uns gegenüber:

»Da, guck mal, vor Maasholm, die Segelschule ist auch schon unterwegs.« Wenige Worte zerreißen die Stille.

Wundervoll das Leben auf und an der Schlei mit Buchten, Nooren, viel Feld und Wald und wenigen Dörfern und Städten. Nirgendwo in Deutschland findet sich ein besseres Revier, um segeln zu lernen. Oder, um Erfahrungen zu sammeln, wenn man von der Jolle auf ein Kielboot umsteigt. Mein Credo immer: Hier kannst du Jolle segeln, aber auch, wenn du das Boot dafür hast, nach New York oder um Kap Hoorn segeln. Alle Möglichkeiten habe ich umgesetzt.

Astrid drückt mir auf dem glatten Wasser die Pinne in die Hand. Sie hat Wichtigeres vor: klar Schiff. Sie platzt förmlich vor Kraft. Kajüte, Deck, Cockpit – nichts entgeht ihrer Reinigung. Alles wird geordnet, gesäubert und auf Glanz gebracht. Schwimmend wird an der Boje vor der Klappbrücke Lindaunis noch der Wasserpass geschrubbt. Und kurz vor dem Ende hat meine Frau noch die Muße, mithilfe eines Spiegels Lippen und Augen zu schminken. Damit signalisiert sie: Hallo, Missunde, ich komme.

Als wir in der Missunder Enge vorm Fährhaus festmachen, wo die Fahrt auch begann, wirkt KATHENA X frisch, wie unbenutzt. Ja, wie neu. Stolz schauen wir uns um, in Kajüte und an Deck. Und wir? Wie steht's mit uns? Sind picobello in Form. Die frische Luft, die Bewegungen, die Anstrengungen und viel Farbe und Lust stehen uns im Gesicht geschrieben. Beide wissen wir, dass wir zwar nicht aussehen wie Alte, dass wir aber aus der Perspektive der Jugendlichen, die zufällig unsere Leinen entgegennehmen, aussehen wie Sechzig- und Siebzigjährige. Beide wissen wir: »So schön segelt es sich nie wieder.«

Im Fährhaus-Restaurant dann, nur wenige Meter von unserem Liegeplatz entfernt, reden wir bei einem Glas Bier über das Ende der skandinavischen Reise. »Nie ist mir das Lokal so schön erschienen wie heute«, sagt Astrid. Sie schließt die Augen und schwelgt die nächste Viertelstunde in Worten der Glückseligkeit. Und bald entwickelt sich ein lebendiges Gespräch mit Helmuth, dem Wirt, und unseren Freunden Ursel und Hubert aus Reutlingen, die auch gerade von ihrer kleinen Sommerreise zurückgekommen sind. Deren Boot ist leider zu groß, zu unhandlich, um einfach loszusegeln. Zwölf Meter Schiff sind halt kein Pappenstil. Schon gar nicht, um damit in den engen Häfen Dänemarks zu hantieren.

Astrid hört ein Herzliches: »Sie sehen aber gut aus«. Es kommt von der Thekencrew. Astrid errötet und bestellt eine neue Runde: »Kein Wunder, ein Segelboot gibt mir alles – Nähe zur Natur, Fitness und Geborgenheit.« Dann holt sie weiter aus: »Die Nähe und die Ferne gehören zusammen. Ergänzen sich. Sie gehören nach einer langen Bootsreise zusammen. Zum einen die Klippen im Meer, die Steine mit Loch am Strand und die Gischt beim Amwindkurs. Zum anderen das Ankommen wie hier im Fährhaus mit den dicken Balken an der Decke, den Farben der Theke, frischen Blumen auf dem Tisch und den glücklichen Gesichtern in diesem Raum.

Es enden 1000 Meilen, die nicht nur romantisch waren. Mehrheitlich haben sie unsere Erwartungen erfüllt. Man muss sich halt den Veränderungen unterwegs anpassen. 1000 Meilen an der frischen Luft bei Sonne und Regen, bedecktem Himmel oder den nordischen Nächten. 1000 Meilen in 75 Tagen, das war unsere skandinavische Acht.

VON HIER NACH DORT

Astrid Erdmann

Es ist wie immer: Mich überkommt beim Abmustern ein konfuses Gefühl. Unerfreulich, das Boot am Ende unserer Fahrt ausräumen zu müssen. All die Dinge wie Seekarten, Bücher, Kochgeschirr, Bettzeug und alles, was einem monatelang nahe war, in Kartons und Taschen zu stopfen und wegzutragen. Das Boot praktisch nackt und allein am Steg im Stich zu lassen. Das passiert unserer KATHENA X in Missunde. Sie sieht noch wie unsere aus, aber das ist sie nicht mehr. Und so wird das sicher auch der ein oder andere Leser jetzt empfinden, der uns bis hier die Treue gehalten hat. Man ist über Monate mit dem Boot auf Gedeih und Verderb verbunden, und plötzlich ist Schluss.

Wilfried hat mich gebeten, einen Text beizusteuern. Ich habe aber noch keine Form gefunden, wie ich den Sommer auf wenigen Seiten schildern kann, ohne bereits beschriebene Situationen zu wiederholen.

Also starte ich neu.

Die Zufriedenheit mit dem Boot ist ein guter Auftakt beim Aufbruch auf der Schlei. Das Einssein mit einem gut segelnden Boot, das erkennt man gleich, ist wichtige Basis für einen gelungenen Törn. Wird nur getoppt vom Wollen. Das Wagnis Reisen mit einer »Segeljolle« dieser Größe auch wirklich zu wollen. Das absolute Wollen lässt schnell Freude aufkommen und erleichtert Unangenehmes. Auch dann, wenn es verschwindend wenig zu freuen gab. Ich war zwar die Lokomotive beim Kauf des Bootes, aber bei Wilfried gehört nicht viel dazu, um ihn zu einer ungewöhnlichen Fahrt zu überreden. Am liebsten wäre ich mit KATHENA NUI gesegelt, aber mein Mann wollte sie nicht motorisieren. »Nicht nur für die Ostsee.« Also blieb mir nichts anderes übrig, als die alten X-79-Pläne zu mobilisieren.

Pure Natur berührt mein Herz. Sieben Stunden Steuern – kein Problem

Die Freude begann, als ich mich an Bord einrichtete. Ich wählte die Steuerbordkoje. Für Pullover, Frotteetücher, Spangen, Waschzeug, Mützen, Handschuhe und Brillen gab es einen ausgezeichneten Platz in Ablagen über der Koje. Ich hatte diese Dinge rasch zur Hand, und bei einer Wende blieb alles an seinem Platz. Der Stauraum war begrenzt – kann man sich denken bei der Größe Boot. Proviant und Trinkwasser in Flaschen lagerten unter den Kojen. (Unser Boot hat keinen richtigen Wassertank.) Wir hantierten mit Drei- und Fünf-Liter-Kanistern. Ölzeug und Fleecejacken waren am Fußende der Koje gestaut, wobei die Salonkoje in eine Hundekoje übergeht. Da konnte man allerhand hineinstopfen. (Unsere X hat keinen Schrank.) Wilfried richtete sich anfangs gegenüber auf der Backbordkoje ein. Bei ihm herrschte auch Ordnung, nur sah es nie danach aus. In seiner Ablage hatte er Werkzeug und Bootszubehör platziert, Reiseprospekte und die aktuellen Seekarten für den jeweiligen Tag. Was mich enorm störte, war die Kojenbreite – besser: Nichtvorhandenbreite –, vor allen Dingen, weil man am Anfang des Sommers noch mit dem voluminösen Schlafsack schlafen wollte.

Aufbruch ist ein großes Wort. Ich vergesse nie die diversen Aufbrüche. Ostsee, Nordsee, Mittelmeer, um die Welt. Ebenso den ersten Tag dieser skandinavischen Acht auf der Schlei. Es war ein Wahnsinnsgefühl. Es kribbelte im ganzen Körper, denn ich war lange nicht mehr auf Tour. Zu lange? Man weiß, dass man nicht mehr viele Aufbrüche haben wird. Und so hatte ich das Gefühl, das Wasser würde vom Bug wegspritzen, bevor wir überhaupt dort sind. Im Kopf war ich schneller als das Boot. Und das war schon nicht langsam. Es war ein unvergleichlicher Tag mit einem guten Ende. Wir verholten in eine Marina. Das Manöver klappte, und mit einem vollen Glas wurde der Tag abgerundet. Wir waren auf Fahrt.

Anderntags das Ganze von vorn. Ablegen. Segel auf. Segel trimmen. Kurs halten. Ankommen. Durch den Kleinen Belt hoch bis Middelfart. Die Segeltage hatten wenig Unterhaltungswert. Weil es kalt, nass und windig war. Am liebsten wäre man in der Koje liegen geblieben, aber es existierte ein Plan. Ein Wunsch.

Erst ab Juelsminde hatten wir Wetterglück. Sonne und Stille lagen über dem feinen Hafen. Schon beim Wachwerden stellte sich ein tolles Gefühl ein. Ich streckte mich, zog mich an, holte frisches Brot, und es gab ganz entspannt Frühstück im Cockpit am Tisch, den ich trotz aller Skepsis besorgt hatte. Das muss ich erwähnen, denn ich war es leid, ohne Tisch wie auf vielen KATHENAS mithilfe eines Brettes auf den Knien zu essen.

So hatte ich mir die Reise vorgestellt. Segeln, einen Tag Pause, segeln. Auch mal eine Nacht mit Kurs Norden durchmachen, das schafft Meilen – Schweden und Norwegen lockten. Mein Hauptaugenmerk war auf die Schären gerichtet, sie waren das wichtigste Ziel. Ich liebe diese Klippen und Inseln. Sie kommen mir wie eine Befreiung vor. Sind überschaubar, auch schroff, mit nahezu grenzenloser Natur. In der Regel findet man immer ein von anderen Booten schwach besuchtes Plätzchen – großartig. Zusätzlich ist das Schärengebiet schönwetterbeständig, schwimmtauglich (für mich ab 20 Grad) und irgendwie weit weg vom geregelten Leben. Und diesmal haben mich die Schären erneut begeistert mit ihrer Ausstrahlung und Lebendigkeit, die sie auf einen übertragen. Es reichte, windgeschützt einen heißen, glatten und dunklen Granitstein zu finden, um sich nach dem Schwimmen darauf zu wärmen und in einem Traum zu versinken. Das Einzigartige der Wildnis übertrug sich geradewegs. Schön, wenn der Picknickkorb gleich daneben stand. War jedoch nicht zwingend notwendig. Auf einer Schäre war meine Welt perfekt.

An Bord dagegen dauerte echt alles dreimal so lange wie im Landleben: Anziehen, Ausziehen, Kochen, Abwaschen – egal was –, alles zog sich in die Länge und war in unserem Fall mit Bücken, Suchen und Kriechen verbunden. Ständig war man damit beschäftigt, die Sachen um sich herum oder sich selbst zu sichern. Als ob das ungewohnte lange Wachegehen an der Pinne, das Sich-dem-Wind-und-Wetter-Stellen, das Realisieren der Unentrinnbarkeit, als ob all das nicht schon Herausforderung genug wäre, gab es noch Kurse mit radikaler Schräglage. Hart am Wind, sagt man dazu. Und hier stimmt der Ausdruck. Es war manchmal verdammt hart, Haltung zu bewahren. Es rumste und knallte ohne Unterlass im Schiff und drum herum. Da stellte ich mir ein paar Mal die Frage, warum nicht die weitaus bequemere Kathena nui für meine Segeln-Wiederentdeckung zur Verfügung gestanden hätte. Aber wie das so ist: Schwamm drüber, etwas später gab es hübsche Häfen, gab es Superbuchten.

Für Amwindkurse war Verstauen oberstes Gebot. Trotzdem passierte es uns immer wieder: Zu viele Dinge blieben nicht an ihrem Platz. Es hatte auch ein Gutes. Bei solchem Wetter kam keine Langeweile auf, für Bewegung war gesorgt – Niedergang runter und rauf. Gespräche fielen dann aus, was uns sogar entgegenkommt, denn wir sind schon so lange zusammen und haben kurze und lange Strecken gesegelt, dass wir die Geschichten des anderen zur Genüge kennen und schon nach dem ersten Satz wissen, wo und wie es weitergeht.

Jetzt zur Einvernehmlichkeit (Crew-Einigkeit). Ein beliebtes Thema in Fachzeitschriften und Büchern. Wir haben gute Erfahrungen nach ein paar tausend gemeinsamen Nächten in Booten unterwegs. Auch auf der skandinavischen Acht hatte jeder seine Aufgaben, und es wurde nie ernsthaft kritisch. Damit es zwischen Wilfried und mir funktionierte, haben wir ein paar

Regeln aufgestellt (mündlich), die Fahrt- und Hafentage erleichterten. 1. Wir nehmen uns Zeit – Schlafen, Essen, Buchten, Städte, Segeln. Wie es jedem passt, darüber wird nicht diskutiert. 2. Das Segeltechnische bestimmt derjenige, der gerade Wache hat. Die Freiwache hat sich damit abzufinden. 3. Ziele und Kurse baldowern wir gemeinsam aus. 4. Bootspflege – innen wie außen. Wer Lust hat, packt es an. Ich denke, dass wir ein gutes Team bildeten: Wilfried ist auf See unschlagbar, 1000-mal besser als ich (eben Einhandsegler), ich dagegen an Land die Aktivere. Wilfried sagt, ich sei die personifizierte Organisatorin und Aufräumerin. So ergeben sich interessante Kombinationen und Blickwinkel. Trotz dieser Unterschiede passen wir gut zusammen.

Kochen auf Spiritus und ohne Stehhöhe. Davor hatte ich Respekt. Doch ich wurde überrascht. Zum einen hat die Werft einen wunderbaren Sitz vor der Kochecke konstruiert, zum anderen habe ich über die Heizkraft unseres allerersten Spirituskochers gestaunt. Es ging, wie gesagt, schnell genug. Der einflammige Kocher hatte überhaupt keine der befürchteten Nachteile. Auch auf einer Flamme waren Drei-Topf-Gerichte problemlos möglich. (Reis, Gemüse, konserviertes Gehacktes aus dem Weckglas zum Beispiel). Nun war es nicht so, dass wir immer an Bord gekocht haben, aber die Fastfood-Gerichte an Land waren nicht unser Ding – und die feinen Lokale zu zeitaufwändig, zu teuer.

Waschen. Wie hältst du das ohne fließend Wasser aus? Diese Frage stellte sich mir nicht mal ansatzweise. Diese Reise mit diesem besonderen Segelboot war mein Wunsch. Punkt. Es gibt exzellente Sanitäranlagen in den Häfen Skandinaviens und im Übrigen im Sommer rundum viel Wasser zum Eintauchen. Meine Haut und meine Haare können Salzwasser dauerhaft vertragen. Also gab es nichts zu mäkeln.

Außerdem hat das Boot mich mehr als zufriedengestellt, und das Seesegeln ist meiner Gesundheit sehr gut bekommen. Ich bin deutlich beweglicher zurückgekommen – und leichter an Gewicht. Auch der Kurs war der beste aus der Sicht von Ostseeliebhabern. Drei Länder auf dem Weg: das landschaftlich liebliche Dänemark, das raue Norwegen und die reizvolle Mischung Schweden mit Schären und Häfen vom Feinsten. Das Ganze war eine schöne, runde Sache. Das wissen viele. Ich kam mir vor wie ein Fossil, aber mir gefiel die Tatsache, dass es möglich ist, auf die ursprüngliche Art mit kleinem Boot und wenig Ausrüstung umzugehen. Speziell unsere Bootsgröße und unser Tiefgang halfen immer, Liegeplätze zu finden, denn wir konnten im Hafen dorthin, wo andere nicht genug Wasser hatten.

Und was war mit der Kühlung von Milch, Butter, Käse? Bei uns in einer Mini-Isoliertasche. Licht spendete die Petroleumlaterne. Was ich nicht habe, vermisse ich auch nicht. Ich wollte auch nicht abhängig sein. Angefangen hat diese Einstellung, als ich jung war und mit Wilfried um die Erde segelte. Wir hatten wenig Geld und niemanden zu Hause, der uns fehlende Ausrüstung oder Ersatzteile hätte nachschicken können. Diese Reise 1969/72 hat mich geprägt.

»Warum musste es ein solch spartanisches ›Wochenendboot‹ sein? Sie haben echt Mut.« Zumindest keine Angst. Mut habe ich von meiner Mutter geerbt, wobei sie viel mehr davon hatte als ich. Segelte sie doch 1969 allein mit einem Trimaran über den Atlantischen Ozean. Und zurück.

Das ist noch nicht ganz das Ende meines Segelsommers. Ich möchte, dass auch Sie zugreifen, eine längere Segelfahrt wagen, in ähnlicher Stimmung zurückkommen und sich selbst sagen: Es war verführerisch schön. Mir war nie langweilig, auch wenn es mal langweilig war. Und mein Lebenshorizont hat sich ein Stück erweitert. Das wird er bei Ihnen auf jeden Fall.

MAG ICH – MAG ICH NICHT

Astrid Erdmann

Mag ich:

Segeln. Mit der Hand an der Pinne.
Optimal am Wind steuern.
Den Moment des Ankommens mit einem Bier genießen.
Vor Anker liegen, in die Luft gucken und laut Elvis hören.
Die Sprachen der Schweden und Norweger.
Auf der Koje liegen und den »Spiegel« lesen.
In anderer Leute Gärten schauen und dabei einen Rasen bewundern, der den Granitboldern abgetrotzt wurde.
Schwimmen im Meer (ab 20 Grad).
Wandern auf den Schäreninseln.
Das richtige Ankergeschirr.
Reserven haben.
Die Schiffsmodelle in den Kirchen Dänemarks.
Auf dunklem Granit in der Sonne liegen.
Dass skandinavische Länder ihre eigenen Währungen haben.
Codenummern für sanitäre Anlagen.
Ein Buch zur richtigen Zeit lesen.
Das Meer, weil es ohne Meer keine Inseln gäbe.
Mein iPhone.
Früh aufstehen und lossegeln.
Ordnung an Bord.
Organisieren, ganz allgemein.
Frischen Blaubeer-Milchshake.

Mag ich nicht:

Wind auf der Nase.
Nachts wach liegen, weil der Wetterbericht verkündet hat, dass Schlechtwetter aufkommt.

Kojen unter 70 Zentimeter Breite.
Fisch & Chips am Havnkiosk.
Motorboote, die keine Rücksicht auf kleine Segelboote nehmen.
Segelexperten. Besserwisser. Großmäuler.
Reißverschlüsse, die Cockpits verschließen.
Marina mit Ausmaß und Struktur eines Großparkplatzes.
Fotografieren & fotografiert werden.
Automaten für Hafenliegegeld.
Ankommen und sofort das Schiff aufklaren.
Freitag, den 13.
Hunde an Bord.
Seekrankheit.
Schlampige Boote.
Schiffe ohne Bücherbord.
Frauen beim Anlegen mit Bootshaken in den Händen.
»Danish Sailing« (Großsegel und Maschine).
Abgewetzte Kleidung an Bord auftragen.
Wäsche auf der Seereling trocknen.
Verschlossene Kirchen.
Menschen, die herumkommandieren.
Ankerplätze mit Schwell.

WESTKÜSTE – BESTKÜSTE

Jürgen Hoffmann

Von unserem Freund Jürgen aus Gütersloh war in diesem Buch schon mehrfach die Rede. Sommer für Sommer segeln er und seine Frau Marion von der Schlei aus mit der Neun-Meter-Slup MIKOSAARI Kurs Schweden. Er fasst für mich, zudem er an der schwedischen Westküste aufgewachsen ist und zugleich dort das Segeln gelernt hat, einige seiner Erlebnisse und Erfahrungen zusammen. Nebenbei gibt er unbekannte Tipps und Anregungen. Als Basis dienen ihm vor allem seine Liebe zu dem Land und – klar doch – die schwedische Sprache sowie seine langen Sommerferien, die er als Lehrer hat.

»Västkusten – Bestkusten«. Diesen Slogan (Westküste – Beste Küste) hört man oft, wenn man an der schwedischen Westküste unterwegs ist. Er ist wohl entstanden, weil es einen oft und gern gepflegten Wettstreit zwischen den Göteborger und Stockholmer Seglern gibt, wer die schönere Schärenküste hat. Ein Göteborger würde nie in den Ostschären segeln! Um Südschweden herumzusegeln, wäre für ihn zu weit und zu langweilig, durch den Göta-Kanal und die Seen zu umständlich. Außerdem will er dort gar nicht hin! »Ich will doch nicht im Wald segeln«, hört man oft, wenn man einen Westküstensegler fragt, ob er die Stockholmer Schären kennt.

Damit spielt er auf eine Besonderheit seines Heimatreviers an, die man so woanders kaum findet. Hier sind die Inseln oft kahl gewaschen vom Ansturm der salzigen Skagerrakwellen, freigefegt von den harten winterlichen Weststürmen. Kaum ein Strauch kann sich gegen diese Naturgewalten wehren, nur in den Felsspalten und geschützten Tälern findet man auf den Außenschären Wacholdergebüsch und kleine Strandgewächse.

Die Gletscher der letzten Eiszeiten haben die Felsen rund und glatt geschliffen. Unzählige Klippen und Schären sind der eigentlichen Küstenlinie vorgelagert und bilden ein großartiges Labyrinth für alle, die darin untertauchen wollen. Gleichzeitig schirmen sie die inneren Fahrwasser vor den Wellen des Skagerraks ab. Dabei ist das Wasser salzhaltig wie die Nordsee und die Luft prickelnd und frisch. Maritim und trotzdem geschützt, gerade richtig.

So kenne ich die Küste von Bohuslän seit Jahrzehnten. Wie viele Deutsche landeten auch wir in der Nachkriegszeit in Schweden. Mein Vater fand hier Anfang der 1950er-Jahre Arbeit in seinem Beruf als Bonbonkochermeister, und die Familie zog mit. Ich war sechs und wurde bald eingeschult, lernte schnell die Sprache und wuchs zusammen mit meinem etwas jüngeren

Wie wir immer gerne im Wind: Marion und Jürgen

Bruder unbeschwert in Göteborg auf. Hier kamen wir am Wochenende an die Seen, an den Göta älv und an die nahe Schärenküste. So wurde Bohuslän unsere zweite Heimat. Ich bin schon als Kind beim Schulausflug von den Felsen bei Saltholmen ins Wasser gesprungen und habe die hölzernen Klinkerjollen, Kosterboote und Schärenkreuzer zwischen den Inseln bewundert. Später bin ich mit meiner Familie im Urlaub auf geschützten Strecken im Kanu von Insel zu Insel gepaddelt, sicher vor Sturm und Wellengang.

Ich kannte die Küste, aber nicht das offene Wasser davor. Als wir Ende der 1980er-Jahre mit dem Segeln anfingen, gab es sofort die Sehnsucht, mit dem eigenen Boot nach Schweden zu segeln. Erfahrungen sammelten wir auf der Ostsee, und bald hatten wir ein Boot, mit dem wir es wagen konnten. Die Tour von Anholt aus war unser bislang längster Schlag über offenes Wasser. Wir hatten Hallands Svartskär als Ansteuerung ausgewählt, einen kleinen Leuchtturm südlich der Göteborger Schären. Er war ein Ziel, das ein Stück vor der Küste lag, weitestgehend frei von umliegenden Untiefen, und er sollte leicht zu finden sein. Die Windrichtung passte, aber der Wind war schwach, das Boot klein und langsam. Nach vielen Segelstunden sahen wir Land: eine einheitliche graue Küstenlinie, an der wir nichts Markantes oder für uns Wiedererkennbares ausmachen konnten. Die großen Leuchttürme Fladen und Nidingen hatten wir passiert, aber unsere Ansteuerung war nicht zu sehen. Die Sicht war nicht besonders gut, und selbst die Untiefentonne Grundabåde konnten wir nicht finden, obwohl wir nahe daran sein mussten.

Auf diese »Orientierungslosigkeit« waren wir nicht vorbereitet, und es kam eine unangenehme Unsicherheit auf. Wo waren wir, wo war unser Leuchtturm? Hatten wir uns trotz ordentlichem Kurshalten und fleißigem Mitkoppeln verirrt? Hatten wir die Strömung unterschätzt? Wir segelten mutig weiter, hielten wachsam Ausschau, und plötzlich war die Untiefentonne fast direkt vor uns. Auch den Leuchtturm konnten wir nun erkennen.

So geht es vielen Seglern, die das erste Mal in die Schären kommen: Die auf der Seekarte so markant gegliederte Küste sieht von See aus zunächst völlig unstrukturiert und gleichartig aus. Nach vielen weiteren Schwedentörns wissen wir heute, dass die meisten schwedischen Seezeichen dünn sind wie Besenstiele, dass die kleineren Leuchttürme oft vom Land verschluckt werden und vorgelagerte Inseln im Landmassiv verschwinden.

Heute ist es leicht, mit GPS-Navigator und Kartenplotter nach vielen Seemeilen eine Punktlandung hinzulegen, selbst bei schlechter Sicht oder bei Nacht. Aber es ist immer noch aufregend, auf eine Küste zuzusegeln, vor der zahlreiche unbezeichnete Unterwasserfelsen und flache Klippen liegen, die man optisch nicht wahrnehmen kann, von denen man aber weiß, dass sie da sind.

Gerade in den ersten Tagen an der Westküste müssen wir uns einleben in diese Welt aus unzähligen ziemlich gleichartigen Granitfelsen, müssen unsere Wahrnehmung einstellen auf die erst allmählich immer besser erkennbaren Konturen und Farben.

Immer noch wählen wir zur Ansteuerung lieber einen »Eingang« ins geschützte Schärenfahrwasser, der auch mit bloßem Auge gut zu erkennen ist, als uns nur auf die Elektronik zu verlassen. Wenn wir von Süden kommen und ankern wollen, segeln wir zum Beispiel gerne nördlich um die gut erkennbare Insel Malö in die Bucht hinter Hästholmen. Dort liegt man nach einer manchmal rauen Kattegat-Überquerung ruhig und sicher und ist oft ganz allein. Acht Seemeilen weiter nördlich liegt hinter der Halbinsel Vallda Sandö ein kleiner Seglerhafen, der in manchen Seekarten nicht eingezeichnet ist. Der ist sicher, schön und leicht anzusteuern und hat den Vorteil, dass man dort wirklich »drin« ist und am nächsten Tag bei jedem Wetter in geschütztem Wasser weitersegeln kann.

Wir lieben es, nach Tagen des Segelns auf offenem Wasser auf den Wetterbericht zu verzichten und ohne viel Seegang bei jedem Wind voranzukommen. Dabei nehmen wir auch die ein oder andere Motorstunde in Kauf. Meistens segeln wir mit dem Großsegel und nehmen das Vorsegel hinzu, wenn die Windrichtung passt. Anfangs halten wir uns immer schön im Fahrwasser, das hier gut bezeichnet ist, und haben die Seekarte vor Augen. Viele alte Seezeichen sind noch aus der Zeit vor der modernen Betonnung erhalten und leisten gute Orientierungshilfe: Überall findet man weiße Flecken (målad fläck) auf den Felsen, Holzbaken (båk), Tafeln (tavla) und Steinstapel (kummel). Wenn trotzdem die nächste Tonne oder Markierung einmal wegen blendender Sonne oder schlechter Sicht nicht zu finden sein sollte, halten wir uns stur an den ungefähren Kompasskurs, bis wir nahe genug herangekommen sind, um weiter nach Sicht zu navigieren.

Seitdem wir elektronische Seekarten an Bord haben, läuft der Plotter meistens zur Sicherheit nebenher. Er steht aber unter Deck auf dem Navigationsplatz und flimmert uns nicht als großer Bildschirm auf der Steuersäule vor den Augen. Richtig zum Einsatz kommt er nur, wenn wir das betonnte Fahrwasser verlassen wollen. Das machen wir gerne, um in der Saison im Juli dem Verkehr auf der »E 6 auf dem Wasser« zu entgehen (so nennen unsere schwedischen Seglerfreunde das Hauptfahrwasser innerhalb der Schären zwischen Göteborg und Strömstad analog der Auto-Hauptroute vom schwedischen Trelleborg bis zur norwegisch-russischen Grenze). Außerdem ist es ausgesprochen hilfreich, genau zu wissen, wo man ist, wenn man gegen den Wind aufkreuzen will und die Schläge weit über das bezeichnete Wasser hinausgehen.

Dafür gibt es viele Gelegenheiten: Schon südlich von Göteborg lohnt es sich, in den Askims-Fjord mit seinen engen Fahrwassern im Norden hineinzusegeln oder die Gebiete zwischen den großen Inseln von Vrångö bis Brännö zu erkunden. Die waren noch bis zum EU-Beitritt Schwedens militärische Sperrgebiete und durften von Ausländern keinesfalls befahren werden. Hier findet man schöne Ankerplätze und Häfen mit herrlicher Aussicht auf das Kattegat. Weiter im Norden sollte man unbedingt einmal zwischen den Inseln Tjörn und Orust durch den Stigfjord segeln oder sich nördlich von Råssö innen herum bis Strömstad wagen. Sehr lohnend, weil es schön einsam und spannend ist.

Ganz besonders wild und noch ziemlich unberührt ist der Archipel südlich der Koster-Inseln. Früher war hier Schwedens Hauptfanggebiet für Hummer, von dem aus ganz Europa beliefert wurde. Überall findet man die bunten Reusen, in denen heute noch begrenzte Mengen gefangen werden. Bis vor wenigen Jahren gab es keine detaillierten Seekarten für diese Gegend. Unsere schwedischen Freunde hatten sich eine Karte der Marine kopiert und segelten mit uns nach »geheimen Landmarken« zu den schönsten Ankerplätzen. Heute gibt es bessere Karten, aber kaum Seezeichen im ganzen Gebiet, und man braucht einige Erfahrung, viel Ruhe und Übersicht und ein wenig Abenteuerlust, um sich dort zurechtzufinden. Der Plotter hilft nur zur groben Orientierung. Man kann aber hineinsegeln, wenn man im klaren Wasser gut nach Unterwassersteinen Ausschau hält und langsam genug ist, um schnell aufzustoppen.

Für uns ist dieses Naturreservat immer noch etwas ganz Besonderes: Man liegt weit vor der Küste inmitten einer märchenhaften Welt aus wilden Inseln. Oft hört man die Skagerrakwellen branden und den Wind tosen, liegt aber sicher hinter einem Felsen, von allen Seiten gut geschützt. Wer sich nicht so weit in den Archipel hineintraut, kann gut nach Jutholmen oder Tjälleskär gehen. Auch Ursholmen, ganz im Südwesten, ist bei gutem Wetter leicht zu erreichen. Dort gibt es einen alten Leuchtturm mit gut erhaltenen Gebäuden. Die hier einst lebenden Familien der Leuchtturmwärter waren Schwedens westlichste Inselbewohner.

Wenn man möchte, fährt man mit dem Beiboot auf die Hauptinseln Süd- oder Nordkoster, kauft ein und trinkt im Restaurant über dem Kostersund einen Kaffee. Dabei bekommt man wie überall in Schweden fast immer »påtår«, einen kostenlosen Nachschlag aus der Kaffeekanne. Nachher kann man sich ein Fahrrad mieten und die Inseln erkunden.

Für die Schweden ist eine Ankerbucht ein »naturhamn«, den sie aus Erfahrung oder aus vielen Handbüchern kennen. Die meisten Naturhäfen sind in der Hauptsaison stark besucht. Sie sind umso beliebter, je komfortabler und leichter erreichbar sie sind. Viele schwedische Segler suchen nicht unbedingt die Einsamkeit, sie legen sich gerne neben andere Boote an den Felsen. Sie helfen sich gegenseitig beim Festmachen und zeigen von Land aus geeignete Plätze zum Anlegen. Dabei sind sie auch zu Ausländern sehr freundlich, trauen sich jedoch oft nicht, uns anzusprechen, weil sie die Sprache nicht beherrschen. Sie können aber meistens gut Englisch und reagieren sehr offen, wenn die Initiative von uns ausgeht. Weil ich sie als Deutscher in ihrer eigenen Sprache ansprechen kann, haben wir fast immer schnell Kontakt, kommen ins Gespräch und können von ihnen viel über ihr Land erfahren. Ich spreche gut Schwedisch, weil ich es als Kind in der Schule gelernt habe, meine Frau spricht »wie Königin Silvia«, mit starkem deutschen Akzent. Oft wurden wir etwa mit einem Satz begrüßt wie: »Oh, Schweden mit deutscher Flagge«, und haben danach auf dem Felsen im Naturhafen bei einem Glas Rotwein einen schönen gemeinsamen Abend mit schwedischen Seglern verbracht. Wenn man hier von Seglern spricht, sind die Motorbootfahrer mit gemeint: Im Schwedischen werden auch Motorboote »gesegelt«.

Wir selbst ankern nicht so gerne mit dem Bug am Felsen. Oft sind die Stellen, an denen man sicher festmachen kann und gut an Land kommt, belegt, und häufig haben wir erlebt, dass nachts der Wind gedreht und uns in Bedrängnis gebracht hat. Am schlimmsten ist dabei ein Seitenwind, der das Boot zum Schaukeln bringt, die Ankerleine streckt und den Bug an Land drückt oder den Kiel seitlich auf Grund treibt. Manchmal halten auch die Klappdraggen der Nachbarlieger nicht, und dann ist es nicht so leicht, unbeschadet davonzukommen. Wir mussten nachts schon Festmacher und Felsnägel an Land zurücklassen und sie am nächsten Morgen mit dem Dingi abholen.

Heute legen wir uns lieber mitten in eine Bucht an unseren Bügelanker und können selbst starke Winddreher viel besser verkraften, weil es zwischen den Inseln wenig Wellen gibt und das Boot sich in den Wind legen kann. Meistens haben wir in den Schären unser Beiboot aufgeblasen am Heck hängen und können damit gut am Landleben teilhaben.

Schwedische Segler sind bei schlechtem Wetter schnell aus den beliebten Naturhäfen verschwunden und kehren zu ihrem meist nahe gelegenen Heimatliegeplatz zurück, der genau aus diesem Grund immer frei bleiben muss. Das gilt auch, wenn die Gästestege voll sind! Deshalb ist es oft ungeheuer schwierig, in den Stadthäfen unterzukommen, selbst wenn viele Liegeplätze unbelegt sind.

Immer wieder entdecken wir neue Highlights. Bei ruhigem Sonnenwetter segelt man mit einer ordentlichen Seebrise außerhalb des Schärengürtels ohne viel Wellengang bequem und flott die Küste entlang. Dabei stößt man zwangsläufig auf die Väderöarna, eine Ansammlung von unzähligen Inseln unterschiedlicher Größe, die ziemlich exponiert vor der Küste liegt. Hier lebten die Leuchtturmwärter und ihre Familien zusammen mit Fischern und Strandräubern. Heute liegt man in der Schlucht Strömsund bei Storö längsseits am Felsen und kann die eigenartige Atmosphäre dieses geschichtsträchtigen Unterschlupfs gut nachempfinden.

Immer wieder findet man Inseln, die übersät sind mit Felsquadern. Das wirkt manchmal schroff und abweisend, hat aber auch seinen Reiz, wenn man in den Bergen von riesigen Steinklötzen herumklettert und alte verrostete Gerätschaften aus einer anderen Zeit entdeckt. An der ganzen schwedischen Westküste wurde früher Granit geschlagen. Besonders auf Bohus Malmön, am Sotenäs und um Hunnebostrand wuchs seit der Mitte des 19. Jahrhunderts eine Steinindustrie, die hundert Jahre lang halb Europa, aber auch Amerika und Russland mit dem wertvollen Baustoff versorgte. Zunächst benötigten die Schweden selbst für den Bau der Schleusen am Trollhätte- und Götakanal das Material. Aber bald entstand in den großen Städten Europas im Zuge der fortschreitenden Industrialisierung eine so große Nachfrage nach Granit, dass bis zu 10 000 Männer mit dem Abbau beschäftigt waren. Ganze Familien suchten ihr Glück auf kleinen Inseln, die sie entweder als Fischer oder Bauern schon selbst besaßen, oder die sie gepachtet hatten. Dort schufteten sie gemeinsam, um mit einfachsten Mitteln am großen Boom teilzuhaben.

Den Bohusgranit gibt es in vielen verschiedenen Farben und Beschaffenheiten. In der Gegend um Smögen ist er schön gleichmäßig rot, aber man findet ihn oft auch grünlich und in unzähligen Grautönen. Viele bedeutende Bauwerke in Europa haben dadurch ihr unverwechselbares Aussehen erhalten. Nach dem Ersten Weltkrieg beschäftigte der Staat in der Zeit der großen Weltwirtschaftskrise die arbeitslosen Männer damit, Steine für den Straßenbau und für andere öffentliche Einrichtungen zu schlagen. So entstand auch der Sotenkanal, der es uns bei viel Wind aus Westen ermöglicht, geschützt von Kungshamn nach Hunnebostrand zu gelangen.

Wenn wir gegen Ende des Urlaubs die Schärenküste wieder verlassen, wählen wir gerne einen Naturhafen, der weit außen liegt und eine gute Absprungmöglichkeit in viele Richtungen bietet. Gut geeignet finden wir dafür zum Beispiel die Leuchtturminsel Yttre Tistlarna. Hier können wir ein letztes Mal vom Felsen baden, die glatten, warmen Steine unter den Füßen spüren und am Abend vor der Abreise den Sonnenuntergang über dem Kattegat genießen. Dann haben wir etwas mitzunehmen, von dem wir an langen Winterabenden träumen können.

Das Schiff: 1979 kam die X-79 als Serie auf den Markt. Ein Boot zum Regattasegeln sollte es sein. Zielgerichtet für die weit verbreiteten Nachmittagsregatten in skandinavischen Gewässern. Also primär Vereinsregatten. Konstruiert und gebaut wurde die X-79 von dem Dänen Niels Jeppesen. Er ahnte wohl nicht, dass dieser Riss zum Klassiker werden würde. Erst 1994 stellte die Werft den Serienbau des Erstlings ein. In dieser Zeit wurden 467 Schiffe gebaut – unsere KATHENA X hat die Baunummer 464 – ist als viertletzte vom Stapel gelaufen.

»Jollenhaft zu segeln. Anfänger werden ratlos vor all den Trimmmöglichkeiten stehen«, schrieb die »Yacht« in einem Testbericht vor 30 Jahren. Daran hat sich bis in die heutige Zeit wohl nichts geändert.

Auch wir standen anfangs vor einem Wust an Blöcken und Beschlägen, Taljen und Tauen, Haken und Klemmen, die wir nicht einordnen konnten oder genauer, die uns zu aufwändig im Verhältnis zum Ergebnis erschienen. Somit verschwanden viele Dinge peu à peu von Deck eine Etage tiefer in einer Kiste. Bis, ja, bis Neugierde und Respekt (vor dem Klassiker) siegten und wir mit Feingefühl Stück für Stück wieder hervorkramten und damit versuchten, das Boot schneller zu machen. Was uns nicht merklich gelang. Es fehlte natürlich der unmittelbare Vergleich mit einer anderen X-79. Dann hätte man vermutlich etwas festgestellt. Das Boot ist jedenfalls schnell. Das habe ich oft genug im Text erwähnt. »Es ist nicht so wichtig, wie schnell man segelt, sondern was man beim Segeln fühlt.« Das ist meine Meinung. Aber ich war nicht allein an Bord.

Die Segeleigenschaften waren bei allen Bedingungen unübertroffen. Der hohe Ballastanteil des Leichtbaus, das extrem breite Heck und ein flaches Unterwasserschiff sorgten dafür.

SEJL	Min. vægt g/m²	Min. vægt us oz/m²	Forlig / Underlig/ Sidelig	Notes
Storsejl	250	5,75	Pmax. 10,00 Emax. 3,50	SP 1 max. 0,66 SP 2 max. 0,88 SP 3 max. 0,88 SP 4 max. 0,88 F = 0,12
Fok	250	5,75	Tmax. 9,00	Underlig 2,90
Genoa	210	4,75	Tmax 9,00	LPmax. 4,13
Genoa mylar	110	2,60	Tmax 9,00	LPmax. 4,13
Spiler	40	0,90	SFmax. 4,95 SLmax. 9,25	SMW 6,68
Stormfok	270	6,30	T×LP×0,5	Max. areal $7m^2$

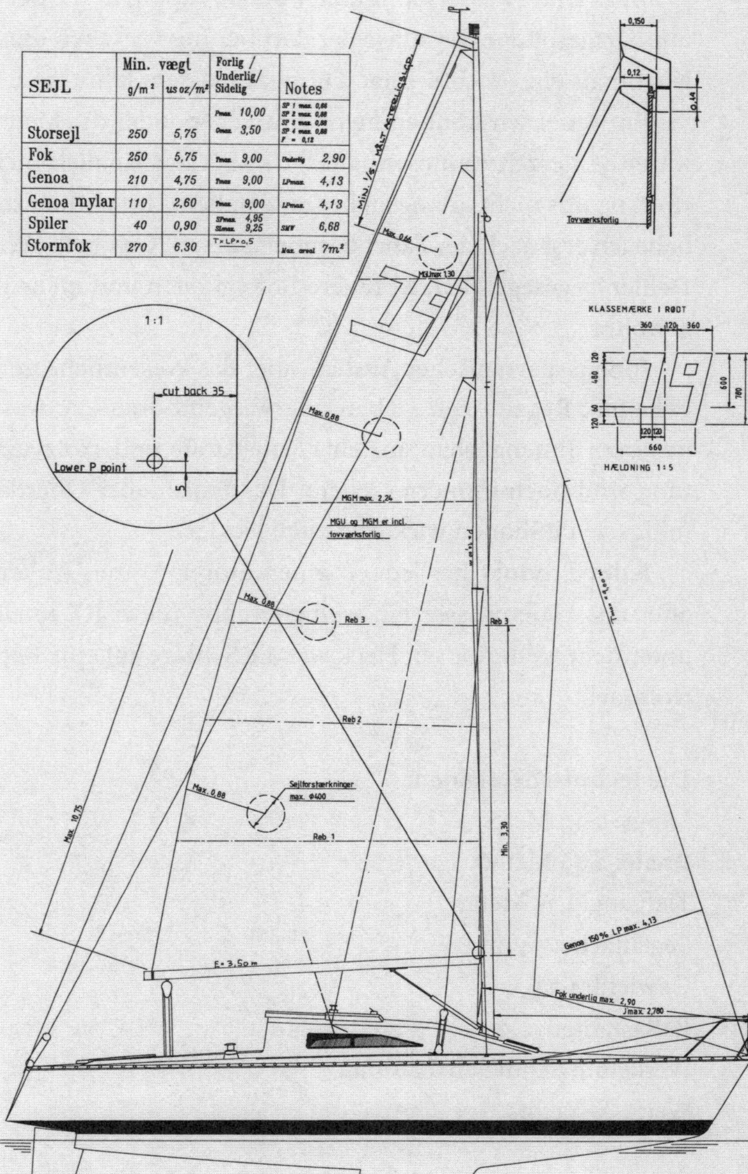

»Das Unterwasserschiff knallt derart ruppig in die See, dass nur hartgesottene Regattasegler darüber hinwegsehen dürften.« Nochmals ein »Yacht«-Zitat. Diesmal aus dem Jahre 1982.

Entweder wir können mehr einstecken, oder die Menschen waren seinerzeit mimosenhafter. Uns hat das Knallen nicht gestört, ist uns nicht unangenehm aufgefallen. Um ehrlich zu sein, habe ich erst nach der Fahrt darüber gelesen. Generell: Wer eine Dehler 33 gesegelt hat, ist rauere Bewegungen und mehr Krach gewohnt.

Innen: spartanischer Ausbau, aber das Wesentliche im Auge behalten. Regattasegler leben überwiegend draußen, was man unserem Innenausbau ansieht. Kunststoff- und Holzverarbeitung sind noch immer exzellent. Das Finish aller Oberflächen inklusive Fußboden wirkte wie neu lackiert.

Jedes Produkt hat jedoch einen Störer. Waren Ankerplatz oder das Hafenwasser ein wenig shoppy (bewegt), knallte es unter dem voluminösen Heck wie die Schläge auf eine Bambustrommel.

Die technischen Daten:
Länge: 7,90 Meter
Breite: 2,88 Meter
Tiefgang: 1,35 Meter
Segelfläche: 34 m^2
Gewicht: 1,5 t
Ballastanteil: 0,7 t
Werkstoff: Sandwich-Laminat
Werft: X-Yachts

Die Werft: Die Werft heißt X-Yachts. Liegt in Haderslev an der Ostseeküste Dänemarks. Gleich nördlich der deutsch-dänischen Grenze. X-79 war der erste Entwurf für eine Serie, und er schlug wie eine Bombe ein. Mit diesem Ergebnis im Rücken, entwickelte sich die X-Werft zu einer der großen Performance-Cruiser-Werften. Heute baut man so kleine Boote nicht mehr. Man hat sich Baureihen zwischen 38 bis 65 Fuß zugewendet. Mit großem Erfolg. Die Boote aus der Sparte Cruising gelten als moderat sportlich. Gleichwohl sind es Qualitätsboote mit Komfort und hohem Wiederverkaufswert. Als ich Informationen (eher Hilfe) für meinen Problemmast wünschte, wollte die Werft in Haderslev mit einer »lille X« nichts mehr zu tun haben.

Das Rigg: Die X-79 ist ein 7/8 getakeltes Segelgerät. Hat drei Wanten zu jeder Seite. Ein Achterstag. Ein Vorstag. Zwei bewegliche untere Backstagen, die in einer Schotschiene an Deck gefahren und mit einer Talje dichtgeholt werden. Zwei bewegliche mittlere Backstagen, die zum Heck laufen. Genau genommen, ist auch das Achterstag beweglich. Es wird mithilfe einer Talje justiert.

Zur Spannung. Das Rigg ist unter sehr hoher Spannung und beansprucht so die Dehnung bis zur Grenze, was unweigerlich die Alterung beschleunigt. Die hohe Spannung basiert auf der Empfehlung des Voreigners, einem Regattasegler.

Der Alumast sieht aus wie ein Flitzebogen und ist durchgesteckt bis auf den Kiel. Er ist 12,30 Meter lang – über der Wasserlinie. Wegen des durchgesteckten Mastes halten Tie Rods in der Kajüte das Deck auf Zugspannung. Der Mastkragen ist daher komplett wasserdicht. Das sieht man. Kein Wasserfleck trübt die lackierten Hölzer.

Der Bootsname: KATHENA heißen alle meine Schiffe. Das war der Name meines ersten Bootes von 1965. Aus Aberglauben und der Bootspapiere wegen habe ich den Namen nie geändert. Hinzugekommen ist manchmal eine Zahl, meist ein Attribut. FAA,

Schrift, Position und Klebearbeit von Kym

nui, Ina, Gunilla und so fort. Mit Kathena X bin ich inzwischen beim zehnten Schiff. Daher lag die römische Zahl X nahe. Es hat nix mit der X-Werft zu tun.

Die Segel: Die X-79 trägt normalerweise zwei Segel, Groß mit 20,5 m^2 (Dacron); Fock 14 m^2 (Foliensegel). Mit an Bord hatten wir zusätzlich eine Genua mit 19 m^2 und Spinnaker von 54 m^2. Und selbstverständlich eine Sturmfock – mit Bindereff – von 6 m^2. Alles nicht neu, aber auch nicht zu alt.

Die Sicherheit: Klar hatten wir einen Sicherheitsgurt für mich und Rettungswesten für zwei. Secumar Ultra Plus und meine typische Sicherheitsleine (12 mm), die bis zum Bug reicht, mit Karabinerhaken zum Einpicken in den Gurt am Körper. Diese benutzte ich, wenn Vordeckarbeit anstand. Sie war und ist überhaupt meine bevorzugte Sicherheitsausrüstung. Ebenso war ein Schlauchboot an Bord, allerdings die meiste Zeit verpackt und verstaut in der Hundekoje. Als »Luxus« hatten wir Astrids iPhone. Darüber hinaus ein Set Notsignale.

An dieser Stelle möchte ich Eric Hiscock, den mehrfachen Weltumsegler und Verfasser von »Segeln über sieben Meere« (die Bibel meiner ersten Reisen) zitieren: »… würde ich eine einzige Regelung vorschlagen, dass nämlich keine Yacht Sprechfunkgeräte an Bord führen dürfte. Wir segeln, weil wir es mögen, und deshalb haben wir kein Recht, im Falle von Ärger andere zu rufen, die uns vielleicht unter eigenem Risiko aus einer Schwierigkeit herausholen, die mit wenig Planung und gesundem Menschenverstand wahrscheinlich hätte vermieden werden können.«

Clemens Richter, Sie erinnern sich, der Anholt einen ganzen Sommer beglücken möchte, schreibt dazu in »Firecrest rund Fünen«: »Die Ansicht dieses beispielhaften Seemannes Eric Hiscock mag extrem klingen. Indessen macht sie deutlich: Sicherheit liegt weniger im technischen Gerät als in der seemännischen Selbstsicherheit und dem Bewusstsein des eigenen Könnens – und vor allem im Bewusstsein seiner Grenzen.«

So weit, so gut. Sicher möchte der ein oder andere Leser meine Meinung dazu wissen: Das Vertrauen in die eigenen Fähigkeiten und die Beweglichkeit sind für mich Sicherheitsfaktor Nummer eins. Ich sehe es ähnlich wie unser Freund Clemens.

Das Ankergeschirr: Unser Geschirr, natürlich ein Bügelanker von neun Kilo. Daran angeschäkelt eine fünf Meter lange 10-mm-Kette und 33 Meter 14-mm-Tau. Ein leichter Zweitanker hätte uns bei mehr Wetter gut getan. Dennoch ist nichts passiert. Selbst bei verkrautetem Grund sind wir nicht ins Rutschen gekommen.

Die technischen Hilfsmittel: Die X hatte ziemlich alten Kram installiert. Aus der Zeit der Bauphase – 1992. Wahrscheinlich. Die Anzeigen sind blind oder defekt. Eine Kombianzeige aus

Log, Speed, Echolot und Kompass beidseitig des Niedergangs draußen im Cockpit. Ärgerlich für mich war der Kompass. Eine Digitalanzeige, schlecht ablesbar und ein stetes Hin- und Hergezappel. Bei Sonnenlicht war das Boot damit überhaupt nicht steuerbar. Glücklicherweise hatte ich meinen Handpeilkompass eingepackt, nach dem wir die meiste Zeit steuerten. Das fest installierte GPS war so veraltet, dass kein Techniker rangehen wollte. Als »Unabhängiger« hatte ich mein Handhold-GPS (mit Trockenbatterien) dabei. Das schaltete ich nach Bedarf ein, um unsere Position zu kontrollieren. Gespeist wurden diese Geräte von einer 12-Volt-65-Ah-Batterie. Die wiederum wurde über einen Stromumwandler geladen, was selten geschah, da der Verbrauch gering war.

Barometer. Gleich nach dem Kauf installiert. Dieses Instrument und Astrids iPhone reichten aus für Prognose und Wetterbericht über www.dradio.de/seewetter.

Unser Peilkompass, an die Tuchtasche geklebt, dient als Steuerkompass

Hier nochmals Clemens Richter: »Ich sehe, dass moderne Geräte – solange sie funktionieren – einen wesentlichen Teil der klassischen Seemanns- und Steuermannskunst überflüssig machen. Damit verschwindet für mich ein großer Teil der Faszination von Seefahrt unter Segel.«

Auch ich sehe regelmäßig Segler, die alles haben. Alles, was der Markt anbietet. Aber fehlende technische Kenntnisse machen oft krank, denn irgendetwas ist immer defekt. Werften quälen einen mit miserablem Service oder fehlerhaft eingebauten Geräten. Die Reparaturen werden nicht nur teuer, sondern sie machen auch eine Reise kaputt. Manch einer mag gar nicht den Hafen verlassen. Zaudert und wird – das Schlimmste – lustlos. Das kann mir nicht passieren.

Das Wetter: Das Wichtigste zuerst: 14 Regentage (von 75 Reisetagen) insgesamt. Davon nördlich des Breitengrades von Anholt ganze vier Tage. Anholt und Bohuslän sind bekannt für sicheres, regenarmes Sommerwetter und Tagestemperaturen um 25 Grad.

Unsere Seewetterberichte holten wir uns übers iPhone oder vom Deutschlandfunk. Zwei Mal täglich wurde die Uhrzeit wichtig: 11:05 Uhr und 21:05 Uhr. Alternativ mithilfe der örtlichen Tageszeitung. Dänen und Norweger dokumentieren das sehr plastisch und zutreffend. Es gibt zudem überall Wetterberichte und Vorhersagen beim Hafenmeister.

Seekarten & nautische Bücher: Für Dänemark und Schweden habe ich Papierseekarten verwendet. Delius Klasing-Sportbootkarten: Satz 1, Satz 3, Satz 4, Satz 5. Für Norwegen die Båtsportkarter der Serie B und Serie C.

An nautischen Fachbüchern: »Törnführer Dänemark 1« – Jütland, Anholt, Læsø. »Törnführer Schweden 1« – Die Westküste. Beide Delius Klasing Verlag. »Havne bok« Norwegen. »Tre veckor i Bohuslän«, Ausgabe Nord und Süd (Naturhäfen und Fahrwasserwege). Herausgegeben vom Svenska Kryssarklubben.

Das Beiboot: Ohne Beiboot in den Schären ist wie ein Boot haben und kein Wasser dafür. Unser Beiboot war ein Schlauchboot mit einem soliden Leistenboden – Typ Bombard AX2. Der Außenborder wurde nicht angehängt, es ließ sich bestens rudern. Außerdem tat rudern gut.

Der Außenborder: Erforderlich, um das Großsegel bei Wind zu setzen. Andernfalls war es mühsam, das Segel zwischen den Backstagbeschlägen am Mast problemlos hochzuziehen. Der Außenborder hat natürlich sehr geholfen, in engen Marinas einen Liegeplatz zu finden. Und bei Flaute das Ziel noch bei Tageslicht zu erreichen. Wir haben einen Yamaha 4 PS benutzt. Er schob uns bei Nullwind im Schnitt 4,5 Knoten. Der Verbrauch lag bei einem Liter Benzingemisch pro Stunde.

Die Kosten: Segeln kostet. Das ist bekannt. Hafenliegegebühren für knapp 60 Nächte kosteten rund 750 Euro. Die meisten Häfen haben der Einfachheit halber nur zwei Preise. Einer gilt für Yachten unter 12 Meter Länge und der andere für Schiffe darüber. Das schließe Mogeln generell aus, sagte mir mal ein Hafenmeister.

Das Leben in Skandinavien ist teurer als bei uns. Dafür ist die Qualität der Lebensmittel, speziell Gemüse, Obst und Milchprodukte, hochwertig.

Unsere X, Nummer 464, Baujahr 1992, kostete, bis sie an der »Startlinie« war, 25 000 Euro. Das liest sich viel, war es aber wert. Kathena X ist ein Boot, das seinen Preis hält, und das könnte bedeuten, dass ich die Summe beim Verkauf wieder zurückbekomme – fast, hoffe ich. Die X-79 hat nach wie vor eine hohe Akzeptanz, weil sie sich für Regatten wie fürs Fahrtensegeln eignet. Mit diesen konkreten Zahlen will ich andeuten, dass Segeln so teuer nicht ist.

Die Wäsche: Wenn schon 56 Zentimeter Kojenbreite, dann wenigstens öfter frische Wäsche (Astrid). Die fast in jedem Hafen zur Verfügung stehenden Münzwaschautomaten sorgten dafür. Der Hinweis ist übertrieben? Nein. Wir hatten nur ein Minimum an Kleidung, Wäsche und Kojenwäsche (mangels Stauraum) mit auf der Fahrt. Also war frische Wäsche durch

Es gibt nicht überall so feine Waschmaschinen

Wäschewaschen an Land reisenotwendig. Tvättstuga wurde zum geläufigsten schwedischen Wort der Reise. Tørretumbler (Wäschetrockner) zum lustigsten.

Segeln & Alter: Hier und jetzt nochmals das Alter oder das Thema Älterwerden. Auch wenn Astrid das Thema zu viel wird. Meine Frau ist keine Diva, aber Jugendwahn passt nicht zu ihr. Sie ist zufrieden, sie ist glücklich, sie hat eine gute Haltung, und es ist nicht so, dass sie jugendlich wirken will. Sie hat keine Probleme, älter zu werden, außer ab und zu höre ich: »Mein armer Rücken.« Dem ist aber diese Sommerfahrt gut bekommen. Stundenlang an der Pinne, die Verrenkungen an und unter Deck, das Ausbalancieren der Bootsbewegungen. Alles.

Ich glaube, das eigene Alter ist genau der Grund, dass man nicht genau hinguckt, wenn andere alte und ältere Segler sich ihrem Boot widmen, also Segel einpacken, Ordnung schaffen, Hafenmanöver fahren. Gut, die aufwändigen Segelmanöver finden meist auf dem offenen Wasser statt, sind nicht im Blickfeld. Doch ich habe in Dänemark und Schweden viele Ältere beobachtet. Die nehmen alles sehr ernst – das Schiff, das Segeln, die Seemannschaft. Und sind keine Neulinge, sondern Jahrzehnte dabei. Natürlich interessieren sich viele Segler ab einem bestimmten Alter nicht mehr für Speed und Segeltechnik. Sie wollen die Ausrüstung nicht, die nahelegt, als Opfer unterwegs zu sein. Sie segeln gegen sich selbst. Sind aber mit dem, was sie machen, im Reinen. Manchmal wundere ich mich, wie entspannt und gelassen ich auf der Sommerfahrt war.

Und was viel wichtiger ist als das optimale Segeln: Zufriedenheit, lebendig sein, weiterhin wahrgenommen werden. Und abschließend: »Nichts macht schneller alt als der stete Gedanke, dass man älter wird«, fand Georg Christoph Lichtenberg (Mathematiker, 18. Jahrhundert).

Nicht unbequem, unsere Kochecke mit Sitzbank

Einwecken & Kochen (Astrid): Eigentlich haben sich die Vorteile des Einkochens in Luft aufgelöst. Es gibt auf unserem Kurs überall frische und schmackhafte Lebensmittel. Stimmt. Mit Abstrichen bei der Qualität und unserer Bequemlichkeit. Um unabhängig in Buchten zu sein, habe ich Fleisch (Gulasch und Gehacktes), Obst und Gemüse eingekocht. Da vor der Abfahrt noch gerade die Zeit der Kirschen und Beeren war, kamen sie noch hinzu. Hier nochmals Erklärungen, wie man die Gläser sicher schließen kann, denn ich ersticke in Fragen zu diesem Thema.

Warum ich einkoche: chemiefrei, eigener Garten, angenehm preiswert und – frisch geerntet sind die Produkte auf dem geschmacklichen Zenit. Was ich dazu brauche: Einkochtopf, Gläser, Deckel, Schraubringe.

Sauberkeit ist immer die erste Pflicht. Weckgläser müssen vor Gebrauch mehrere Minuten in kochendes Wasser oder über Nacht in kaltes Wasser getaucht werden. Obst kocht man meist mit einer Zuckerlösung ein. Gemüse wird in der Regel mit Wasser oder Fleischbrühe aufgegossen. Die Schraubringe können auf den Gläsern bleiben, Hauptsache, der Deckel wölbt sich ein wenig nach innen. Nur so lässt sich erkennen, ob das Glas wirklich geschlossen ist und keine Keime eindringen können. Die Erreger bilden nämlich Gärgase, und die drücken den Deckel nach oben.

Fleisch einkochen – in allen Einzelheiten:

Da wir zwei schwache Fleischesser sind, habe ich kleine Gläser (0,5 Liter) verwendet, die mit Deckel (Blech) und Schraubringen verschlossen werden. Firma Leifheit. Glas und Ring sind wiederverwendbar. Deckel kann man nachkaufen. Voraussetzung für erfolgreiches Einkochen von Fleisch ist dessen Qualität. Man kann es roh oder angebraten konservieren. Ich ziehe die gekochte Methode vor, da, wie allgemein bekannt, das

Fleisch noch erheblich »einläuft« und es, angebraten und gewürzt, einen besseren Geschmack entwickelt.

Beides, Gehacktes und kleine Gulaschwürfel, wird kurz angebraten, etwas gesalzen und mit einer kleinen Menge Fleischsaft in die Gläser gefüllt. Eigentlich eine einfache Angelegenheit. Aufmerksamkeit ist allerdings geboten, wenn man die Gläser verschließt. Der Deckel wie der Glasrand sollten absolut sauber sein, der kleinste Fleischrest kann die Konservierung komplett verhindern.

In unserem Einkochtopf stehen die Gläser im Wasserbad. Ich stelle den Temperaturhebel auf »Kochen«, und nach der Erhitzungszeit lasse ich Gulasch und Gehacktes 90 Minuten kochen. Auch hier ist an dem nach innen gewölbten, durch das Vakuum gehaltenen Deckel erkennbar, ob der Einkochvorgang erfolgreich war. Außerdem merkt man beim Öffnen eines Glases, ob der Deckel fest aufsitzt und somit das Einkochgut genießbar ist.

Für die Lagerung an Bord lasse ich die Schraubringe auf den Gläsern. Normalerweise rührt sich nichts. Sie brauchen weder Kühlung noch das Fleisch Konservierungsstoffe. Und halten auch eine Reise rund Kap Hoorn und weiter um die Erde. Wilfried hatte auf seinen langen Nonstopfahrten viele Gläser in der Bilge (im Dunklen, ganz wichtig) verstaut.

Wetterkleidung & Schuhwerk: Was uns aufgefallen ist: Skandinavien ist voll in Musto-Hand. Und was Skandinavier tragen, kann so schlecht nicht sein. »Vor allem nicht hässlich«, sagt meine Frau. Also wählten wir Musto als Wetterkleidung. Ölzeug (HPX Offshore), Blouson, Fleece, Seestiefel. Und wurden nicht enttäuscht. Dabei hatten wir anfangs das Wetter – kalt, nass, windig – für diese Wetterkleidung. Aufgrund von Bequemlichkeit und fehlendem Spritzschutz haben wir sie auch mal öfter getragen als notwendig. Qualität setzt man bei der Preislage voraus und war mehr als vorhanden.

Signifikant an Bord sind gute Schuhe. Sie müssen mich, 68 Kilo, an Deck halten und strapazierfähig sein. Sie sind ein lebenswichtiges Produkt für ein Segelboot ohne Rollsegel und ohne Reling. Gerade auf schrägen Kursen kommt ein Segler rasch ins Rutschen. Auch ich. Oder: gerade ich. Besonders beim Springen und Hangeln auf den Schären sind die Sohlen von Be-

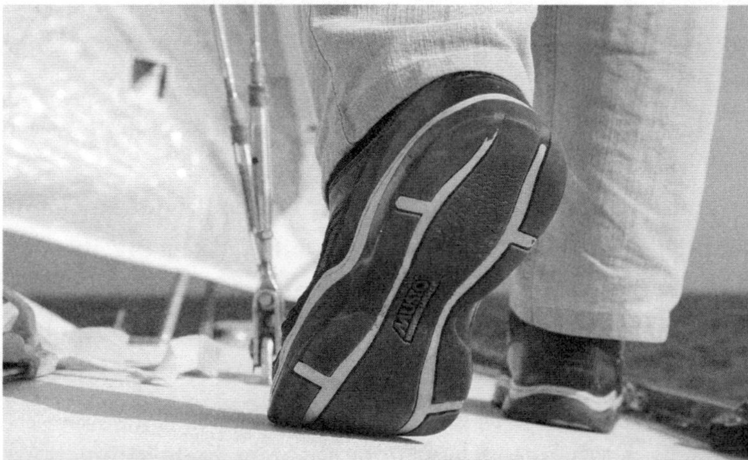

Schuhwerk. Es gibt meinen 68 Kilo bei jedem Wetter Halt

deutung. Astrid trägt immer Seestiefel, wenn es schräg und nass wird oder der Kahn hoppelt. Ich habe für diese Fahrt Musto-Performance-Halbschuhe gewählt. Oder genauer: Sie wurden mir von Musto empfohlen. Und sie waren perfekt (nicht mein Wort, trifft aber auf diese Schuhe zu). Laufsohlen aus rutschhemmendem Material. Sie schienen an Deck zu kleben. Schick anzusehen waren sie obendrein.

Listen & Bücher: Von Listen geht für mich ein unwiderstehlicher Zauber aus. Arbeitslisten, Proviantlisten, Materiallisten, Auflistung von Banalitäten. Die sind aber nicht gemeint. Bücherlisten sind hier mein Thema. Zu benennen, was ich liebe und was nicht, wäre aufgelistet Unsinn im Kielwasser dieser Sommerfahrt. Ich habe nämlich nicht viel gelesen: Die Landschaft war verführerisch schön, ich selten allein, das Licht in der Koje schwach. (Sie spüren sicher, alles Ausreden.)

Zudem: Ich lege mich nicht gerne fest. Einiges ändert sich auch schnell. Neue Bücher kommen hinzu, alte rutschen nach hinten. Auf dieser Reise, ganz klar, war ich fasziniert von Max Frisch. Kurze Sätze. Klare Botschaften. Verquere Biografie. Hier noch ein paar Anmerkungen zu Büchern, die mir schon lange am Herzen liegen:

Bei mir hat jede Segelreise »ihren« Autor, manchmal auch zwei und drei.

Auf meiner Reise im Wattenmeer war es Brigitte Reimann; Mecklenburg rund – Erwin Strittmatter, Wolfgang Büscher, Richard Bode; Nonstop 2 – Lothar-Günther Buchheim, Sylvia Plath; Nordsee – Bruce Chatwin, Ernest Hemingway. Auf meiner allerersten Weltumseglung begleiteten mich Marek Hlasko und Heinrich Böll. Böll hat mich zum eigentlichen Romanlesen gebracht. Dazu hatte ich Antoine de Saint-Exupéry im Bordregal. Auf der ersten Nonstop habe ich die Stürme »verlesen«, um V. S. Naipaul zu verstehen. Zur Südseereise passte Hans Fallada perfekt: Berlin, Rügen, Pommern die Inhalte. Im Augenblick ist Herman Melville ganz oben. Und fast immer unterwegs dabei: ein Titel von Joseph Conrad. Wenn man sich mit Büchern beschäftigt, ändern sich Ansichten und Bedürfnisse. Deswegen werde ich auch keine Hitliste Bücher anlegen können. Paradoxerweise liebe ich Romanautoren, die eine gebrochene Geschichte haben. Beispielhaft Rolf Dieter Brinkmann.

Pardon, die Segler habe ich vergessen. Gebrochene Lebensläufe stehen auch hier im Vordergrund: Moitessier, Crowhurst, Lindemann, Gerbault, Chichester.

Ich werde immer wieder gefragt, warum ich Segelgeschichten so oft mit Büchern in Verbindung bringe. Wenn man an Bord vom Seegang herumgeschubst wird, unzufrieden ist, Flaute einen schwitzen lässt und die Einsamkeit ein ständiger Begleiter ist, dann sollte man Bücher lesen. Still in der Koje oder in einer Ecke im Cockpit. Sofort fühlt man sich nicht mehr allein und verlassen. Die Bücher verstehen mich, muntern mich auf, geben mir Kraft. Lassen mich ein bisschen leuchten. Diese Lesestimmung ist natürlich übertragbar, deswegen steht es hier.

Die Bestenliste von meiner Homepage: Geschrieben wenige Tage nach der Reise. – Was nun? Soll ich berichten, was so passiert ist? Noch nicht. Wahrscheinlich später im Buch. Jetzt habe ich nur einen Abriss im Auge zu ein paar Fragen, Antworten und Stichworten, die uns unterwegs aufgefallen sind und beeindruckt haben:

Das Schönste? Die Luft. Die allgegenwärtige frische Luft. Hat natürlich auch mit unserem jollenartigen Segelboot zu tun. Das Leben findet überwiegend draußen statt – kein Wunder, bei 1,40 Meter Stehhöhe sind die Luken immer geöffnet.

Licht? Das Sommerlicht des Nordens bei Tag, aber auch des Nachts. Es gibt Tage, da hat man den Eindruck, es wird überhaupt nicht dunkel. Das Licht schwebt abends um 11 Uhr übers Deck und morgens um 4 ist es bereits total hell. Je nach Wetter. Die Folge des Lichts: Es beflügelt.

Warum eine X-79? Der Wunsch meiner Frau stand im Vordergrund. Sie liebt sportliches Segeln. Wer vom Sport kommt, will immer schnell sein. Das hat sie bekommen. Und auch das: schneller segeln als manch andere Yacht.

Mehr Warum? Wenn wir reisen, probieren wir gerne ein anderes als das alltägliche Yachtleben aus. Also, Leben ohne Rollsegel, Reling, Kühlung, Stehhöhe und so weiter.

Hartwind? Hatten wir. Drei Reffs im Groß und Sturmfock, die orangefarbene von KATHENA NUI, die Kap Hoorn schon gesehen hat, sechs Quadratmeter klein. Und tatsächlich im Småland-Fahrwasser gebraucht, man glaubt es nicht.

Das längste Seestück? Die Nachtfahrt von Norwegen nach Skagen, Dänemark. Aus meiner Sicht wundervoll.

Die ist schnell?! Oft gestellte Frage und Antwort in einem.

Der Familienhafen? Østerby Havn auf Læsø. Paradiesisch. Liegt gleich neben einem weißen, endlosen Sandstrand. Es sind wenige Meter zu einem Restaurant, wenige Meter zum Kaufmann. Kostenfreie Busfahrten über die Insel. Die totale Leere/Weite/Wildnis. (Übrigens: Dagegen hat nach unserem Geschmack Anholt keine Chance.)

Das teuerste Essen und Trinken? Keine Frage in Norwegen. Ein Liter Milch kostet eineinhalb Euro, ein kleines Bier sechs Euro, ein Wasser nicht viel weniger. Eine essbare Pizza stolze 20 Euro.

Billig auf der Acht? Nirgendwo. Nichts. Wer günstig leben will, ist hier verkehrt. Armsein scheint auf dieser Route nicht vorstellbar. Jedoch wichtig: Die Qualität der Lebensmittel war Spitze.

Segeltechnik? Wer schnell segelt, ist auch schnell am Ziel. In unserem Alter geht daher Zeit drauf, um sich anschließend zu erholen. Wohl wahr.

Fördernde Rituale? Früh aufstehen – fünf, sechs oder sieben Uhr. Ein Stück segeln und dann vor Anker gehen oder festmachen, um zu frühstücken – mit Porridge, Kaffee und Brot.

Liegeplatz im Hafen? Für unser Boot (7,90 Meter) nirgendwo ein Problem.

Das schönste Reiseboot? PLAYMOBIL, eine 11,50-Meter-Breehorn-Konstruktion aus Holland.

Dazugelernt? Dass man nicht perfekt ist und sein kann. Zum einen ist Perfektsein langweilig, zum anderen kann es im Umgang mit Boot und Meer keine Perfektion geben. (Auch wenn Fachzeitschriften das suggerieren.)

Dank: Keine große Fahrt, aber großartige Unterstützung wurde uns zuteil. Für das Vertrauen danke ich folgenden Firmen und Personen sehr:

- AWN, A. W. Niemeyer, Hamburg: Boots- und Yachtausrüster. Sie rüsteten uns schnell und umfassend aus.
- Dimension-Polyant, Kempen: der Welt größter Segeltuchhersteller. Mein Dank gilt hier speziell Frau Barbara Grefkes.
- Peter Frisch GmbH, München: spontane und unkomplizierte Ausstattung mit Musto-Wetterkleidung und -Schuhwerk.
- Secumar, Bernhardt Apparatebau GmbH, Holm: für die besten Rettungswesten und Sicherheitsgurte.
- Kym Erdmann, Kiel: für die zur Verfügung gestellten Fotos, Herstellung von Layout, Typografie und Satz. Sowie für den Schiffsnamen, wofür er eine eigene Schrift entwickelt hat.
- Helmuth Jöns, Missunder Fährhaus, Brodersby an der Schlei: Sponsor für das Wichtigste im Leben – Essen & Trinken und Bootsliegeplatz.

SEEMÄNNISCHE AUSDRÜCKE

abfallen	Kurs ändern nach Lee
Amwindkurs	Kurs, bei dem man so nah wie möglich am Wind segelt
Backstag	bewegliches Stag, das oberhalb der Saling greift und den Mast nach achtern stützt
Beaufort	Beaufort-Skala, Tabelle der Windgeschwindigkeit
Bilge	tiefster Hohlraum im Boot
Bootshaken	Stange, um sich bei Hafenmanövern freizuhalten
Bugkorb	fest montierte Reling aus Metallrohr auf dem Vorschiff
Cockpit	der achtern im Deck eingelassene Platz für Rudergänger und Crew
Fall	Tau zum Setzen und Niederholen der Segel
fieren	nachgeben eines belasteten Taus
Fock	Vorsegel, steht vor dem Großsegel
Genua	den Mast überlappendes, großes, leichtes Vorsegel
Groß	Großsegel
Großbaum	bewegliche Stange, am Mast montiert. Dient zum Ausstellen des Großsegels
Kabellänge	185 Meter/Zehntel einer Seemeile
Knoten	Geschwindigkeitsmaß: 1 Knoten gleich 1 Seemeile pro Stunde
krängen	Seitwärtsneigung des Bootes, ausgelöst durch den Druck das Windes auf das Segel
kreuzen	Segeln auf Zickzackkurs gegen den Wind
Liek	die Kante eines Segels (Vorliek, Achterliek, Unterliek)

Log	Gerät zur Messung der Fahrtgeschwindigkeit
Pinne	Ruderpinne, zum Bewegen des Ruderblatts
Plicht	Vertiefung im Cockpit
raum	nahezu vor dem Wind segeln
reffen	verkleinern der Segelflächen, bei der X per Bindereff
Rigg	Bezeichnung für alles Drahtgut und Tauwerk einschließlich Mast
Saling	Querstange am Mast
Schot	Tau zum Bedienen der Segel
schricken	den Leinen etwas Lose geben
schwojen	das Hin- und Herpendeln eines Bootes im Wind, wenn es vor Anker liegt
Seemannschaft	das umfassende Fachbuch, das seglerisches Wissen vermittelt
Seemeile	1852 Meter
Slup	Segelboot mit einem Mast und nur einem Vorsegel
Süll	senkrechte Kante, die Deck und Cockpit gegen überkommendes Wasser schützt
Takelage	das gesamte Geschirr, das zum Segeln notwendig ist
Vorstag	Draht, mit dem der Mast nach vorn gehalten wird
Wende	Segelmanöver: mit dem Bug durch den Wind
Winsch	Winde zum Bedienen der Schoten
zurren	Segel und anderes Zubehör gegen Wind und Welle sicher festbinden; festzurren

ERDMANN UNTERWEGS

Erhältlich im Buch- und Fachhandel. Weitere Informationen oder direkt bestellen im Internet unter: www.delius-klasing.de

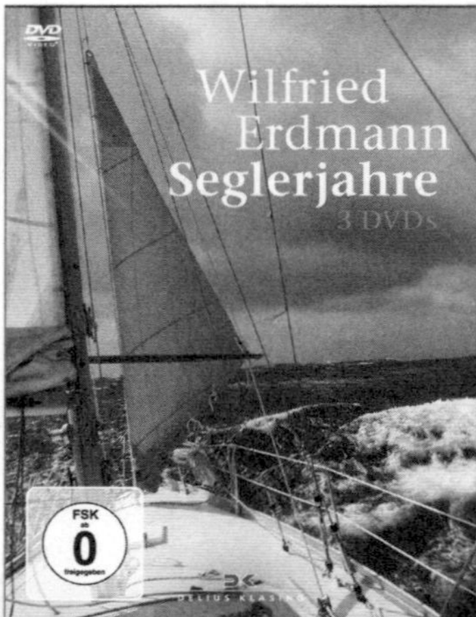

Seglerjahre, 3 DVDs
ISBN 978-3-7688-9809-6

Die drei DVDs in dieser Box dokumentieren das seglerische Leben von Wilfried Erdmann – Deutschlands bedeutendstem Weltumsegler. Neben den Filmen über seine Nonstop-Weltumseglung „Die magische Route“ und die Südseereise mit Familie „Gegenwind im Paradies“ zeigt die dritte DVD ein ausführliches Portrait mit vielen Interviews auf Erdmanns Heimatrevieren Schlei und Ostsee.

Allein gegen den Wind, DVD
ISBN 978-3-7688-7142-6

Nonstop und allein gegen den Wind um die Welt. Mit Kathena nui segelte Wilfried Erdmann in 343 Tage von Cuxhaven nach Cuxhaven. In diesem Film hält der einsame Segler den Bordalltag, die lange Zeit, die harten Polarstürme, aber auch Angst und Hochgefühle fest. Daneben verzaubern Bilder von Wasser, Wolken, Flaute und immer wieder von der faszinierenden Weite des Meeres.

Allein gegen den Wind

ISBN 978-3-7688-1503-1

Die magische Route

ISBN 978-3-667-10268-3

Ich greife den Wind

ISBN 978-3-7688-3769-9

Segelzeit

ISBN 978-3-667-10428-1

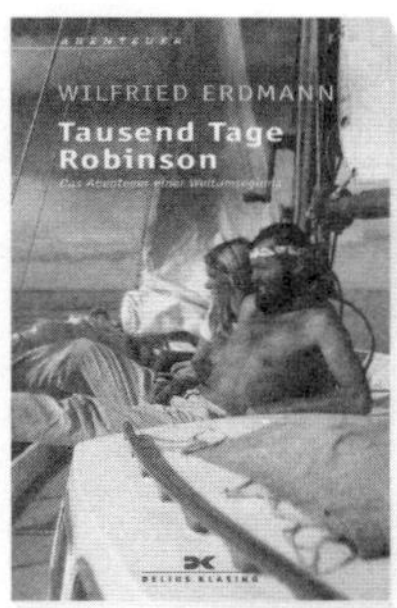

Tausend Tage Robinson

ISBN 978-3-7688-2645-7

Die Weltumseglerin

ISBN 978-3-7688-2596-2

Mein Schicksal heißt Kathena

ISBN 978-3-7688-3254-0

Gegenwind im Paradies

ISBN 978-3-7688-3675-3

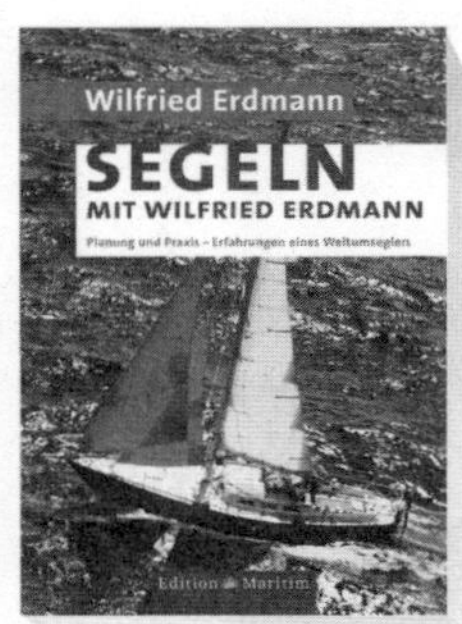

Segeln mit Wilfried Erdmann

ISBN 978-3-667-10176-1